法教育の理論と実践

自由で公正な社会の担い手のために

中平一義［編］　村松 謙［法律監修］

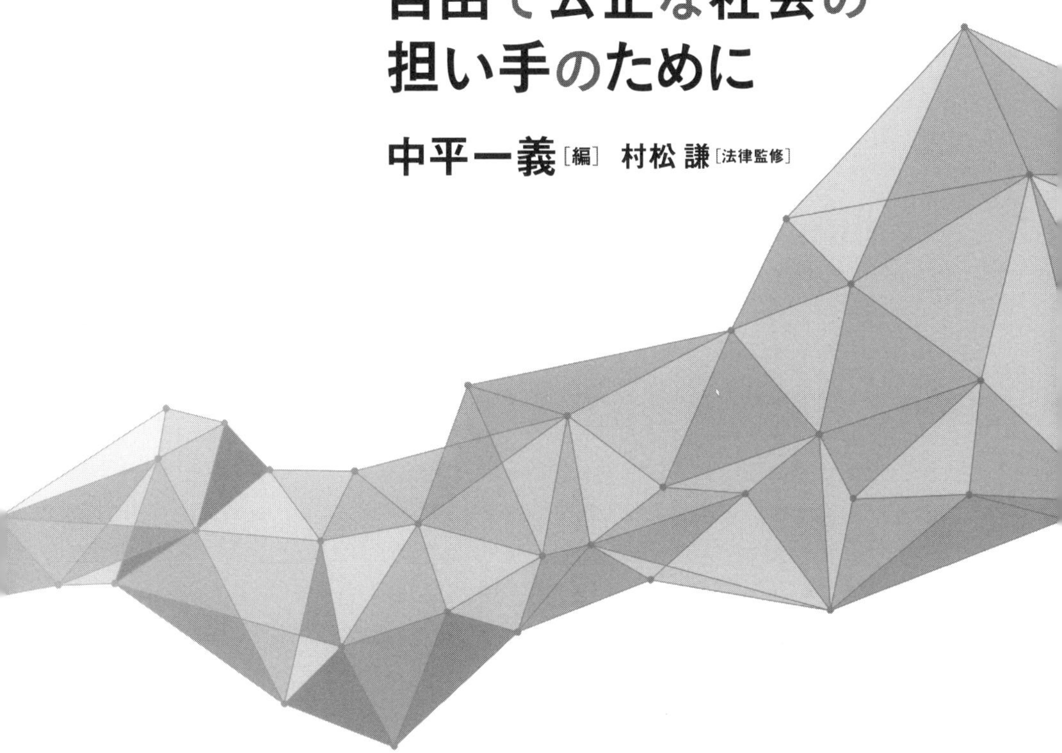

現代人文社

はじめに

教育基本法第１条は，人格の形成と平和で民主的な国家及び社会の形成者として必要な資質の育成を教育の目的に掲げています。これを受けて学校では，子どもたち一人ひとりの人格を尊重し，子どもたちがクラスや学校という集団社会での経験を重ねるなかで社会の形成者として必要な資質能力を身に付ける取組みがなされています。

憲法第13条は，個人の尊重を明言し，一人ひとりを大切にすることを国の根本価値としているところ，教育基本法に掲げられている教育の目的が，憲法第13条に連なっていることはいうまでもありません。

もっとも，子どもたちが大人になった社会はというと，政治における政策決定の場面では社会の多数派の支持を得る動機が，経済活動における戦略決定の場面ではマス市場を押さえる動機が，それぞれ働きがちであり，その傾向は近年強くなっている感があります。これらの動機自体，否定されるものではありませんが，そのような社会環境であればなおさら，少数派を包摂し誰もが自分らしく輝ける多様性のある社会の実現が強く意識されるところです。

子どもの社会は大人の社会の写し絵とよくいわれますが，学校でのいじめの問題や社会参画の意欲が乏しいとされる調査結果のひとつの要因として，学校が実践を重ねている教育の理想と実社会における現実とのギャップが，意識・無意識のうちに子どもたちに影響しているとも考えうるのではないでしょうか。このような時代にあって，一人ひとりを尊重しながら集団社会を形成する実践を積み重ねている学校の役割は，よりいっそう大きくなっていると思われます。子どもたちが自分自身を大切にするとともに，他者も同じように大切にする意識や術を育むことは，個人の尊重という憲法の価値をよりよく実現し，多様性のある社会を担う市民のベースになるからです。

法教育は，個人の尊重を根本価値とした自由で公正な社会の担い手を育むための教育です。自由・公正・正義などの法の価値である概念をもとに，具体的な場面において個人と社会のよりよい関係を考える教育です。法教育は，これまで学校が行ってきた一人ひとりを大切にしながら集団社会を形成するという活動の背後にある価値を視点として提供することができます。教員が法教育を理解することにより，学校におけるさまざまな教育活動の狙いは明確となり，その実践はきっと充実するはずです。そのような教育を受けた子どもたちが大人になったとき，個人の尊重を根本価値とした多様性のある社会がよりいっそう確保され，社会の活力につながると信じています。

中学校の新しい学習指導要領が，いよいよ2021年度から全面実施されます。今回の改訂に関する中央教育審議会の答申（2016年12月21日）は，「基礎的・基本的な知識を着実に習得しながら，既存の知識と関連付けたり組み合わせたりしていくことにより，学習内容（特に主要な概念に関するもの）の深い理解と，個別の知識の定着を図るとともに，社会における様々な場面で活用できる概念としていくことが重要となる」としています。

法は社会の枠組みを規定しているものですから，法教育で扱う，自由・公正・正義といった法的概念は，当然のことながら社会を見たり考えたりする上で活用する主要な概念にほかなりません。中学校社会科の公民的分野では，現代社会をとらえる枠組みとして，「対立と合意，効率と公正」という視点を提示しています。この視点は，個人の「自由」を前提とした対立，対立した当事者が合意することによる「正義」の実現，合意が正義に適っているかを検証する上での「公正」の視点といった，法教育が扱う中核的な概念がもとになっているものです。

法教育を受けた子どもたちは，自らが直面する出来事や社会で実際に起こっていることを，学校での具体的な活動を通じて習得した知識を視点にして，主体的に判断することができるようになるはずです。このような資質や能力は，変化が激しく予測困難な時代を生きていく上で，子どもたちにとって大きな力になると信じています。

このように学校教育における法教育の意義や必要性を述べると，一見逆説的と受け取られるかもしれませんが，これまでも学校において法教育のエッセンスは実践されてきました。これまで見てきたとおり，教育の目的と法教育の内実が近い関係にあることからすれば，それはいわば当然ともいえます。

そのような現状をふまえ，今，学校において法教育を実践するということは，特別なことに新しく取り組むのではなく，これまでの授業や活動を「法のメガネ」をかけて見直してみよう，あるいは「法のスパイス」をひと振りしてみよう，ということです。決して難しいことではありません。

「法のメガネ」をかける第一歩は，法の価値である法的概念を習得することから始まります。となると，これを扱う中心的な教科は，社会科の公民的分野ということになるでしょう。

法教育がこれまでの学校教育の延長線上にあるとしても，「法」というだけで縁遠く感じる方は多いでしょうし，「概念」となるとどうしても身構えてしまいがちです。そんな教員の方々と法の理念をつなぐのが弁護士です。教員が授業作りを検討する際に法的な視点や法的概念の意味を弁護士が平易かつ具体的に伝えることにより，より深い単元構成の実現と教員が自信をもって授業に臨めることをめざすのが，法教育の実践における教員と弁護士の連携なのです。このような連携は，現在，全国各地で見られるようになりました。

横浜国立大学では，2006年，北川善英名誉教授によって「横浜国立大学法教育研究会」を発足させ，神奈川県内の社会科教員が中心となって法教育の理念や授業実践を研究されてきました。私が所属する神奈川県弁護士会の法教育委員会は，本書の法律監修を担当している村松謙弁護士を中心にこの研究会に関わる機会を得てきました。

本書は，同研究会のこれまでの研究成果をベースにしたものです。教員と研究者・弁護士が連携して作成した本書は，教育現場における法教育の普及やより深い理解の一助となるものと確信しています。また，そのことにより，教育の目的がよりいっそう達成されることを願ってやみません。

2020年２月

村松 剛

本書を手にとった皆さんへ

本書を手にとった皆さんに，本書の使い方をご説明いたします。

本書は，主に学校で法教育を実践したい教師や，これから教師をめざす学生の皆さんに向けて書かれています。さらには，法教育に興味がある方に向けて書かれています。

日本で行われている法教育には，次のような定義や特色があります。それは，「法律専門家ではない一般の人々が法や司法制度これらの基礎になっている価値を理解し，法的なものの考え方を身に付けるための教育を特に意味するものである。これは，法曹養成のための法学教育などとは異なり，法律専門家ではない一般の人々が対象であること，法律の条文や制度を覚える知識型の教育ではなく，法やルールの背景にある価値観や司法制度の機能，意義を考える思考型の教育であること，社会に参加することの重要性を意識付ける社会参加型の教育であること」です。このように法教育は，法曹養成の法学教育ではなく，法律専門家ではない一般の人々が対象ですが，授業を構想したり実践したりする上で，法やルールの背後にある価値や法的な制度などの基本的な内容は理解しておく必要があります。もちろん，高度な法の専門的な知識については，弁護士などの法律の専門家との協働による授業の展開により対応することも考えられます。

本書は，理論編と実践編の２つの構成から成り立っています。前者は，法教育の授業を構想したり実践したりする上で必要であると考えられる法的な内容，そして，教育との関係について書かれています。後者は，それら理論編の内容をふまえて授業実践をする際に考えられるモデルプランが書かれています。本書を手にとった皆さんの興味や関心によりどちらから読み始めていただいてもかまいません。なお，基本的には実践編のモデルプランは中学校を対象に書かれていますが，小学校や高等学校にも転用することができます。本書が，皆さんのこれからの法教育実践に資することを願っています。

執筆者一同

法教育の理論と実践
——自由で公正な社会の担い手のために

目次

第２部　実践編――教師の視点と教材づくり

第１部

理論編

第1章

法教育の意義とその目的

法教育[*1]とは何でしょうか。本章では，子どもたちが法を学校教育の中で学ぶ意義について述べていきます。具体的には，法教育の意義とその必要性，法教育の定義と育成をめざす資質・能力，学習指導要領における法教育の内容について述べていきます。

1　法教育の意義

1.1　私たちの生活の中にある法

現代社会は法化社会です。私たちが生活するこの社会には，いたるところに法が存在します。古くから今につづく法諺にも「社会あるところ，法あり」とあります。これは，法というものの存在が古くから人々の生活の中に存在してきたことを示しています。ただし法は，古くから今につづくどの社会や時代においても，同一のものが変わらずに存在しているわけではありません。それぞれの社会や時代に生活する人々により必要であると考えられた法が，それぞれの社会や時代で生活する人々の総意などにより形成されてきたのです。つまり，この法諺は，法がそれぞれの社会や時代の産物であり，さらにそこに生きる諸個人の意識の総体であることを示しているのです（渡辺，1995）。このような法を子どもに対して教育することは，これまでに国家や社会がどのように形成されてきたのかを理解させ，これからの国家や社会をどのように形成するのかを考察させることになります。つまり，法教育はこれからの国家や社会を担う子どもにとって大切

*1　法教育という用語は，アメリカのLaw-Related Educationの翻訳語である。アメリカ法教育法（Law-Related Education Act of 1978, P. L. 95-561）に依拠している。なお，アメリカでは，時代状況により社会の根幹として法を学ぶ意義が確認され法教育が急速に広まってきた。詳しくは，江口(2001)を参照。

な教育といえます。

ところで，2017年に改訂された『小学校学習指導要領解説 社会編』には，これからの社会を生きる子どもに対する教育として，その改訂の経緯が次のように示されました。それは「様々な変化に積極的に向き合い，他者と協働して課題を解決していくことや，様々な情報を見極め知識の概念的な理解を実現し情報を再構成するなどして新たな価値につなげていくこと，複雑な状況変化の中で目的を再構築することができるようにすることが求められている」(文部科学省，2018a) です。さらに，育成をめざす資質・能力も明確化されました。たとえば，社会科においては従前と同様に「社会的な見方・考え方」を育成することがめざされていますが，より実際の社会とのかかわりを意識できるようにすることが言及されています。具体的にいえば，実際の社会に見られる課題の解決に向けて選択・判断したりする力や，思考・判断したことを説明したり，それらを基に議論したりする力を養うことです。

法教育が対象とする法は，実際の社会をとらえる際の基準 (考える足場) になります。なぜなら，先述のとおり現代の社会は法化社会だからです。よって，法教育は，社会に対する子どもの法的な見方・考え方を育成することをめざす教育です。つまり，これからの社会を担う子どもを育成することに，法教育の意義と必要性があるのです。

1.2　教師にとって必要な法的な見方・考え方

子どもの教育に対して，保護者とともに大きな役割を担う教師にとっても法的な見方・考え方は必要になります。

具体的な例を基にして考えてみましょう。学校ではその重大性にかかわらず，さまざまな事故が起こることがあります。時には，学校事故の責任の所在をめぐり裁判になることもあります。学校事故の例として組体操によるものがあります。とくに，子どもが何段ものタワーをつくる組体操で失敗をした子どもが骨折をする学校事故は，よくニュースなどで耳にすることがあります。裁判になった事例では，学校側の安全配慮義務違反が認定され損害賠償が命じられることがありました (木村，2017)。木村 (2017) は，このような事故が生じる可能性をもつ組体操が，安全配慮義務を欠くままの危険な状態にもかかわらず実施されることについて，次のような論理が学校に存在すると述べています。それは，「苦難を乗り越えた感動の物語」を創出するために，みんなのために，みんなが我慢すること自体が価値あるものであるとされる論理です。そして，その感動の物語の創出のために，危険や不合理が隠蔽されてしまうのです。

内藤（2018）は，学校にはコスモロジーが存在するとしています。コスモロジーとは，共同生活の中でその内側しか見えないほど生活世界を緊密に包み込む信念，感情，反応の体系であるとされます。つまり，学校におけるコスモロジーとは，子どもに「子どもらしく」ふるまうことを求めることにより，「学校らしい」生活世界を形成することです。教師は，子どもが髪の色を変えたり，スカートを短くしたり，化粧をしたりすることを許しません。学校のコスモロジーが破壊されてしまうからです。その上で内藤は，学校にはおかしなことが起きていると述べています。それは，学校よりも広い市民社会では自由なことが，学校では許されていないということです。たとえば，靴下や下着の色，アクセサリーや鞄の種類，スカートの丈や髪の毛の色まで細かく強制されることです。さらにいえば，市民社会では禁止され，法により裁かれる対象となるようなものが，学校では当たり前のように通用することがあるとしています。名誉棄損や侮辱，暴行や傷害，強要や強制労働などが，子どものための教育という名の指導というかたちで，つまり，「学校らしい」生活世界を形成するために正当化されると指摘しています。

そのような学校におけるコスモロジーを，市民社会のひとつである地域社会が意図的・無意図的にかかわらず利用することもあります。たとえば，地域のお祭りに，学校の部活動のひとつである吹奏楽部の子どもを参加させることなどです。ほかにも，地域の年末清掃に，子どもの意思にかかわらず参加を強制することもあります。もちろん，その教育活動の意義が明確に示され，それに対して子どもや保護者が納得した上での自主的な参加であれば有効な教育活動になりえます。もし，教師に法的な見方・考え方があれば，市民社会とは大きく異なる学校のコスモロジーは破壊され，市民社会と同様の尺度で何事にも対応することができるでしょう。先のような地域社会からの不合理な要求から子どもを守ることもできるでしょう。

つまり，子どもの権利を守ることができるのです。もちろん，学校と市民社会では，そもそも構造や意図が異なり，学校にある程度の自主的な権限が認められていることは理解できます。だからといって，子どもの権利を大きく侵害するような教育活動は認められないでしょう。また，法的な見方・考え方の獲得は，教師自身の権利を守ることにもなります。法的に定められた教育課程に基づかない活動，さまざまな方面からの不合理な要求，勤務時間外の活動などに対して，自らの権利を基にした主張や判断が可能になるのです。

2　日本における法教育の目的

2.1　法教育の嚆矢

それでは，本書で示す子どもに対する法教育とは具体的に何を示すのでしょうか。その背景と定義，その内容について考えていきます。

日本における法教育のはじまりは，北川（2008）が三潮流に整理しています。その分類を述べていく中で，法教育の背景，そして定義について考えていきます。

第１の潮流は，1990年代前半から行われてきた社会科教育研究者と初等中等教育教師たちの研究や実践です。ここでは，従来の社会科教育における法に関する教育は，憲法教育が担ってきたことを確認した上で，しかしながらそこには限界があるとして，新たに法に関する教育が必要とされました。第２の潮流は，法曹専門家団体により行われてきた研究や実践です。1980年代には消費者教育の分野で司法教育を推進してきた日本司法書士会連合会が，さらに，1990年代前半からは各地の弁護士会などにより司法教育の研究や実践が行われてきました。第３の潮流は，司法制度改革審議会による司法教育への言及です。司法制度改革審議会から内閣に提出された「最終意見書」（司法制度改革審議会，2001）では，21世紀の司法制度の姿として３つの内容が示されました。そのうちのひとつに，司法を支える国民的基盤の確立（国民の司法参加）があります。ここでは，いわゆる裁判員制度について示されました。そこで，司法を支える国民的基盤の確立のために，司法教育の充実への言及がされました。

そのような司法教育の充実を目的として，法務省法教育研究会（以下では研究会とする）が設立されました。この研究会は，三潮流が合流したものとしてとらえることもできます。それは，研究会の構成メンバーが，各潮流で研究や実践をされてきた構成員からなるからです。

2.2　法教育の定義

研究会はいくつもの会議を重ねて，2004年に報告書（研究会，2005）を法務省に提出しました。研究会は，法教育の一般的な定義を次のように示しました。それは「法律専門家ではない一般の人々が，法や司法制度，これらの基礎になっている価値を理解し，法的なものの考え方を身に付けるための教育を特に意味するものである。これは，法曹養成のための法学教育などとは異なり，法律専門家ではない一般の人々が対象であること，法律の条文や制度を覚える知識型の教育ではなく，法やルールの背景にある価値観や司法制度の機能，意義を考える思考型の教育であること，社会に参加することの重要性を意識付ける社会参加型の教育であることに大きな特色がある」です。つまり，①「法や司法制度，さらにはそれらの基礎となる価値」に関する教育，②「①の機能や価値を思考し法的な考え方を身に付ける」教育，③「①②から社会参加を意識付ける」教育という３つの目的が存在しているのです。なお，報告書には，法教育の定義を達成するために主に中学校社会科を対象とした４つの教材及びその指導事例が示されました。このように日本の法教育は，三潮流，そして研究会により周知されました。

2.3　アメリカの法教育と従前の日本の法に関する教育

第１の潮流の中心人物であり，研究会など日本の法教育の黎明期を牽引した一人である江口は，主にアメリカ合衆国（以下ではアメリカとする）のLRE（Law-Related Education）を参考にして法教育を日本に紹介しました[*2]。江口(2001)が参考にしたアメリカで法教育を行う代表的な団体の中に，

*2　橋本康弘も法教育研究を行ってきたが，本章ではCCE著／江口監訳（2001）を主に参考にすることから，江口の論考を中心に参照します。なお，橋本の論考としては，橋本(1994)などを参照。

Center for Civic Education（以下ではCCEとする）があります。CCEの法教育の目標は，「立憲民主主義の基礎にある原理，価値，制度の理解を促進させること（理解，Knowledge）」，「若い人々が有能で責任ある市民になるために必要とされる技能を発達させること（技能，Skills）」，「公私の生活において意思決定したり，紛争を調停したりするときに，民主的な過程を用いることの理解と意思を促進させること（信念，Beliefs）」を育成することです。CCEの法教育の目標は，法を基にして上記の資質，つまり，法的資質を育むことにより民主的な市民を育成することにあります。

そのような法的資質を育成するための法教育の内容や方法は，どのようなものなのでしょうか。CCEの法教育の内容は，たとえば基本的な法的原理や価値，アメリカの権利章典と憲法，民主社会での法の役割と限界，紛争処理などの法を取り巻くさまざまな内容が挙げられます（江口，2001）。CCEの法教育では，これらの法を取り巻くさまざまな内容を，総体として扱う総合的なカリキュラムで構成されています。また，教育方法は単に法を知識として理解させるだけでなく，子ども自身がそれらを使いこなすことができるように，シミュレーションやロールプレイなどが活用されています。このような法教育の内容や方法により，法的資質の育成をめざしているのです。

では，日本に法を扱う教育はなかったのでしょうか。再び，江口（2001）の研究を参考にして述べていきます。江口は，これまでの日本における法に関する教育は憲法教育が担ってきたとしました。これまでに行われてきた法に関する教育は，憲法をつらぬく基本的な考え方を日常生活の中の具体的な学習を通して無理なく理解させ身に付けさせようとする広義の憲法学習であったとしました。それは，日本国憲法制定の経過と人間尊重の考え方を理解させることを中心とする教育であり，その具体的な内容は，司法教育，人権教育，有権者教育，消費者教育，平和教育などとして展開されてきたと述べました。しかし，憲法教育がもつ政治性と，その内容の正しさを実際の方法で補完できないという課題があったと指摘しました。とくに内容の正しさを実際の方法で補完できないことについて，これまでの憲法教育では，「法を守る」，「法を使う」，「法の見方・考え方を使って実際の紛争を解決する」，「法の支配の意義から国家・社会や自己をモニターする」といった経験や模擬的体験がほとんど共有されていないことを指摘しました。それに対して，CCEをはじめとしたアメリカのLREでは，法的な内容の理解（Knowledge，以下では法的知識とする），それを使いこなす技能（Skills，以下では法的技能とする），さらに民主的な生活に反映させる信念（Beliefs，以下では法的信念とする）の３つに分類される法的資質を総合的に教育しています。江口は，日本にもそのような法的資質を育む教育，つまり法教育が必要であるとしたのです。なお，これら法的知識，法的技能，法的信念は，先ほどの研究会の法教育の定義における①～③にそれぞれ対応する内容ととらえることができます。

3　法教育で育成をめざす法的資質と学習指導要領

3.1　法的資質の内実——CCEと関東弁護士会連合会の整理から

では，学校教育の中で行う法教育の法的資質の内容とは何でしょうか。研究会やCCEの法的資質に関する分類の視点と，学習指導要領の内容を照らし合わせて関東弁護士会連合会（以下では関弁連とする）が整理した法的資質の分類と具体的内容を参考にして述べていきます（関弁連，2002，2011）。法的資質の内容は，次のように整理できます（**表1-1**）。

研究会の定義①「法や司法制度，さらにはそれらの基礎となる価値」に関する教育（CCEの法的知識）について，関弁連の整理を参考にすると「価値・原理」に関する内容と「制度・手続」に関する内容に大きく分類してとらえることができます。前者は，「基本的価値・概念」，「法」，「憲法の原理と原則」，「権力と民主主義」，後者は「紛争解決」，「司法」，「私法」，「私的紛争と裁判」，「犯罪と刑罰」，「刑事手続」に分類しています。このような「価値・原理」と「制度・手続」に関する分類は，法化社会を理解することを助けてくれます。前者の「価値・原理」を実現するために，後者の「制度・手続」があります。つまりこれらは，目的と手段の関係としてとらえることができるのです。このような関係性をふまえれば，単に覚えるだけの知識型の教育に陥ることにはならないでしょう。

次に，研究会の定義②「法的知識の機能や意義を思考し法的な考え方を身に付ける」教育（CCEの法的技能）について，関弁連の整理を参考にする

表1-1　法的資質の内容

研究会の定義	CCEの法的資質	関弁連（2011）による整理	
		分類	具体的な内容
①「法や司法制度，さらにはそれらの基礎となる価値」に関する教育	法的知識（Knowledge）	基本的価値・概念	個人の尊厳，平等，自由，公共・共同性，権力と権威，正義あるいは公正，責任，信頼・配慮，真実
		法	法と道徳のちがい，法と司法制度の歴史，法の役割と重要性，法と基本的価値・概念との関係，法律の立法から適用までの動的な過程，法を評価する基準，法的思考方法（法的推論）
		憲法の原理と原則	三大原理（国民主権，基本的人権の尊重，平和主義），個人の尊厳，法の支配
		権力と民主主義	国家における権力，国家の権威の正当性・国家の権限の限界，権力の濫用防止，民主主義（意義，条件，限界など）
		紛争解決	紛争，紛争解決の方法
		司法	法の支配と司法権の関係，正義（匡制的正義，手続的正義，配分的正義），司法を担う機関・専門家（裁判官・検察官・弁護士）が果たす役割，違憲立法審査権，司法権の独立，裁判官の独立，裁判の公開，国民の司法参加，判決や和解の社会への影響
		私法	私法の基本的な考え方，原則の現代的修正，法人，家族法
		私的紛争と裁判	手続の概略や用語，当事者主義，証拠裁判主義，自力救済禁止
		犯罪と刑罰	犯罪と刑罰の意義，罪刑法定主義，責任主義
		刑事手続	手続の概略や用語，当事者主義，証拠裁判主義，適正手続の原則，令状主義，無罪推定の原則，黙秘権，自白，裁判員裁判制度，残虐な刑罰の禁止，法的救済へのアクセス
②「法的知識の機能や意義を思考し法的な考え方を身に付ける」教育	法的技能（Skills）	調査	文献調査の方法，インタビューと現地調査の方法
		思考	事実と意見（主張）の区別，情報の信用性についての吟味，争点（論争や対立）が何かを理解，争点の背景にある価値や見方の探求，結論と理由の区分，影響を考える，法的三段論法，法的に批判的な視点，信用ある情報に基づく意思決定や判断
		コミュニケーションと社会参加	自分の考えを表現できる，異なる意見を聞き対話できる，信用できる情報と合理的な理由づけに基づいて他者を説得できる，ルールづくりや問題の解決などに周囲の人々と協働しながらその過程に参加できる，紛争に対して対話や交渉により平和的に解決策を作り上げる，社会問題に対する自己の行動を考え他者に働きかける
③「法的知識，法的信念から社会参加を意識づける」教育	法的信念（Beliefs）	態度，意欲	個人を尊重する自由で公正な民主主義社会に対する支持，基本的人権と社会正義の尊重，基本的人権と社会正義の実現のために自分が属するコミュニティに参加し貢献，社会の問題を正確な情報を得て判断し責任をもって積極的に社会参加，問題を平和的建設的に解決

研究会（2005），江口（2001），江口（2003），CCE著・江口監訳（2001），及び関弁連（2002，2011）を参考に中平作成。

と「事実認定」に関する内容と「他者との協働」に関する内容に大きく分類してとらえることができます。前者は，事象を確実に理解するための「調査」の方法，収集したさまざまな情報を基に整理したり吟味したりする「思考」であり，後者は，自らの考えを他者に伝えたり，他者の考えを聞いたりすることや，そこから解決案などを形成したり合意形成をする「コミュニケーションと社会参加」に分けられます。

最後に，研究会の定義③「法的知識，法的信念から社会参加を意識づける」教育（CCEの法的信念）について，関弁連の整理を参考にすると正義を実現する「信念」や，そのような「信念」をもって社会に関わる「動機づけ」に関する内容としてとらえることができます。具体的には「態度，意欲」です。ここは，法教育によりめざす価値や，価値の実現された結果としてめざす社会を形成するための態度，そのような社会を積極的に形成していこうという意欲として整理できます。

3.2　新しい小学校学習指導要領の中の法教育

では，法教育に関わる内容は，学習指導要領において具体的にどのように記載されているのでしょうか。なお，対象とする学習指導要領は，小中学校が2017年，高等学校が2018年に改訂されたものとします。まず，小学校学習指導要領を参考にして法教育に関わる各教科等の内容の記載を整理します（**表1-2**）。

小学習指導要領には，次のような法的資質に関わる内容が記載されています。ここでは，**表1-1**の法的資質の内容に基づいて述べていきます。

まず，法的知識に関わる内容について考えていきます。法的知識の内容は，社会科の第６学年と特別の教科道徳（以下では「道徳」とする）に多く存在します。たとえば社会科の第６学年では，法的知識の中でも「憲法の原理と原則」や，「司法」の裁判員裁判制度に関わる内容があります。憲法の扱いに関しては，『小学校学習指導要領解説 社会編』によれば「（前略）日本国憲法には，国民の基本的人権は侵すことのできない永久の権利として保障されていること（後略）」とあり，いわゆる三大原理などを扱うことがわかります（文部科学省，2018a）。また，「道徳」の中では，「基本的価値・概念」の公正や公平に関わる内容もあります。同様に法的知識の中で法に関

表1-2　小学校学習指導要領の法教育に関わる内容

教科	学年	内容
国語科	3 ・ 4	内容Ａ話すこと・聞くこと（1） オ「目的や進め方を確認し，司会などの役割を果たしながら話し合い，互いの意見の共通点や相違点に着目して，考えをまとめる」
	5 ・ 6	内容Ａ話すこと・聞くこと（1） オ「互いの立場や意図を明確にしながら計画的に話し合い，考えを広げたりまとめたりする」
社会科	3	（内容の取扱い）（3）イ「社会生活を営む上で大切な法やきまりについて扱う」
	4	（内容の取扱い）（1）オ「社会生活を営む上で大切な法やきまりについて扱う」
	6	内容（1）（我が国の政治の働き） ア（ア）「日本国憲法は国家の理想，天皇の地位，国民としての権利及び義務など国家や国民生活の基本を定めている」 「我が国の民主政治は日本国憲法の基本的な考え方に基づいている」 「立法，行政，司法の三権がそれぞれの役割を果たしている」 イ（ア）「日本国憲法の基本的な考え方に着目して，我が国の民主政治を捉え」 「日本国憲法が国民生活に果たす役割」，「国会，内閣，裁判所と国民との関わり」 （イ）「政策の内容や計画から実施までの過程，法令や予算との関わりなどに着目」 （内容の取扱い）（1） ア「裁判員制度や租税の役割など」
生活科	1 ・ 2	内容（4）身近な人々，社会及び自然と関わる活動に関する内容 「公共物や公共施設を利用する活動を通して，それらのよさを感じたり働きを捉えたりすることができ，身の回りにはみんなで使うものがあることやそれらを支えている人々がいることなどが分かる」
家庭科	5 ・ 6	内容Ｃ（1）消費生活・環境 （イ）「身近な物の選び方，買い方を理解し，購入するために必要な情報の収集・整理が適切にできる」
体育科	1 ・ 2	内容Ａ体つくりの運動遊び，Ｂ「器械・器具」，Ｃ走・跳の運動遊び，Ｄ水遊び，Ｅゲーム 共通の（3）「きまりを守り誰とでも仲よく運動」 Ｅゲーム（2）「簡単な規則を工夫したり，攻め方を選んだりするとともに，考えたことを友達に伝える」
	3 ・ 4	内容Ａ体つくり運動，Ｂ器械運動，Ｃ走・跳の運動，Ｄ水泳運動，Ｅゲーム 共通の（3）「きまりを守り誰とでも仲よく運動」 Ｅゲーム（2）「規則を工夫したり，ゲームの型に応じた簡単な作戦を選んだりするとともに，考えたことを友達に伝える」
	5 ・ 6	内容Ａ体つくり運動，Ｂ器械運動，Ｃ陸上競技，Ｄ水泳運動 共通の（3）「約束を守り助け合って運動」 Ｅボール運動（3）「ルールを守り助け合って運動」

特別の教科道徳	1 ・ 2	内容A［善悪の判断，自律，自由と責任］ 「よいことと悪いこととの区別をし，よいと思うことを進んで行う」 内容C［規則の尊重］ 「約束やきまりを守り，みんなが使う物を大切にする」 ［公正，公平，社会正義］ 「自分の好き嫌いにとらわれないで接する」
	3 ・ 4	内容A［善悪の判断，自律，自由と責任］ 「正しいと判断したことは，自信をもって行う」 内容B［相互理解，寛容］ 「自分の考えや意見を相手に伝えるとともに，相手のことを理解し，自分と異なる意見も大切」 内容C［規則の尊重］ 「約束や社会のきまりの意義を理解し，それらを守る」 ［公正，公平，社会正義］ 「誰に対しても分け隔てをせず，公正，公平な態度で接する」
	5 ・ 6	内容A［善悪の判断，自律，自由と責任］ 「自由を大切にし，自律的に判断し，責任のある行動をする」 内容B［相互理解，寛容］ 「自分の考えや意見を相手に伝えるとともに，謙虚な心をもち，広い心で自分と異なる意見や立場を尊重する」 内容C［規則の尊重］ 「法やきまりの意義を理解した上で進んでそれらを守り，自他の権利を大切にし義務を果たす」 ［公正，公平，社会正義］ 「誰に対しても差別をすることや偏見をもつことなく，公正，公平な態度で接し，正義の実現」
特別活動	全	(学級活動) 内容(1)ア「学級や学校における生活をよりよくするための課題を見いだし，解決するために話し合い，合意形成を図り，実践する」 (児童会活動) 内容(1)「児童が主体的に組織をつくり，役割を分担し，計画を立て，学校生活の課題を見いだし解決するために話し合い，合意形成を図り実践する」

「　」は一部省略したもの。全としたのは，学年の区分がないもの。文部科学省（2018c）を基に中平作成。

わる内容としての法と道徳の違いについては，第３・４学年の社会科で法やきまりで扱います。なお，第１・２学年の体育科では，きまりを守り仲良く運動することや，規則を工夫するなど，きまりや規則という文言があります。一方で，「道徳」の中でも約束ときまりや法やきまりがあります。なお，「道徳」の中では，約束，きまり，法などの区分を意識して，どのように学習するのかは明らかではありません。小学校学習指導要領解説の道徳編によれば，約束，きまり，法について，次のように示されています（文部科学省，2018ｂ）。すなわち，「（前略）約束や法，きまりを進んで守ることができるようにすることが必要である。法やきまりは自分たちを拘束するものとして自分勝手に反発したり，自分の権利は強く主張するものの，自分の果たさなければならない義務をなおざりにしたりする者も存在する中で，社会の法やきまりのもつ意義について考えることを通して，法やきまりが，個人や集団が安全にかつ安心して生活できるようにするためにあることを理解し，それを進んで守り，自他の権利を尊重するとともに義務を果たすという精神をしっかりと身に付けるように指導する必要がある。（後略）」です。このように，「法やきまりが，個人や集団が安全にかつ安心して生活できる」という意義を示しつつも，それらを並列のものとして扱っていることがわかります。さらにいえば，権利と義務が相対するものとして存在しているような記述もあります。そもそも，約束，きまり，法が並列に語られていることから，義務を果たさなければ権利が与えられないととらえられかねません。そのため，社会科の法的知識の「基本的価値・概念」をふまえることが必要になると考えられます。

次に，法的技能について考えていきます。法的技能の「コミュニケーションと社会参加」に関わる内容は，国語科や特別活動の中に存在します。国語科の第３・４学年では，互いの意見の共通点や相違点に着目することが示されていることから，異なる他者との間における対話ができるようになっています。特別活動にも課題解決や合意形成の場面があります。よって，技能としての資質への対応はできることが考えられます。ただし，法的技能という視点からとらえたときには，法的知識との関連性が大切になります。

同様に，態度や意欲を形成する法的信念についても法的知識と法的技能との関連性も重要であり，これら法的資質は総合的なカリキュラムの中で育まれなければならないと考えられます。このように，学習指導要領の中では法的知識や技能，信念が学年や教科をまたいで記載されているのです。

3.3　中学校学習指導要領の中の法教育

では，中学校はどのようになっているのでしょうか。次に，中学校学習指導要領を参考にして，法教育に関わる内容の記載を整理します（**表1-3**）。

まず，法的知識に関わる内容について考えていきます。法的知識は，社会科の公民的分野や，「道徳」を中心に，音楽科，美術科，保健体育科，技術科，家庭科に見られます。社会科や「道徳」には「基本的価値・概念」に関わる内容があります。社会科には個人の尊厳や法の意義があり，「道徳」には正義や公正や法やきまりがあります。同様に「憲法の原理と原則」についても，社会科にあります。なお，保健体育科にもルールやマナーなどの「法」に関わる内容があります。小学校の内容と比べても，より高度な法的知識の内容もあります。社会科には労働基準法があり，音楽科や美術科，技術科，家庭科については，知的財産権や肖像権，著作権などの具体的な権利やそれらを守る意義について記されています。また，家庭科では，契約についての内容もあります。

次に，法的技能に関わる内容について考えていきます。小学校と同様に，国語科や特別活動の中に，「コミュニケーションと社会参加」に関わる内容としての話し合いや，合意形成があります。

最後に，法的信念に関わる内容について考えていきます。「道徳」には，「公共の精神をもって社会の実現に努める」などの文言があります。一方で社会科は教科の目標に「主体的に生きる平和で民主的な国家及び社会の形成者に必要な公民としての資質・能力」の基礎を育成することがめざされています。なお，小学校の学習内容との関連性を考慮する必要があることも中学校の学習指導要領上に記載されています。

3.4　高等学校学習指導要領公民編「公共」の中の法教育

高等学校公民科で新設された，新科目「公共」について考えていきます（**表1-4**）。

表1-3　中学校学習指導要領の法教育に関わる内容

教科	学年	内容
国語科	1	内容A話すこと・聞くこと（1） オ「話題や展開を捉えながら話し合い，互いの発言を結び付けて考えをまとめる」
	2	内容A話すこと・聞くこと（1） オ「互いの立場や考えを尊重しながら話し合い，結論を導くために考えをまとめる」
	3	内容A話すこと・聞くこと（1） オ「進行の仕方を工夫したり互いの発言を生かしたりしながら話し合い，合意形成に向けて考えを広げたり深めたりする」
社会科	公民的分野	内容A私たちと現代社会 （2）現代社会を捉える枠組み ア（知識） （ア）「現代社会の見方・考え方の基礎となる枠組みとして，対立と合意，効率と公正などについて理解」 （イ）「人間は本来社会的存在であることを基に，個人の尊厳と両性の本質的平等，契約の重要性やそれを守ることの意義及び個人の責任について理解」 イ（思考力，判断力，表現力等） （ア）「社会生活における物事の決定の仕方，契約を通した個人と社会との関係，きまりの役割」 内容B私たちと経済 （1）市場の働きと経済 ア（知識） （エ）「勤労の権利と義務，労働組合の意義及び労働基準法の精神について理解」 イ（思考力，判断力，表現力等） （ア）「個人や企業の経済活動における役割と責任について多面的・多角的に考察し，表現する」 （イ）「社会生活における職業の意義と役割及び雇用と労働条件の改善について多面的・多角的に考察し，表現する」 （2）国民の生活と政府の役割 ア（知識） （ア）「社会資本の整備，公害の防止など環境の保全，少子高齢社会における社会保障の充実・安定化，消費者の保護について，それらの意義を理解する」 （イ）「財政及び租税の意義，国民の納税の義務について理解する」 イ（思考力，判断力，表現力等） （ア）「市場の働きに委ねることが難しい諸問題に関して，国や地方公共団体が果たす役割について多面的・多角的に考察，構想し，表現する」 （イ）「財政及び租税の役割について多面的・多角的に考察し，表現する」 （内容の取扱い） ア（1）について ア（イ）「イの（イ）の「社会生活における職業の意義と役割及び雇用と労働条件の改善」については，仕事と生活の調和という観点から労働保護立法についても触れる」

社会科	公民的分野	イ（2）について イ（ア）「アの（ア）の「消費者の保護」については，消費者の自立の支援なども含めた消費者行政を取り扱う」 内容C私たちと政治 （1）人間の尊重と日本国憲法の基本的原則 ア（知識） （ア）「人間の尊重についての考え方を，基本的人権を中心に深め，法の意義を理解する」 （イ）「民主的な社会生活を営むためには，法に基づく政治が大切であることを理解」 （ウ）「日本国憲法が基本的人権の尊重，国民主権及び平和主義を基本的原則としていることを理解」 イ（思考力，判断力，表現力等） （ア）「我が国の政治が日本国憲法に基づいて行われていることの意義を多面的・多角的に考察，表現」 （2）民主政治と政治参加 ア（知識） （ア）「国会を中心とする我が国の民主政治の仕組み」 （イ）「議会制民主主義の意義，多数決の原理とその運用の在り方」 （ウ）「国民の権利を守り，社会の秩序を維持するために，法に基づく公正な裁判の保障がある」 （エ）「地方公共団体の政治の仕組み，住民の権利や義務について理解する」 イ（思考力，判断力，表現力等） （ア）「民主政治の推進と，公正な世論の形成や選挙など国民の政治参加との関連」 （内容の取扱い） ア「（2）のアの（ウ）の「法に基づく公正な裁判の保障」に関連させて，裁判員制度についても触れる」 内容D私たちと国際社会の諸課題 （1）世界平和と人類の福祉の増大 イ（思考力，判断力，表現力等） （ア）「日本国憲法の平和主義を基に，我が国の安全と防衛，国際貢献を含む国際社会における我が国の役割について多面的・多角的に考察，構想し，表現する」 （2）よりよい社会を目指して ア「私たちがよりよい社会を築いていくために解決すべき課題を多面的・多角的に考察，構想し，自分の考えを説明，論述する」
音楽科	全	（指導計画の育成と内容の取扱い） 2（1）カ「自己や他者の著作物及びそれらの著作者の創造性を尊重する態度の形成を図るとともに，必要に応じて，音楽に関する知的財産権について触れる」
美術科	全	（指導計画の育成と内容の取扱い） 2（7）「必要に応じて，美術に関する知的財産権や肖像権などについて触れる」

保健体育科	1・2	内容C陸上競技，D水泳の共通（3）「ルールやマナーを守ろうとする」 内容E球技（3）「フェアなプレイを守ろうとする」 内容H体育理論（2）ア（ア）「ルールやマナーについて合意」
	3	内容C陸上競技，D水泳の共通（3）「ルールやマナーを大切にする」 内容E球技（3）「フェアなプレイを大切にしようとする」
技術科	全	（内容の取扱い） （4）ア「情報のデジタル化の方法と情報の量，著作権を含めた知的財産権，発信した情報に対する責任，及び社会におけるサイバーセキュリティが重要であること」 （6）イ「知的財産を創造，保護及び活用しようとする態度，技術に関わる倫理観」
家庭科	全	内容C消費生活・環境 （1）ア（イ）「売買契約の仕組み，消費者被害の背景とその対応について理解し，物資・サービスの選択に必要な情報の収集・整理が適切にできる」 （内容の取扱い）（4）イ「クレジットなどの三者間契約」
特別の教科道徳	全	内容C［相互理解，寛容］ 「自分の考えや意見を相手に伝えるとともに，それぞれの個性や立場を尊重し，いろいろなものの見方や考え方があることを理解し，寛容の心をもって謙虚に他に学び，自らを高めていく」 ［遵法精神，公徳心］ 「法やきまりの意義を理解し，それらを進んで守るとともに，そのよりよい在り方について考え，自他の権利を大切にし，義務を果たして，規律ある安定した社会の実現に努める」 ［公正，公平，社会正義］ 「正義と公正さを重んじ，誰に対しても公平に接し，差別や偏見のない社会の実現に努める」 ［社会参画，公共の精神］ 「社会参画の意識と社会連帯の自覚を高め，公共の精神をもってよりよい社会の実現に努める」
特別活動	全	目標（2）「集団や自己の生活，人間関係の課題を見いだし，解決するために話し合い，合意形成を図ったり，意思決定したりする」 （学級活動） 内容（1）ア「学級や学校における生活をよりよくするための課題を見いだし，解決するために話し合い，合意形成を図り，実践する」 （生徒会活動） 内容（1）ア「生徒が主体的に組織をつくり，役割を分担し，計画を立て，学校生活の課題を見いだし解決するために話し合い，合意形成を図り実践する」

「　」は一部省略したもの。全としたのは，学年の区分がないもの。文部科学省（2018d）を基に中平作成。

表1-4　高等学校学習指導要領公民編「公共」の法教育に関わる内容

項目	内容
A 公共の扉	(3)公共空間における基本原理 ア(知識) (ア)「各人の意見や利害を公平・公正に調整することなどを通して，人間の尊厳と平等，協働の利益と社会の安定性の確保を共に図る」 (イ)「人間の尊厳と平等，個人の尊重，民主主義，法の支配，自由・権利と責任・義務など，公共的な空間における基本的原理について理解する」 イ(思考力，判断力，表現力等) (ア)「公共的な空間における基本的原理について，思考実験など概念的な枠組みを用いて考察する活動を通して，個人と社会との関わりにおいて多面的・多角的に考察し，表現する」 (内容の取扱い) 「指導のねらいを明確にした上で，日本国憲法との関わりに留意して指導する」 「『人間の尊厳と平等，個人の尊重』については，男女が共同して社会に参画することの重要性についても触れる」
B 自立した主体としてよりよい社会の形成に参画する私たち	(1)主として法に関わる事項 ア(知識，技能) (ア)「法や規範の意義及び役割，多様な契約及び消費者の権利と責任，司法参加の意義などに関わる現実社会の事柄や課題を基に，憲法の下，適正な手続きに則り，法や規範に基づいて各人の意見や利害を公平・公正に調整し，個人や社会の紛争を調停，解決することなどを通して，権利や自由が保障，実現され，社会の秩序が形成，維持されていくことについて理解する」 (エ)「現実社会の諸課題に関わる諸資料から，自立した主体として活動するために必要な情報を適切かつ効果的に収集し，読み取り，まとめる技能を身に付ける」 イ(思考力，判断力，表現力等) 「法，政治及び経済などの側面を関連させ，自立した主体として解決が求められる具体的な主題を設定し，合意形成や社会参画を視野に入れながら，その主題の解決に向けて事実を基に協働して考察したり構想したりしたことを，論拠をもって表現する」 (内容の取扱い) 「『法や規範の意義及び役割』については，法や道徳などの社会規範がそれぞれの役割を有していることや，法の役割の限界についても扱う」 (2)主として政治に関わる事項 ア(知識，技能) (イ)「政治参加と公正な世論の形成，地方自治，国家主権，領土(領海，領空を含む。)，我が国の安全保障と防衛，国際貢献を含む国際社会における我が国の役割などに関わる現実社会の事柄や課題を基に，よりよい社会は，憲法の下，個人が議論に参加し，意見や利害の対立状況を調整して合意を形成することなどを通して築かれるものであることについて理解する」 (エ)「現実社会の諸課題に関わる諸資料から，自立した主体として活動するために必要な情報を適切かつ効果的に収集し，読み取り，まとめる技能を身に付ける」

B　自立した主体としてよりよい社会の形成に参画する私たち	イ（思考力，判断力，表現力等） （ア）「法，政治及び経済などの側面を関連させ，自立した主体として解決が求められる具体的な主題を設定し，合意形成や社会参画を視野に入れながら，その主題の解決に向けて事実を基に協働して考察したり構想したりしたことを，論拠をもって表現する」 （3）主として経済に関わる事項 ア（知識，技能） （ウ）「職業選択，雇用と労働問題，財政及び租税の役割，少子高齢社会における社会保障の充実・安定化，市場経済の機能と限界，金融の働き，経済のグローバル化と相互依存関係の深まり（国際社会における貧困や格差の問題を含む。）などに関わる現実社会の事柄や課題を基に，公正かつ自由な経済活動を行うことを通して資源の効率的な配分が図られること，市場経済システムを機能させたり国民福祉の向上に寄与したりする役割を政府などが担っていること及びより活発な経済活動と個人の尊重とを共に成り立たせることが必要であることについて理解する」 （エ）「現実社会の諸課題に関わる諸資料から，自立した主体として活動するために必要な情報を適切かつ効果的に収集し，読み取り，まとめる技能を身に付ける」 イ（思考力，判断力，表現力等） （ア）「法，政治及び経済などの側面を関連させ，自立した主体として解決が求められる具体的な主題を設定し，合意形成や社会参画を視野に入れながら，その主題の解決に向けて事実を基に協働して考察したり構想したりしたことを，論拠をもって表現する」
C　持続可能な社会づくりの主体となる私たち	ア「地域の創造，よりよい国家・社会の構築及び平和で安定した国際社会の形成へ主体的に参画し，共に生きる社会を築くという観点から課題を見いだし，その課題の解決に向けて事実を基に協働して考察，構想し，妥当性や効果，実現可能性などを指標にして，論拠を基に自分の考えを説明，論述すること。」 （内容の取扱い） 「課題の探究にあたっては，法，政治及び経済などの個々の制度にとどまらず，各領域を横断して総合的に探究できるよう指導する」

「　」は一部省略したもの。文部科学省（2019）を基に中平作成。

学習指導要領改訂の理由に，近年の子どもたちは，主体的に社会の形成に参画しようとする態度や，資料から読み取った情報を基にして社会的な対立事象の特色や意味などについて比較したり関連づけたり多面的・多角的に考察したりして表現する力の育成が不十分であることが指摘されました（文部科学省，2019）。

それらを改善するためにも新設された「公共」は，大きく３つの項目からなります。第１に，「公共の扉」として，社会に参画する際の選択・判断するための手がかりとなる概念や理論などや，公共的な空間における基本的原理を理解することをめざしています。

第２に，「自立した主体としてよりよい社会の形成に参画する私たち」として，「公共の扉」で身に付けた選択・判断の手がかりとなる考え方や公共的な空間における基本的原理などを活用して，人間と社会のあり方についての見方・考え方を働かせ，他者と協働して主題を追究したり解決したりする学習活動を通して，人間としてのあり方や生き方についての理解を深めつつ，法，政治及び経済などに関わるシステムの下で活動するために必要な知識及び技能，思考力，判断力，表現力等を身に付けることをめざしています。

第３に，「持続可能な社会づくりの主体となる私たち」として，「公共の扉」，「自立した主体としてよりよい社会の形成に参画する私たち」で扱った課題などを一層深めたりすることにより，社会的な見方・考え方を総合的に働かせ，現代の諸課題を探究する活動を通して，その課題の解決に向けて事実を基に協働して考察，構想し，妥当性や効果，実現可能性などを指標にして，論拠を基に自分の考えを説明，論述できるようにすることをめざしています。

とくに第２は，法的主体，政治的主体，経済的主体などという主体の育成がめざされています。この中で，法教育に最も関係するのが法的主体です。そこでは，知識及び技能として「法や規範の意義及び役割，多様な契約及び消費者の権利と責任，司法参加の意義などに関わる現実社会の事柄や課題を基に，憲法の下，適正な手続きに則り，法や規範に基づいて各人の意見や利害を公平・公正に調整し，個人や社会の紛争を調停，解決することなどを通して，権利や自由が保障，実現され，社会の秩序が形成，維持されていくことについて理解すること」や，「現実社会の諸課題に関わる諸資料から，自立した主体として活動するために必要な情報を適切かつ効果的に収集し，読み取り，まとめる技能を身に付けること」をめざしています。その上で，思考力，判断力，表現力等を身に付けるために，「法，政治及び経済などの側面を関連させ，自立した主体として解決が求められる具体的な主題を設定し，合意形成や社会参画を視野に入れながら，その主題の解決に向けて事実を基に協働して考察したり構想したりしたことを，論拠をもって表現すること」などが示されています。法的資質の内実からいえば，前者は法的知識に関わり，後者は法的技能に関わるものであり，これらにより法的信念の土台が形成されることも考えられます。もちろん法教育は，法的主体以外の主体の土台に形成にも有効であるとともに，第３の内容につながるものでもあります。

なお，高等学校ということもあり，小学校や中学校に比べて法そのものに特化した高度な内容を扱うことができることが考えられます。

4　法教育で子どもに育みたい力

法教育により，子どもにどのような力を育むことをめざすのでしょうか。それは，子どもが法を通して国家や社会を理解し，誰もがよりよく生きていくことができるようにするにはどうすればよいのかを考え，社会に関わることができる主体的な形成者となることです。ここでの主体的とは，自主的とは異なります。自主的は誰かが決めた課題に対して自ら進んで解決をめざしながら行動することであるのに対して，主体的とは自主的だけでなく，自ら課題を発見し，その解決をめざしながら行動することも含みます。

そこでは，これまでにどのような“経緯”があって現在の国家や社会が形成されたのか，社会の変化などに伴って，どのように法が形成されてきたのかを自主的に学習し力を育むだけで終わりというわけではありません。よりよい国家や社会を形成するためにいかなる法が必要なのかを，主体的に考えられるような力の育成までをめざしているのです。

主体的な形成者を具体的にいえば，次のように考えられます。それは，自分が置かれている状態を見極め，その状態がおかしいのであれば，それに気がつくことができ，声をあげることができるような主体的な個人になることです。さらにいえば，さまざまな理由から自分が置かれている状態の不合理さに気がつくことができない人がいれば，その人に寄り添い，ともに声をあげたり，代弁者として声をあげたりすることも考えられます。あるいは，不合理さに気がつくことができても国籍等のさまざまな理由から法的なルートで声をあげることができない人のことも考えて立ち上がることも考えられます。また，自分の意見とまったく異なった意見であっても，その声と行動を尊重し，不合理さを訴えている人の声に耳を傾け，共によりよい国家や社会を形成するにはどうすればよいのかを構想し続けられるような態度をとることも考えられます。

このように，自分も他者も相互尊重しあいながら，誰もがよりよく生きることができるような国家や社会を形成することに主体的に関わり，そのためにはどのような取り決め，つまり，法が必要なのかを考えられるような力を法教育で子どもに育みたいと思います。

5　本章のまとめ

本章は，はじめに法教育の意義や背景，定義を確認しました。次に，子どもに育成をめざす法的資質の内容について，CCEや関弁連の研究成果，ならびに小学校や中学校，そして高等学校の学習指導要領を参考にして整理してきました。学習指導要領には，法的資質に関わる内容が多く存在しています。しかし，学校教育の限られた時間の中で，多岐にわたる法的資質の内実のすべてを扱うことは困難が予想されます。

そこで次章では，中学校の社会科を例にして，法教育を学校教育で展開するための学習理論について述べていきます。そこでは，法教育の教育内容や教育方法，そして教材作成の構造について述べていきます。

《参考文献》

江口勇治（2001）：「法教育の理論―日本型法教育の素描」，全国法教育ネットワーク編『法教育の可能性』，現代人文社，pp.14-22.

江口勇治（2003）：『世界の法教育』，現代人文社.
関東弁護士会連合会（2002）：『法教育―21世紀を生きる子どもたちのために』，現代人文社.
関東弁護士会連合会（2011）：『これからの法教育―さらなる普及に向けて』，現代人文社.
北川善英（2008）：「『法教育』の現状と法律学」，立命館法學321・322号，pp.66-85.
木村草太（2017）：『木村草太の憲法の新手』，沖縄タイムス社.
司法制度改革審議会（2001）：「司法制度改革審議会意見書―21世紀の日本を支える司法制度」.
内藤朝雄（2018）：「学校の全体主義―比較社会学の方法から」，木村草太編『子どもの人権を守るために』，晶文社，pp.227-246.
橋本康弘（1994）：「法教育原理としての『法的決定』―『自由社会における法』プロジェクトの場合」，中国四国教育学会『教育学研究紀要』第40巻，第2部，pp.229-234.
法務省法教育研究会（2005）：『はじめての法教育―我が国における法教育の普及・発展を目指して』，ぎょうせい.
文部科学省（2018a）：『小学校学習指導要領（平成29年告示）解説 社会編』，日本文教出版株式会社.
文部科学省（2018b）：『小学校学習指導要領（平成29年告示）解説 特別の教科 道徳編』，廣済堂あかつき.
文部科学省（2018c）：『小学校学習指導要領（平成29年告示）』，東洋館出版社.
文部科学省（2018d）：『中学校学習指導要領（平成29年告示）』，東山書房.
文部科学省（2019）：『高等学校学習指導要領（平成30年告示）解説 公民編』，東京書籍.
渡辺洋三（1995）：『法の常識〔第3版〕』，有斐閣.
Center for Civic Education著／江口勇治監訳（2001）：『テキストブック わたしたちと法―権威，プライバシー，責任，そして正義』，現代人文社.

（中平一義）

第２章

法教育の学習理論
──中学校社会科公民的分野を例にして

学校教育における法教育は，どのように行えばよいのでしょうか。本章では，法教育の学習理論について述べていきます。とくに，中学校の社会科を例に示していきます。

中学校の社会科を例にした理由は２つあります。１つ目は，第１章で学習指導要領における法教育に関わる内容を整理したように，小学校や中学校では社会科に多くの内容が含まれていたからです。社会科は，社会について学習できる根幹にある教科だからです。２つ目に，中学校が義務教育最終段階だからです。高等学校への進学率が高いといっても，全員が進学するわけではありません。基本的には誰もが学習する義務教育段階ですべき内容があると考えたからです。なぜなら，法教育は現代社会が法化社会だからこそ，そして，法が誰しもに等しく適用されるからこそ，誰しもが学習する内容であるからです。

それでは，はじめに学習指導要領で育成をめざす資質・能力や見方・考え方について整理していきます。

1　学習指導要領における資質・能力

1.1　中学校社会科の学習指導要領の目標と資質・能力

学習指導要領改訂の趣旨の大きな枠組みのひとつとして，従前からの「生きる力」をより一層具体化し，教育課程全体を通して育成をめざす資質・能力を，「何を理解しているか，何ができるか（生きて働く「知識及び技能」の習得）」，「理解していること・できることをどう使うか（未知の状況にも対応できる「思考力，判断力，表現力等」の育成）」，「どのように社会・世界と関わり，よりよい人生を送るか（学びを人生や社会に生かそうとする「学びに向かう力・人間性等」の涵養）」の３つの柱と定義しました。これらは学校教育法第30条の内容規定と同様のものとして考えることが可能です。それを受けた2021年度から完全実施される中学校学習指導要領社会編では，その教科の目標を次のように示しています（文部科学省，2018）。ここでは，社会科の教科の目標と資質・能力，さらにはとくに法教育に関わる内容が多い公民的分野の目標と資質・能力を示します（**表2-1**）。

以上のように，目標に対して育成することをめざす３つの資質・能力が整理されています。なお，資質・能力の定義にあるように，単に知識の獲得をするのではなく，それをいかにして活用することができるのかが問われています。子どもにそのような力を育成するために，適切な問いを設定することが教師には求められています。ここでの問いとは，社会的事象等の意味や意義，特色や相互関連を考えたり，社会にみられる課題を把握して，その解決に向けて構想したりする際の視点や方法であるとされています（文部科学省，2018）。その視点や方法が，見方・考え方です。これは，目標の冒頭にある通り，社会科全体では「社会的な見方・考え方」であり，公民的分野では「現代社会の見方・考え方」です。もちろん小学校の社会科や中学校の社会科地理的分野や歴史的分野でも同様に見方・考え方が定められています。

1.2　見方・考え方を働かせるための概念的枠組み

それでは，具体的に見方・考え方の内実とは何でしょうか。中学校社会科公民的分野を参考にします。なお，**表2-1**の公民的分野の目標の冒頭にあるように，「現代社会の見方・考え方」を示します。

中学校社会科公民的分野においては，**表2-2**に示したような見方・考え方が示されました。社会の課題をさまざまな視点でとらえること，それを活用して課題解決を構想することが示されています。資質・能力が単に知識の獲得にとどまらず，いかに活用するのかに向けて授業を展開することが求められています。誤解がないように述べますが，知識が不要とは言っていません。知識をいかに活用するのかが問われているということです。一方で，すべての子どもが内容を把握できずに主体的・対話的な活動をし

表2-1　中学校社会科と公民的分野の目標と資質・能力

分野	目標	資質・能力		
		知識及び技能	思考力，判断力，表現力等	学びに向かう力・人間性等
中学校社会科	社会的な見方・考え方を働かせ，課題を追究したり解決したりする活動を通して，広い視野に立ち，グローバル化する国際社会に主体的に生きる平和で民主的な国家及び社会の形成者に必要な公民としての資質・能力の基礎を育成することをめざす。	我が国の国土と歴史，現代の政治，経済，国際関係等に関して理解するとともに，調査や諸資料からさまざまな情報を効果的に調べまとめる技能を身に付けるようにする。	社会的事象の意味や意義，特色や相互の関連を多面的・多角的に考察したり，社会に見られる課題の解決に向けて選択・判断したりする力，思考・判断したことを説明したり，それらを基に議論したりする力を養う。	社会的事象について，よりよい社会の実現を視野に課題を主体的に解決しようとする態度を養うとともに，多面的・多角的な考察や深い理解を通して涵養される我が国の国土や歴史に対する愛情，国民主権を担う公民として，自国を愛し，その平和と繁栄を図ることや，他国や他国の文化を尊重することの大切さについての自覚などを深める。
公民的分野	現代社会の見方・考え方を働かせ，課題を追究したり解決したりする活動を通して，広い視野に立ち，グローバル化する国際社会に主体的に生きる平和で民主的な国家及び社会の形成者に必要な公民としての資質・能力の基礎を育成することをめざす。	個人の尊厳と人権の尊重の意義，とくに自由・権利と責任・義務との関係を広い視野から正しく認識し，民主主義，民主政治の意義，国民の生活の向上と経済活動との関わり，現代の社会生活及び国際関係などについて，個人と社会との関わりを中心に理解を深めるとともに，諸資料から現代の社会的事象に関する情報を効果的に調べまとめる技能を身に付けるようにする。	社会的事象の意味や意義，特色や相互の関連を現代の社会生活と関連づけて多面的・多角的に考察したり，現代社会に見られる課題について公正に判断したりする力，思考・判断したことを説明したり，それらを基に議論したりする力を養う。	現代の社会的事象について，現代社会に見られる課題の解決を視野に主体的に社会に関わろうとする態度を養うとともに，多面的・多角的な考察や深い理解を通して涵養される，国民主権を担う公民として，自国を愛し，その平和と繁栄を図ることや，各国が相互に主権を尊重し，各国民が協力し合うことの大切さについての自覚などを深める。

文部科学省 (2018) を参考に中平整理。

表2-2　現代社会の見方・考え方と概念的枠組み

現代社会の見方・考え方	概念的枠組み
現代社会の諸課題の解決に向けて，政治，経済及び国際社会などに関するさまざまな事象や課題を多様な視点（概念や理論など）に着目してとらえたり，課題解決に向けて有用な概念や理論などと関連付けて考えたりするなど	「対立と合意」，「効率と公正」，「個人の尊重と法の支配」，「民主主義」，「分業と交換」，「希少性」，「協調」，「持続可能性」など

文部科学省（2018）を参考に中平整理。

ているように見えるような授業には陥らないようにしたいものです。また，子どもに知識を教えた上で考えさせるのか，それを同時に行うのかは授業の展開により異なると思います。

中学校社会科公民的分野では，見方・考え方の内実（概念的枠組み）を**表2-2**のように示しました。たとえば「対立と合意」，「効率と公正」といった概念的枠組みを子どもに意識させた上で，ある課題に対して，さらに「個人の尊重と法の支配」といった概念を活用して，課題を認識し，それを解決するために構想する際に働かせる見方・考え方の内実です。なお，概念的枠組みにもそれが生じた歴史的背景や社会状況により異なる内容があることは指摘しておきます。

このように，とくに中学校社会科公民的分野では，見方・考え方を働かせて，これまでを理解し，これからを構想することができるような資質・能力の育成が求められています。では，法教育で育成する法的資質と学習指導要領の関係性はどのように考えればよいのでしょうか。次に，その点について考察していきたいと思います。

2　法的資質と学習指導要領の内容の関係性

2.1　法的資質の３つの内容と学習指導要領の資質・能力や見方・考え方の関係性

前章で述べたとおり，法教育で育成をめざす法的資質を，学習指導要領の内容と比較すると，小学校や中学校，そして，高等学校の各教科により難易度の面からの相違と，根底において共通する内容がありました。学校教育における法教育では，法的資質の育成をどのように行うことが考えられるのでしょうか。

まず，法的資質の３つの内容と学習指導要領の資質・能力や見方・考え方の関係性を整理します。ここでは，第１章の**表1-3**で示した中学校学習指導要領の中の法教育に関する内容を参考に，中学校社会科公民的分野の記載内容を整理したいと思います（**表2-3**）。

2.2　法的知識，法的技能，法的信念の内実とそれぞれの関係性

2.2.1　法的知識の内実と関係性

まず，法的知識について述べていきます。学習指導要領の記載内容を参考にすると，法的知識の多くは社会科で述べられています。具体的な法や権利などで，別の教科が出てくることもありますが，基本的かつ根源的な法に関する内容は社会科が担うことになります。また，資質・能力でいえば，主に知識及び技能の育成に関わる内容であるといえます。

この法的知識は，関弁連（2011）を参考にすると①～⑩に分類されます。さらにそれは，内容のもつ特徴により４つに分類できます。第１は，法の根源的な価値に関する内容です。ここには，「①基本的価値・概念，②法」が入ります。ここでの，見方・考え方のための概念的枠組みは，「対立と合意」，「効率と公正」です。しかし，法教育で育成する法的資質の観点から，法と道徳の相違，自然権，社会契約論を加えました。この概念的枠組みを加えたほうが，法を理解できると考えたからです。第２は，「③憲法の原理と原則，④権力と民主主義」です。これは，憲法典に記載されている価値的な内容です。つまり，第１の法の根源的な価値に関する内容を，憲法典の枠組みにおいて具体化したものです。ここでは，法的な価値に関する内容を，社会の中で実際に反映するための内容が示されています。ここでの概念的枠組みは，「対立と合意」，「効率と公正」，「個人の尊重と法の支配」，「民主主義」に加えて基本的人権，国民主権，平和主義，立憲主義としました。さらに，第３として「⑦私法」があります。これは，第２の憲法典の枠組みの中で形成される法です。ここでの概念的枠組みは，「対立と合意」，「効率と公正」，「分業と交換」，「希少性」に加えて，消費者主権，労働環境としました。最後に，第４として「⑤紛争解決，⑥司法，

表2-3　法教育で育成をめざす法的資質と中学校学習指導要領社会の関係性

法的資質	関弁連の分類	中学校学習指導要領社会編（公民的分野）		
		資質・能力	概念的枠組み	内容
法的知識	①基本的価値・概念 ②法	知識及び技能	「対立と合意」 「効率と公正」 ※法と道徳の相違	内容A私たちと現代社会 （2）現代社会を捉える枠組み ア（知識） （ア）「現代社会の見方・考え方の基礎となる枠組みとして，対立と合意，効率と公正などについて理解」 （イ）「人間は本来社会的存在であることを基に，個人の尊厳と両性の本質的平等，契約の重要性やそれを守ることの意義及び個人の責任について理解」
			「対立と合意」 「効率と公正」 「個人の尊重と法の支配」 ※自然権	内容C私たちと政治 （1）人間の尊重と日本国憲法の基本的原則 ア（知識） （ア）「人間の尊重についての考え方を，基本的人権を中心に深め，法の意義を理解する」 （イ）「民主的な社会生活を営むためには，法に基づく政治が大切であることを理解」 （ウ）「日本国憲法が基本的人権の尊重，国民主権及び平和主義を基本的原則としていることを理解」
	②法	知識及び技能	「対立と合意」 「効率と公正」 ※社会契約論	内容A私たちと現代社会 （2）現代社会を捉える枠組み イ（思考力，判断力，表現力等） （ア）「社会生活における物事の決定の仕方，契約を通した個人と社会との関係，きまりの役割」
	③憲法の原理と原則	知識及び技能	「対立と合意」 「効率と公正」 「個人の尊重と法の支配」 「民主主義」 ※基本的人権 ※国民主権 ※平和主義	内容C私たちと政治 （1）人間の尊重と日本国憲法の基本的原則 ア（知識） （イ）「民主的な社会生活を営むためには，法に基づく政治が大切であることを理解」 （ウ）「日本国憲法が基本的人権の尊重，国民主権及び平和主義を基本的原則としていることを理解」
	④権力と民主主義	知識及び技能	「対立と合意」 「効率と公正」 「個人の尊重と法の支配」 「民主主義」 ※立憲主義	内容C私たちと政治 （2）民主政治と政治参加 ア（知識） （ア）「国会を中心とする我が国の民主政治の仕組み」 （イ）「議会制民主主義の意義，多数決の原理とその運用の在り方」

				(ウ)「国民の権利を守り，社会の秩序を維持するために，法に基づく公正な裁判の保障がある」 (エ)「地方公共団体の政治の仕組み，住民の権利や義務について理解する」
法的知識	⑤紛争解決 ⑥司法 ⑧私的紛争と裁判 ⑨犯罪と刑罰 ⑩刑事手続	知識及び技能	「対立と合意」 「効率と公正」 「個人の尊重と法の支配」 「民主主義」 ※立憲主義 ※適正手続	内容C私たちと政治 （2）民主政治と政治参加 ア（知識） (ウ)「国民の権利を守り，社会の秩序を維持するために，法に基づく公正な裁判の保障がある」 （内容の取扱い） （4）ア「法に基づく公正な裁判の保障に関連させて，裁判員制度についても触れる」
	⑦私法	知識及び技能	「対立と合意」 「効率と公正」 「分業と交換」 「希少性」 ※消費者主権 ※労働環境	内容B私たちと経済 （1）市場の働きと経済 ア（知識） (エ)「勤労の権利と義務，労働組合の意義及び労働基準法の精神について理解」 （2）国民の生活と政府の役割 ア（知識） (ア)「社会資本の整備，公害の防止など環境の保全，少子高齢社会における社会保障の充実・安定化，消費者の保護について，それらの意義を理解する」 (イ)「財政及び租税の意義，国民の納税の義務について理解する」
法的技能	⑪調査	知識及び技能	※調査に関わる技能は，知識及び技能に含まれるとする。具体的に言えば，社会的事象等について調べまとめる技能であり，情報を収集する技能，情報を読み取る技能，情報をまとめる技能として整理される。	
	⑫思考	思考力，判断力，表現力等	「対立と合意」 「効率と公正」 ※法と道徳の相違	内容A私たちと現代社会 （2）現代社会を捉える枠組み イ（思考力，判断力，表現力等） (ア)「社会生活における物事の決定の仕方，契約を通した個人と社会との関係，きまりの役割」
			「対立と合意」 「効率と公正」 「分業と交換」 「希少性」 ※消費者主権 ※労働環境	内容B私たちと経済 （1）市場の働きと経済 イ（思考力，判断力，表現力等） (ア)「個人や企業の経済活動における役割と責任について多面的・多角的に考察し，表現する」 (イ)「社会生活における職業の意義と役割及び雇用と労働条件の改善について多面的・多角的に考察し，表現する」

法的技能	⑫思考	思考力，判断力，表現力等		（2）国民の生活と政府の役割 イ（思考力，判断力，表現力等） （ア）「市場の働きに委ねることが難しい諸問題に関して，国や地方公共団体が果たす役割について多面的・多角的に考察，構想し，表現する」 （イ）「財政及び租税の役割について多面的・多角的に考察し，表現する」
			「対立と合意」 「効率と公正」 「個人の尊重と法の支配」 「民主主義」 ※立憲主義	内容C私たちと政治 （1）人間の尊重と日本国憲法の基本的原則 イ（思考力，判断力，表現力等） （ア）「我が国の政治が日本国憲法に基づいて行われていることの意義を多面的・多角的に考察，表現」 （ア）「民主政治の推進と，公正な世論の形成や選挙など国民の政治参加との関連」
			「対立と合意」 「効率と公正」 「協調」 「持続可能性」	内容D私たちと国際社会の諸課題 （1）世界平和と人類の福祉の増大 イ（思考力，判断力，表現力等） （ア）「日本国憲法の平和主義を基に，我が国の安全と防衛，国際貢献を含む国際社会における我が国の役割について多面的・多角的に考察，構想し，表現する」
	⑬コミュニケーションと社会参加	知識及び技能 思考力，判断力，表現力等	※ここは，知識及び技能と思考力，判断力，表現力等を結びつけるものであるとともに，もう一つの資質・能力である学びに向かう力にかかわるものとする。	
法的信念	⑭態度，意欲	学びに向かう力・人間性等	「対立と合意」 「効率と公正」 「協調」 「持続可能性」 ※これまでに学習したすべて	内容D私たちと国際社会の諸課題 （1）世界平和と人類の福祉の増大 （2）よりよい社会を目指して ア「私たちがよりよい社会を築いていくために解決すべき課題を多面的・多角的に考察，構想し，自分の考えを説明，論述する」

内容の中の「　」は一部省略したもの。※は筆者が加えた概念的枠組み。
関弁連（2011）及び文部科学省（2018）を基に中平作成。

⑧私的紛争と裁判，⑨犯罪と刑罰，⑩刑事手続」があります。これは，第２の憲法典やその枠組みの中で形成される第３の法の規定などにより形成・運用される具体的な制度などを示します。これにより，第１の法の根源的な価値を確実なものにしていきます。ここでの概念的枠組みは，「対立と合意」，「効率と公正」，「個人の尊重と法の支配」，「民主主義」に加えて，立憲主義，適正手続としました。

このように，法的知識の中には，法の根源的な価値に関する内容，それを具現化した憲法典に定められた価値的な内容とその枠組みで形成される法，さらに，憲法典や法の枠組みの中で形成され運用される制度に分類されるという関係性があります。

2.2.2　法的技能の内実と関係性

法的技能は，⑪調査，⑫思考，⑬コミュニケーションと社会参加に分類されます。⑪は知識を獲得する場面などで活用される技能です。⑬は法的知識と法的信念の紐帯になるものです。そのため，知識及び技能だけでなく，思考力，判断力，表現力にも関わるものとしました。⑫に関しては，社会科に関わるものはまさに法的な内容をもつ思考です。学習指導要領で育成をめざす資質・能力としては，主に思考力，判断力，表現力等を育成するものです。つまり，「対立と合意」，「効率と公正」，「個人の尊重と法の支配」，「民主主義」などや2.2.1で加えた概念的枠組みを活用して，考え，判断し，他者に自らの考えを伝える能力といえます。

2.2.3　法的信念の内実と関係性

法的信念は，関弁連(2011)の分類からいえば⑭の態度，意欲となります。資質・能力でいえば，学びに向かう力・人間性等です。これまでに学習した見方・考え方としての概念的枠組みなどをすべて活用して，よりよい社会に向けて課題を解決する構想をすることがめざされています。

法的資質の中の法的信念は，態度や意欲の育成をめざします。しかし，それは単独で存在するのではなく，法的知識や法的技能との相互関係の中で育むものであることを示しています。とくに，法教育であるからこそ法的知識の中の第１の法的な価値に関する内容をふまえる必要があるということを述べておきたいと思います。

2.3　法的知識，法的技能，法的信念相互の関係性

では，法的知識，法的技能，法的信念相互の関係性はどのようなものなのでしょうか。法的知識は４つに分類できました。法的技能は，主に思考力，判断力，そして他者に伝えるなどの表現力などに関わる内容でした。そして，法的信念は態度や意欲を形成するものでした。

第１章で述べたように，江口は法教育の必要性を，「法を守る」，「法を使う」，「法の見方・考え方を使って実際の紛争を解決する」，「法の支配の意義から国家・社会や自己をモニターする」といった経験や模擬的体験の必要性があることをCenter for Civic Educationの法教育を参考にして述べました。このような法教育を行うためには，法的知識の第２，３，４の個別，具体的な法の内容を扱うだけではなく，第１に内包されている法的な価値をも含めた法的資質の関係性の中でとらえることが有用性をもつのではないでしょうか。なぜなら，法は価値的な理念や，条文が個別に存在するものではなく，常にその実現に向けて作用しあっているからです。さらに言えば，法的知識を子どもがどれだけ相互に作用するものとしてとらえられるのかについては，法的技能でどれだけ法的に思考するのかに影響されます。法的知識を個別に理解するだけではなく，それがどのように具現化されているのか，その結果どのような課題があるのか，そしてそれをいかにして改善していくのかについては，法的技能を活用して思考するからです。そして，そのような法的知識と法的技能とともに法的信念も育まれることになります。

法的資質は相互に作用する動態的な関係性をもちます。では，法的資質を動態的な関係性をもつ総体として教育するにはどうすればよいのでしょうか。本書では，法的資質だからこそ法的であるために，とくに法を扱う社会科を法教育の中心に据えるべきであると考えます。さらに，その法的な内容を担保するためには，法学の成果に依拠する必要があると考えます。

3　法的資質を育むための学習理論

3.1　法の動態的な構造

そこで，法的資質の相互作用や関係性を子どもが理解し思考できるよう

に，動態的な構造について述べていきたいと思います（北川，2012）。ここでは，法の三要素の関係性を示します（**図2-1**）。

まず，人々の意識の総体として，法意識が形成されます。近代自然権思想などが継受された我が国の憲法には，個人を尊重して人権を守ることが意識の総体に内包されています。これを法意識とします。この法意識を根拠として形成される法は，憲法典そのものや，その憲法典の範囲内で形成される法律として具体化されます。これを法規範とします。さらに法規範を根拠とし，さらに，具現化することを目的として国会や内閣，裁判所などの統治機構があります。これを法制度とします。この法の各要素は相互に影響を与えあいます。たとえば，現在の法意識の総体としてできた法規範としての憲法典の内容や運用によりもたらされる効果をめぐり，新たな法意識が形成されることがあります。もし，法規範の下に形成され運用される法制度が現在の法意識の総体としての個人の尊重を具現化することに寄与しなければ，法意識を確実にするために新たな法規範，そして法制度を変革する，あるいは新たに形成する法意識が生じることが考えられるからです。このように，各要素は相互関係をもつのです。

さらにいえば，法規範や法制度そのものや，それらがもたらす実際の効果が，現在の法意識を達成するものであるのかについて常に再確認する必要があります。このように，法による現象の構造を示す三要素は動態的なダイナミズムをもつ構造となります。

法の三要素に加えて，それぞれの法の要素により規定される社会関係を法関係とします。法関係というカテゴリーは三要素によって規定される社会関係（＝法的社会関係）です。法関係は他の法の要素と並んだ法現象の構成要素です。法関係は，法の三要素により形成される社会ですが，法そのものだけで規定されるだけでなく他の要素も内包されます。たとえば，感情や習慣，さまざまな社会条件（グローバル社会，少子高齢社会，経済格差，自然災害，環境問題により生じるさまざまな生活条件）などの多くの要素により規定されることが考えられます。法関係の中の社会は，私たちが生活する社会です。社会に不具合が生じたときに，法によりその修正を法の三要素それぞれに求めることになります。

法は「意識から規範」，「規範から制度」，「制度から意識」，あるいはそ

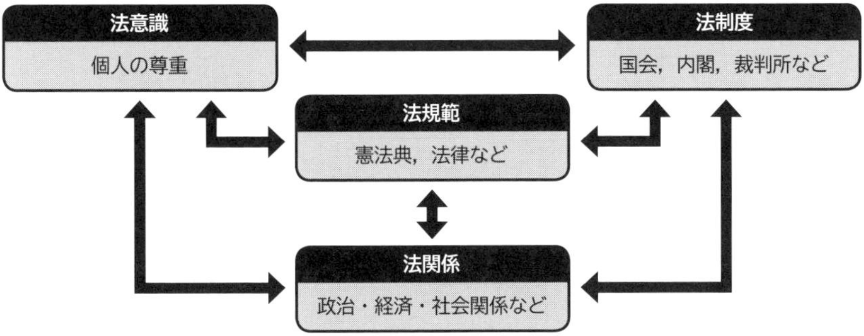

図2-1　法の三要素の関係性

北川（2012），中平（2018）を参考に中平作成。

れぞれ逆のベクトルとしての相互に関係をもちます。さらにそれらの要素により生じる法関係は，諸要素を相互に規定する（される）関係性をもっています。法の三要素は，このような構造により成り立っています。このような法の動態的な構造により，子どもに法的資質を育むことを本書における法教育の学習理論とします。

3.2　法的な価値を教育するために

3.2.1　法的な価値教育の必要性

法を動態的にとらえる法教育では，他にも考えておかなければならない課題があります。それは，法的な価値の教育です。つまり，法的な価値の内容が何であり，それをどのように教えるのか，そして，その正当性の根拠は何かという価値に関わる教育がもつ課題です。

まず，法的な価値教育の内容について考えていきます。成嶋（2017）の憲法教育の法的規範性に対する論考を参考にします。成嶋は，公教育だからこそ教育しなければならない内容があるとしました。その内容は，現代の国家が近代立憲主義の系譜に基づくのであるならば，憲法教育の教育内容は立憲的意味の憲法に内在する諸価値であるとしました。

そのような憲法に内在する諸価値とは，本章ですでに述べたとおり，近代自然権思想などが継受された憲法の基本的価値である個人の尊重です。しかし，このような価値は抽象的な内容です。授業で教える際には具体的な内容がないと，子どもが理解しにくく，教師も教えにくくなります。具体的な内容は，法的な価値を現代社会において具現化した憲法典やその枠組みにおいて形成される法規範や法制度です。価値を教えるだけでなく，実質化されたその具体的な内容を教えることにより，価値をも扱うことが可能になります。

3.2.2　子どもの思想良心の自由を守るための価値教育

では，そのような価値を教育する正当性の根拠は何でしょうか。中西（2008）は，思想良心の自由といった価値形成の自由が，子どもに保障されなければならないことを前提に，価値に関する教育の必要性を指摘しました。中西は，子どもたちの価値観形成の自由の行使は社会的，歴史的，発達論的に制約されており大人とは同じではないことや，価値をつたえるといういとなみの成果としてのみ，子どもたちに価値形成の自由な主体であるべしという価値はつたえられるとしました。さらに，子どもたちの価値観形成の自由を保障すべき責任を担っているものは多岐にわたるとし，具体的には親（家庭），学校教育，教員，国家，市場組織，メディア，ピア・グループ等の相互介入的関与の総体から成り立っているとしました。このように中西は，価値教育について学校教育の関与の必要性を指摘しているのです。なお，成嶋もまた，公教育だからこそ教育する内容があるとしました。つまり，子どもの価値観形成の自由を守るためには，どのような価値により社会が形成されているのかを教えなければならないのです。

3.2.3　法的な価値教育の方法

では，法的な価値をどのように教え，子どもに考えさせればよいのでしょうか。成嶋は，教育や学問には既存の体制や価値を疑うという意味での体制超越的機能があることから，憲法に内在する諸価値であっても教条的に教えるのではなく次世代の自由な検証に委ねられるものとして提示される必要性があると述べました。

つまり，成嶋や中西の指摘を参考にすれば，教育には子どもの価値観形成（精神的な自由）を保障するという大切な役割（価値教育の正当性）があります。その役割を達成するためには，中立性に過度に配慮して相対的に価値を扱うのではなく（あるいは，まったく扱わないのではなく），これまでの人類の英知の到達点として現在の価値を確実に教える必要があるのです。その人類の英知を法教育の側面からいえば，憲法に内在する諸価値になります。ただし，それを真理として教条的に教えるのではなく，その価値すらも常に批判的に吟味できるようにする必要があると成嶋は指摘しているのです。

3.3　法の三要素と法的資質の関係性

これまでに述べてきたように法には，動態的な構造，相互に関係をもつダイナミズムがあります。法の構造やダイナミズムを示す三要素を，**表2-3**の法的資質の関係性からみると**図2-2**のようになります。

法的資質のうち，法的知識は，主に法意識 (①②)，法規範 (③④⑦)，法制度 (⑤⑥⑧⑨⑩) に分類されます。法的信念は，法関係 (⑭) になります。これは，どのような国家や社会ができるのか，自分はどのような国家や社会を形成していくのかを考えることに関係します。法的技能 (⑪～⑬) は，それぞれの要素を結ぶ両方向の矢印のすべてに関わります。これは，たとえば法意識と法規範の構造などを考える際に働かせるものです。本書における法教育の方法は，子どもの法的資質を育むために，このような法の動態的な構造をふまえることができる授業の展開にあります。

しかし，法教育にはその内容に高度な法学的知識や技能を必要とする場面があります。具体的にいえば，何らかの社会的な対立事象に対して，どのような法を適用し，どのような解釈を行えば解決できるのかを考えていく場合に法学の成果に基づいた教育が必要になります。その際に，弁護士などとの協働による授業づくりと実践が考えられます。その協働のあり方については後述します。

3.4　法教育の学習理論に基づいた教材作成の構造

次に**図2-2**を基にして，具体的な教材を作成する際の考え方について述べていきます。ここでは，具体的な内容として，男女雇用機会均等法を例に教材作成の構造を示します。**表2-4**は，男女雇用機会均等法の成立とその改正過程を一部抜粋し整理したものです。さまざまな課題を解決する中で成立し，そして改正されてきました。しかしながら，現在でも課題は残されていたり，新たに生じたりしています。そこでここでは，ポジティブ・アクションを例に考えていきたいと思います。ポジティブ・アクショ

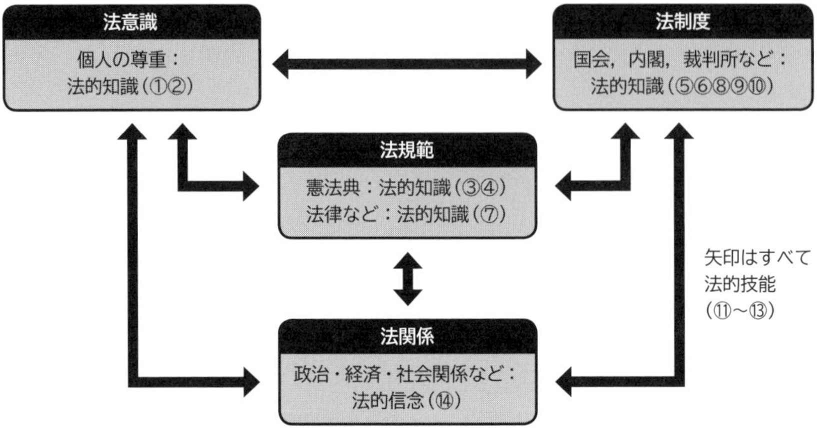

図2-2　法の三要素と法的資質の関係性

図中の丸数字は表2-3と同じもの。北川（2012），中平（2018）を参考に中平作成。

ンには，これまでの取扱い等により男女間に事実上の格差がある場合にその是正をめざして暫定的に行うことを目的とした「女性のみを対象とする又は女性を有利に取り扱う取組」と，個人の能力に着目した公正で透明な人事制度の確立や仕事と家庭の両立支援のための制度の実施など継続して行われることを目的とした「男女両方を対象とする取組」があります。年々，女性従業員や女性管理職の比率が増加しつつも，男女比で見れば，未だ男性が圧倒的に多いことは周知の事実です。また，ポジティブ・アクションは国際的な潮流でもあり，国会議員や閣僚の男女比を近づけるクオータ制などを法制化している国家もあります。しかしながら，一方で，ポジティブ・アクションは，男性に対する逆差別につながるのではないかという議論があります。さらにいえば，男女という枠組みさえ問い直す必要があるのではないかという議論が生じる可能性がある社会状況でもあります。そこで，ポジティブ・アクションの是非を，教材の大きな論点としてみます。

表2-4のような課題とその解決の変遷をふまえたものを，**図2-2**に当てはめて構造化していきます（**図2-3**）。

まず，法意識の個人の尊重を具体化する法規範の憲法典には，人権としての平等規定があります。これらを基に社会が形成されてきました。しかし，国際婦人年や女子差別撤廃条約の批准，さらには女性の社

表2-4　男女雇用機会均等法の変遷と課題

出来事	働き方についてのきまり	課題
1985年以前	・女性は労働基準法で，時間外労働が1日2時間，1週6時間，1年150時間と制限されていた。 ・女性は，深夜業(夜10時から朝5時まで)が原則禁止されていたなど男性と異なる法規制があった。 ・社会に残る「男は仕事，女は家庭」という伝統的な男女の役割分担意識等があったことが影響している。	・1975年の国際婦人年，1980年に女性差別撤廃条約を批准したことにより，伝統的な男女の役割分担意識への変革。
1985年 男女雇用機会均等法の成立	・募集・採用，配置・昇進についての男女の均等な取扱いについては，事業主の努力義務とされた。 ・女性労働者の結婚・妊娠・出産退職制や，女性の結婚，妊娠，出産及び産前産後休業の取得を理由とする解雇が禁止された。	・努力義務とされた内容が徹底されない場面があった。
1997年 男女雇用機会均等法の改正	・それまでの努力義務規定が改められ，募集・採用，配置・昇進について，女性であることを理由とする差別的取扱いが禁止された。 ・セクシュアルハラスメント防止に向けた事業主の雇用管理上の配慮義務や，ポジティブ・アクション(積極的改善措置)も記載。あわせて，労働基準法の一部が改正され，女性の残業・深夜労働・休日労働を制限した女子保護規定が撤廃された。	・ポジティブ・アクションに対する是非。 ・男性を理由とする昇進等の差別的扱いの可能性。
2006年 男女雇用機会均等法の改正	・募集・採用，配置・昇進等について，男女双方に対する性別を理由とする差別的取扱いが禁止された。 ・差別的取扱いの禁止の対象に，降格，職種の変更，雇用形態の変更，退職勧奨，労働契約の更新が追加された。 ・セクシャルハラスメントも男女双方への防止規定へ。	・ポジティブ・アクションに対する是非。
2016年 男女雇用機会均等法の改正	・妊娠・出産等に関する上司・同僚による就業環境を害する行為に対する防止措置を義務づける規定が設けられた。	・男女ともに，育児休業取得に対する一部企業の対応に問題発生。 ・ポジティブ・アクションに対する是非。

厚生労働省HP[1]を参考に一部抜粋して中平作成。

[1]　ポジティブ・アクションについて厚生労働省によれば，次のように説明しています。すなわち，「個々の企業において，固定的な男女の役割分担意識や過去の経緯から『営業職に女性はほとんど配置されていない』，『課長以上の管理職は男性が大半を占めている』等の差が男女労働者の間に生じていることが多く，このような差は，男女雇用機会均等法上の性差別を禁止した規定を遵守するだけでは解消できません。『ポジティブ・アクション』とは，このような男女労働者間に事実上生じている差を解消するために，個々の企業が進める自主的かつ積極的な取組のことである」。詳しくは厚生労働省HP「ポジティブ・アクションの促進について―男女均等な職場を目指して」(https://www.mhlw.go.jp/seisaku/2009/11/03.html) を参照 (最終閲覧日2019年9月1日)。なお，本章では，ジェンダー運動に対するバックラッシュについては紙幅の都合上ふれませんでした。

会進出が拡大していくにあたり，それまでの女性の労働規定では不具合が生じるようになりました（**図2-3A**）。そこで，法意識の個人の尊重を具現化した憲法典の範囲内において，男女雇用機会均等法が成立しました（**図2-3B**）。そして，この運用にあたっては，各企業の努力義務とされることが多くありました（**図2-3C**）。そのため，努力義務では法律の目的を達成することが困難であり，社会においてさらなる改正の声が高まりました（**図2-3D**）。その結果，男女雇用機会均等法が改正されました（**図2-3E**）。その改正された法の運用により，募集や昇進等の男女による差別的取扱いが禁止されました。その点については，課題が少しずつ解消され始めました。さらに，ポジティブ・アクションが示されました（**図2-3F**）。ところが，そのポジティブ・アクションに対して逆差別ではないかという意見が発生しています（**図2-3G**）。

次に，『中学校学習指導要領 社会編（公民的分野）』の内容や資質・能力の側面から考えていきましょう。この男女雇用機会均等法の変遷と課題の解決を構想する法教育の授業は，内容Cの「私たちと政治」で行うことが考えられます。まず，知識及び技能で法意識にある個人の尊重といった法の根底にある価値を教育します。これは，**表2-3**①に関わる内容です。その際の見方・考え方の概念的枠組みは，「対立と合意」，「効率と公正」，「個人の尊重と法の支配」，自然権などです。次に，その具現化として法規範にかかわる憲法典などを**表2-3**③で教育し，憲法典とその枠組みの中で形成された男女雇用機会均等法の成立を教育します。その際の概念的枠組みは，「対立と合意」，「効率と公正」，「個人の尊重と法の支配」，「民主主義」，基本的人権などです。このような概念的枠組みにより，社会情勢としての法関係の影響をつかみ取ります。次に，法制度に関わる法の形成や運用方法などを**表2-3**④で教育します。その際の概念的枠組みは，「対立と合意」，「効率と公正」，「個人の尊重と法の支配」などです。それにより，男女雇用機会均等法がどのように運用されたのかを教育します。その結果としての法関係をふまえて，新たな課題が生じたことを確認します。そこで，どの課題がどのように解決に向かったのかを，これまでの流れを繰り返しながら確認します。なお，各要素間を動態的に接続するには，思考力，判断力，表現力等が有効に活用されます。最後に，現在の課題に到達します。

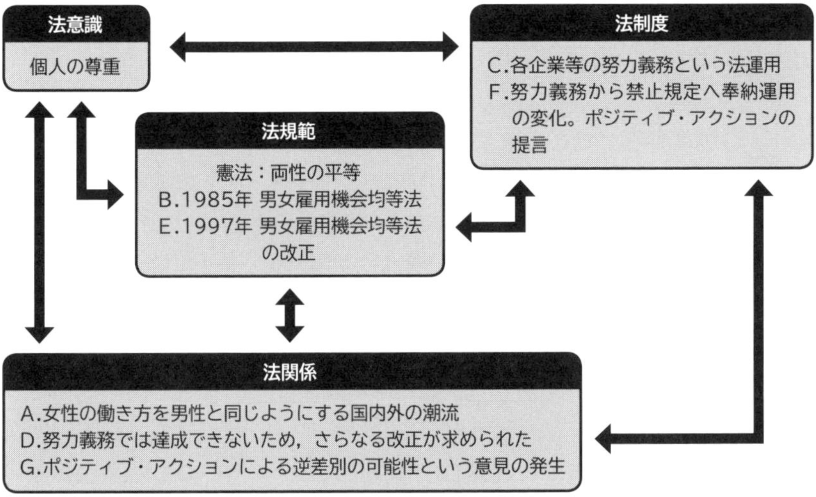

図2-3　男女雇用機会均等法をめぐる動態的な関係性

北川 (2012)，中平 (2018) を参考に中平作成。

その課題を解決する構想をしてもらうという流れになります。

もちろん，ここで示した順番の通りに子どもが学びを進めるとは限りません。ここで示したいことは，教材作成の方法や授業展開の視点，つまり，学習理論です。子どもにどのように問いをもたせ，それを追究させることができるのか，そのための教材とは何か，概念的枠組みを使った子どもはどのような発想をするのか，どのような疑問が生じるのかなどをあらかじめ想定しておくための法教育の学習理論とその授業モデルであることを述べておきたいと思います。

なお，価値の中立性に関していえば，これまでの価値である憲法的価値 (個人の尊重) と，その具現化である権利 (人類のこれまでの英知の結晶) を，枠組みとして (入れ物として) 学習させることにより対応しています。枠組みとして教えるとは，価値の中身は常に入れ替え自由であるということでもあります。これは，価値の一元化を避けつつも，これまでの価値を教えるとともに，その価値さえも再構成可能なものとして学習するものです。これは，資質・能力の育成のために課題を認識し，解決策を構想することを示した学習指導要領と同様の考え方をもっているともいえます。

4　法学の成果に基づく法教育のために

4.1　教師と弁護士などの法曹専門家との協働

授業は，子どもを理解した教師が，同様に教科としての教育内容を理解した上で，目の前の子どもにふさわしい教育方法を選択して行われます。そのような意味では，授業は教師の力量が問われるクリエイティブな行為です。そこでの教科の内容は学問の文脈に位置づけられます。そのため，教師は常に深い教材研究が求められます。一方で，多岐にわたる教育内容のすべての教材研究を行うことは実質的に困難です。そこで，専門家との協働が求められます。とくに法教育においては，弁護士などの法の専門家との協働が求められます。先述の新教科「公共」においても，学校外の専門家との協働の必要性が示されています（文部科学省，2019）。

ただし，法の専門家である弁護士は，基本的には教育の専門家ではありません。子どもを理解し，教育内容の選択を行うのは教師の役割です。学問の成果を子どもにそのまま教えるだけでは，子どもがそこにある課題や考え方を認識することが困難であるかもしれません。専門的な内容は専門家に助けてもらいながらも，子どもの理解については教師が主体的に授業づくりに関わる必要があります。

4.2　法曹専門家との協働が求められる場面

では，とくに協働が求められ法の専門家の力が発揮できる場面はどこなのでしょうか。もちろん，高度な法的知識が必要とされる場面も考えられます。それだけでなく法的資質の中でも，法的技能の場面であると考えられます。たとえば，「事実と意見（主張）の区別」，「情報の信用性についての吟味」，「争点（論争や対立）が何かを理解」，「争点の背景にある価値や見方の探求」，「結論と理由の区分」，「影響を考える」，「法的三段論法を理解」，「法的に批判的な視点」，「信用ある情報に基づく意思決定や判断」などの法的な見方・考え方が必要となる場面です。

具体的にいえば，ある社会的な対立事象を考える際に，何が事実で何が主張であるのかを区分して議論の前提を整理し，法的な視点から争点を明確化し整理することです。また，社会的な対立事象を解決する際にどの法律を適用するとどのような結果が生じるのか，それが当事者だけでなく他の個人や社会にどのような影響を与えることになるのかを，実際の法律の適用を想定しながら考えるように整理することです。さらにいえば，その紛争事例に対して現状では（判例などにより）どのような解決がなされているのか，過去はどのような解決がなされてきたのか，現状ではどのような課題が新たに生じているのかを考えられるように整理することです。このように社会的な対立事象に対して，法的に明確化，整理することにより，子どもは法的にものを考えることができるようになるでしょう。このような場面で，弁護士などの法の専門家の力が発揮されることが考えられます。

5　本章のまとめ

本章では，まず，法的資質と中学校学習指導要領社会編との関係性を整理しました。網羅的に見られる法的資質を，その内容とその相互関係を整理しました。次に，法的資質を教育するための，法の動態的な構造について述べました。法的資質の教育には，法的な価値を扱う必要性が生じました。そこで，法的な価値教育の必要性や，正当性，その方法について述べました。さらに，法の動態的な構造と法的資質の関係性を整理し，本書における法的資質を育成する法教育の教育内容と方法である学習理論について述べました。最後に，法学の成果に基づいた法教育を展開するために，弁護士などの法曹専門家との協働が必要であることを述べました。

次章以降では，まず，法教育を展開するうえで必要な法的な内容を示します。これは本書が，法学の成果に基づいた法教育を展開するためです。ここでは，研究会が主に中学校社会科を対象とした４つの教材（法務省法教育研究会，2005）や法教育で育成する法的資質に関わり，ルール，私法，憲法，司法に絞って述べていきます。ただし，ルールに関しては，ルールそのものではなく法を理解する上で必要な内容とすることから，法とルールの違いを述べていきます。さらに実践編として，理論編を授業案作成により具現化します。その際に，法の専門家としての弁護士が，法的思考のための視点を授業ごとに述べていきます。

《参考文献》

関東弁護士会連合会（2011）：『これからの法教育—さらなる普及に向けて』，現代人文社.

北川善英（2012）：「長谷川憲法学における基本的人権と『社会』」，杉原泰雄・樋口陽一・森英樹編『長谷川正安先生追悼論文集 戦後法学と憲法—歴史・現状・展望』，日本評論社，pp.877-893.

中平一義（2018）：「法教育における法的判断原理—法の四要素説をもとにした動態的構造の研究」，『上越教育大学研究紀要』37巻2号，pp.491-504.

中西新太郎（2008）：「価値形成の自由と公教育の役割—価値の教育をめぐっての一試論」，全国民主主義教育研究会『民主主義教育21』Vol.2，pp.144-148.

成嶋隆（2017）：「教育を受ける権利」，『戦後日本憲法学70年の軌跡（法律時報増刊）』，日本評論社，pp.141-149.

長谷川正安（1968）：『新版 憲法学の方法』，日本評論社.

法務省法教育研究会（2005）：『はじめての法教育—我が国における法教育の普及・発展を目指して』，ぎょうせい.

文部科学省（2018）：『中学校学習指導要領（平成29年告示）解説 社会編』，東洋館出版社.

文部科学省（2019）：『高等学校学習指導要領（平成30年告示）解説 公民編』，東京書籍.

Center for Civic Education著／江口勇治監訳（2001）：『テキストブック－わたしたちと法　権威，プライバシー，責任，そして正義』，現代人文社.

※　本章は，JSPS科研費（JP17K04755）「法的推論に基づく子どもの深い思考体制を育成する主権者教育の学習理論・実践開発」（研究代表者 上越教育大学 中平一義）の助成を受けて実施された成果の一部である。

（中平一義）

第３章

ルールと法の関係を法的にとらえるために

人間社会は，なぜ，“法”というルールで社会・国家を規律するようになったのでしょうか？ “法”は古代から存在しますが，近代社会・現代社会の法のあり方とはどのように違うのでしょうか？ “法”というルールは，道徳・宗教・慣習などのルールとどのように違うのでしょうか？

1 “力”から“ルール”へ――人間社会と紛争解決

人間社会の歴史は，紛争の解決方法という観点からは，［①力による解決→②人による解決→③ルールによる解決］という３つの発展段階でとらえることができます[*1]。

① 「力による解決」は，当事者の力の行使に解決を委ねる方法であり，弱肉強食の動物の世界と本質的に同じ方法です。そのときどきの当事者の力の強弱に左右される方法ですから，紛争解決のための客観的な判断基準が存在せず，不公正・不合理で不安定・無秩序にならざるをえません。

② 「人（権威）による解決」は，当事者がともに権威を認める（従う）第三者の判断に解決を委ねる方法であり，「力による解決」を克服するものです。しかし，客観的な判断基準がないため，第三者の主観や恣意に左右される余地が大きく，不合理・不公正で不安定になりがちです。

③ 「ルールによる解決」は，当事者がともに認める（従う）ルールに基

*1 子どもの世界でも，幼児期から少年期にかけて，［力づくの解決→大人（親・教員たち）に委ねられる解決→あらかじめ決めたルールによる解決］という紛争解決方法の発展がみられますが，それは自然発生的な発展ではなく，大人たちのしつけ・影響の下，人間社会の紛争解決の発展段階をなぞったものといえます。

づいて解決する方法であり，「力による解決」・「人による解決」を克服するものです。客観的な判断基準としてのルールによって，合理的かつ公正で安定した解決が可能となります。そのようなルールとしては，法や道徳・宗教・慣習といった社会規範がありますが，国家の成立とともに法という社会規範が成立し，社会の紛争解決の中心となっていきます（法による解決）。

2 “ルール”から“法”へ——古代国家と法

2.1 “ルール”から“法”へ

人類［ホモ・サピエンス］は，狩猟採集経済（生活）段階を経て農耕牧畜経済（生活）段階へと移行するに伴い，定住生活を定着させ，社会的分業（穀物生産は農民，農機具製作は鍛冶屋……）に基づく効率的な共同性によって生産力を発展させるなかで，ムラからクニそして国家を成立させました。この過程は，モノ（財物）の利用・蓄積や生産・消費が展開し，モノ（財物）の占有・所有[*2]—交換関係が成立する過程であり，そのような社会的分業・共同性と占有・所有—交換関係を成立させ持続させるための力（権力）と人々の行為の正当性・不当性を判断するルール（法）を不可欠な要素とする古代国家が成立する過程でもあります。ルール（法）は力（権力）を行使する支配（統治）によって支えられ，支配（統治）はルール（法）を維持することによって正当化されるという関係が成立することになります。

2.2 古代国家と法

2.2.1 古代国家の法

古代国家の法は，個々の成員の保護よりも，当時の土地所有と農耕牧畜経済（生活）に立脚する共同社会の維持のために，さまざまな統制・介入・

---

*2　占有とは「モノに対する事実上の支配（モノを保持していること）」であり，所有とは「モノの使用・収益・処分など全面的な支配（保持するモノに対する排他的な支配）」です。いずれも，実力行使（力による解決）がもたらす混乱から社会秩序を保全するために設定された法的概念です。占有・所有が個人の権利（占有権・所有権）として確立されることによって，モノの交換関係に基づく社会生活の円滑で安定的な維持が可能になります。

規制などのルールを体系化したものであり，その遵守を国家権力によって強制するものでした。成文法の形式で制定された古代国家の法典の中で現存している代表的なものが，古代メソポタミア・古代ローマ・古代中国の法典です。

古代メソポタミアでは，シュメール人都市国家の「シュメール法典」(BC2000年頃)を継受し集大成したバビロニア王国のハムラビ法典(BC1760年頃)が制定されましたが，体系的な法律というよりは王の判決を集めた“判例集”に近いものでした。古代ローマでは，共和政期に最初の法典である「十二表法」(BC450年)が制定され，帝政期後半(東ローマ帝国)には，1000年を超える古代ローマ法の発展を集大成した「市民法大全」(529～534年)が編纂されました。古代中国では，戦国時代(BC403～BC221年)以来，国家制定法としての律(刑罰法規)と令(行政法規)が発達し，唐(618～907年)の時代には，高度に完成された「唐律」が制定され，統治機構から経済・社会に至るまで律令法体系によって規律される律令国家が成立します。唐の律令法体系は日本など東アジア諸国の国家形成に大きな影響を与えました(701年の大宝律令など)。

古代国家の法の特徴は，一般的に，①社会的身分の区別(自由民〈貴族と平民〉と奴隷民・半奴隷民など)，②法と宗教・道徳・慣習との未分化(渾然一体性)，③公法(刑罰法規・行政法規など)中心の法体系，④法の基礎単位としての共同体・身分集団・家(イエ＝家父長)，⑤慣習を文章化した慣習法を中心とする法体系，でした。

2.2.2　古代中国法と古代ローマ法

ところで，古代中国法(律令法体系)の特徴は，公法体系とりわけ律(刑罰法規)の著しい発達と私法体系の未成熟でした。他方で，古代ローマ法は，共和政期(農業社会に基盤を置く小都市国家)から法と習俗の分離，公法と私法[*3]の分化が進み，帝政期前期(地中海を中心とした大商業帝国)には，商品

***3**　公法とは，“国家と個人の関係を規律する法”であり，当事者の一方あるいは双方が公権力を行使する関係を規律する法，あるいは公益を目的とする法です(憲法・行政法・刑法など)。私法とは，“個人と個人の関係を規律する法”であり，私人間の個人的・社会的関係を規律する法です(民法・商法など)。しかし，国家と公権力のあり方あるいは個人と社会のあり方により，公法と私法の境界は必ずしも一定ではなく，また，現代では，混合領域(経済法・労働法など)の成立もあり，公法・私法の分類は今や便宜的な意義しかもっていません。

生産・取引の発展に伴い，個人とその占有権・所有権や取引（交換）を重視する私法体系が高度に発達し，法の基礎単位が個人・家（家父長）となります。そのような古代ローマ法は，中世ヨーロッパに継受され，西欧近代法の原型となります。垂直的な古代中国法（王権から個人への縦の命令＝律令が中心）と水平的な古代ローマ法（同一身分同士の横の関係を規律する私法の高度な発展）との対照性は，古代中国における皇帝・官僚による専制的君主国家と古代ローマにおける自由民（貴族・平民）による共和制国家という国家形態の対照性と関連しています。

3　近代の市民革命と法

3.1　「法による解決」――５つの必要条件

人間社会には，諸個人の行動・利益・意見などに多様な対立・緊張が存在し，紛争の可能性が常に存在します。そのような人間社会において，「ルール＝法による解決」が合理的かつ公正で安定的であるためには，以下の５つの条件が必要となります。

第１に，当事者の力の行使の禁止であり，当事者の「力による解決」の否定を意味します。これは，社会的・経済的・身体的な力の強い当事者に対して向けられることに意味があります。第２に，当事者を対等・平等な当事者として扱うことであり，当事者の一種の「力による解決」の否定を意味します。当事者間の，現実社会でのさまざまな不対等・不平等な力関係（身体的，経済的，社会的……）を，紛争解決の場から排除することに意味があります。第３に，法の内容そのものが，合理的かつ公正で客観的な判断基準であることであり，「人による解決」の克服を意味します。第４に，法の制定過程に，社会構成員が直接・間接に関与することであり，「人による解決」の克服です。それによって，合理的で公正な内容の法を制定できる可能性が大きくなります。第５に，法の適用が，法の制定機関から独立した第三者的な機関によることであり，法が公正・公平に適用される可能性が大きくなります。

以上の５つの必要条件のうち，第１と第３の必要条件は，すでに古代国家の法において部分的に成立していました。また，第３～第５の必要条件は，社会構成員の法に従うことに対する共通理解（法とその適用に対する信頼）を成立させる必要条件ともなります。

3.2　近代の市民革命――５つの必要条件の確立

５つの必要条件を，まったく新しい構図（自由・平等の個人とその人権保障を基軸とする近代国家）の下で実現し，近代法を確立する出発点となったのが，近代の市民革命[*4]とその総括文書である人権宣言・憲法でした（第４章参照）。

第１の〈当事者の力の行使の禁止〉については，市民革命によって社会の中間的な実力装置（封建領主・同業組合・教会など）が解体され，物理的強制力を独占する中央集権国家が，個人の人権保障を目的として設立されました（社会の中間団体に権力が分散されていた前近代の封建制の克服）。第２の〈当事者の対等・平等な扱い〉については，個人は，身分制秩序から解放された自由・平等な存在とされ，法の基礎単位として定置されました（前近代の身分制の否定）。このことは，個人を単位とする占有・所有－交換関係の完成を意味します。第３の〈法の内容が合理的・公正・客観的な基準であること〉については，自由・平等を中心とする「人間の生来の権利」＝人権が宣言されました（前近代の身分制集団の一員としての特権を否定）。第４の〈法の制定過程への社会構成員の直接・間接の関与〉については，国民主権に基づく代表制（議会制）民主主義が成立しました（前近代の君主の最高決定権と身分制議会〈貴族－僧侶－庶民〉の否定）。第５の〈法制定機関から独立した第三者的機関による法の適用〉については，権力分立と裁判・裁判官の独立が成立しました（前近代の“国王の名による裁判”の否定）。

3.3　法と道徳の分離

市民革命は，個人を自由・平等な存在として宣言するとともに，そのような個人の人権保障という目的のために物理的強制力を独占する中央集権国家を設立しました。市民革命の重要な契機のひとつは，近代以前の苛烈

---

*4　近代の市民革命とは，前近代の身分制秩序から個人を解放して，自由・平等な個人＝市民を社会・国家の出発点かつ基礎として位置づける政治的・社会的な変革です（第４章参照）。

な宗教戦争や宗教＝国家（宗教と国家の一体化）による個人の精神領域の支配から個人を解放することでした。したがって，市民革命期の人権宣言・憲法は，自由を精神的自由・身体的自由・経済的自由の「三位一体」のものとして個人に保障するとともに，国家＝法が個人の精神領域（宗教・道徳・思想など）に介入してはならないという原則を確立し，中央集権国家が独占する物理的強制力の限界を画したのです。その結果，法規範は，個人の精神領域に関わる文化規範から分離・独立することになり，法と道徳の分離，国家と宗教の分離（政教分離）が進展します[*5]。

4　現代社会――法の社会的役割とダイナミクス

4.1　法の社会的機能――法を動かす主体は個人

法教育の分野では，法の４つの社会的機能とその相互関係によって法の社会的役割を統合的に理解することが提起されていますが，その重要な視点は，法を動かす主体としての個人を基軸として位置づけることです。

法の社会的機能とは，第１に，人々の自主的・自律的な活動を，それが準拠すべき指針・枠組みを定めることによって，促進・支援する「活動促進」機能です（民法・商法など）。第２に，強制的な制裁を定めることによって，人々が一定の行動様式をとることを義務づける「社会統制」機能です（刑法が典型）。第３に，権利義務を明確にして紛争を予防するとともに，紛争解決の規準・手続を整備して，当事者間で自主的に解決できない紛争を裁判によって解決する「紛争解決」機能です（諸々の訴訟法・手続法）。第４に，経済活動の規制，生活環境の整備，公的サービスの提供，社会保障など，資源・財の再配分を行う「資源配分」機能です（行政法・社会法・経済法など）。

法の４つの社会的機能は，「活動促進」機能〈例：民法－売買契約〉の作

***5**　フランス革命期に近代公教育理論を展開したコンドルセは，教育の目的のひとつとして，「すべての個人に……権利を認識して行使し，義務を理解して履行する手段を提供すること」を提起し，初等学校（４年制）の教育内容における「社会秩序の原理」を強調しました。「社会秩序の原理」とは，「基礎的な道徳観念」とは区別され，人権宣言も憲法も「（その）展開にすぎない」「社会科学の基本的な真理」とされているところから，５つの必要条件を確立した近代法と近代立憲主義（第４章参照）の原理を核心としているといえます。

法の社会的役割——三分類

① 紛争の解決，利害対立の調整（民法・民事訴訟法など）
② 危険やリスクの禁止・排除—社会全体の共通利益（公共）のための禁止・排除（刑法など）／本人の利益のための禁止・排除（青少年保護条例など）
③ 社会全体の共通の利益・価値（公共性）の実現（社会保障法など）

（横浜国立大学・法教育研究会）

動の条件を確保する「社会統制」機能〈例：刑法－窃盗罪〉，「活動促進」機能・「社会統制」機能の公正で実効的な作動を保障する「紛争解決」機能〈例：民事訴訟法〉，そして，「活動促進」機能の公正な作動を支援する「資源配分」機能〈例：消費者保護法〉という，「活動促進」機能を基軸とした統合的な相互関連の関係にあります。

4.2 法のダイナミクス——原動力としての法意識

私たちを取り巻く社会のあり方（社会現象）は，法という観点からは法現象として，経済という観点からは経済現象として，政治という観点からは政治現象としてとらえることができます。法現象のダイナミクス（変動）を理解するためには，法の条文（文章＝テクスト）だけではなく，法現象（広義の「法」）を構成する法意識・法規範・法制度という３つの要素の相互関係に着目する必要があります。

法意識とは，社会・国家のあり方に関する社会規範である法に関する人々の意識や考え方であり，最も素朴な法感情から，高度な法理念・法原理や体系化された法理論までを含みます。**法規範**（狭義の「法」）とは，法意識が文章化（条文化）されたものであり，国家制定法としては，憲法，議会が制定する法律，内閣・省庁の制定する命令，地方議会が制定する条例などがあります。法規範は，あらかじめ定められた手続・制度に則り，かつ，上位あるいは既存の法規範との論理的な整合性という条件で，意識的・意図的に制定されるものです。**法制度**とは，法規範に基づいて設けられた，一定の体系と秩序をもった物的・人的施設であり，法意識・法規範を現実に具体化するものです。法制度としては，憲法に基づく国会・内閣・裁判所や，憲法・法律に基づく公教育制度・社会保障制度・医療制度などがあります。

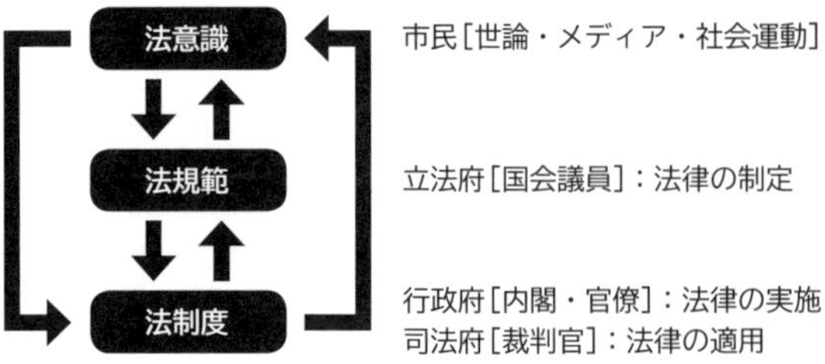

図3　法のダイナミクス

［法意識→法規範→法制度］という展開は，一方的・単線的ではなく，法意識・法規範・法制度の三要素の相互関連的なダイナミクス（変動）です。すなわち，［法意識］具体的問題が生起する現実の社会で生まれる法的な意識は，社会諸集団の利害関係によって多様であり，相互に矛盾・対立する内容を含んでいます。［法規範］議会では，矛盾・対立を含んだ多様な法意識の争いが展開された結果として法律が制定されますが，法律に定着した法意識だけでなく，法律に定着しなかった法意識，制定された法律が人々の間に新たに生み出す法意識が存在することになります。［法制度］法律を執行・適用する行政府・司法府の担い手の法意識，法制度の執行・適用が人々の間に新たに生み出す法意識が存在することになります。

このように，［法意識→法規範→法制度］という展開のそれぞれの段階で生まれる多様で複雑な緊張・対立を含む法意識こそが，法のダイナミクスの動因となります（**図3**参照）。すなわち，自主的・自律的な主体としての個人の法意識と法意識を共有する社会集団（社会運動）こそが，法のダイナミクス（変動）の原動力となるのです。

しかし，法の制定・実施・適用を担うのが有限な存在である人間である限り，誤った法や判決あるいは部分集団・組織の利益のための法やその執行の登場は不可避となります。したがって，法のダイナミクスが正常に機能し，正義に適った法が実現されるためには，一方で，それを支え機能させる手続的・制度的な基準としての統治原理（国民主権・民主主義・権力分立）が，他方で，法のダイナミクスが正義にかなう法を実現するための内容的基準としての基本的人権が，重要となります。

5　法の精神＝正義

5.1　正義——その特徴（属性）

正義とは，「法が実現すべき基本的価値」あるいは「人間の行為や社会的制度の評価規準」であると定義されますが，その具体的内容は多様です。法教育の分野では，「配分的正義」（利益や負担の配分に関する正義）・「匡正的正義」（損害や不法状態の回復に関する正義）・「手続的正義」（決定手続に関する正義）という分類によって説明されます。しかし，正義の本質・理念的基礎・限界を理解するためには，“いかなる特徴（属性）をもつものが正義の名に値するのか？”という観点から正義を認識することが重要となります。

第１に，正義の普遍性・公共性です。正義は，個人的・私的な正義であると同時に普遍的な公的正義です。たとえば，“人を殺すな”という正義は，個人的・私的な正義であると同時に，その社会において普遍的・公共的な正義です。しかし，ストーカー行為は，ストーカー本人にとっては“純粋な感情”に基づく個人的・私的な正義であっても，社会的には，普遍的・公共的な正義ではなく犯罪となります。

第２に，正義は人間の価値判断（価値観）の問題であり，ある事柄に関する正義は，複数の価値判断の中から選択され，社会的に普遍性・公共性を承認された価値判断です。自然科学や数学における“正しさ”（正解）は，人間の価値判断から独立した（左右されない）客観的事実が問題であり，多くの場合，科学的に再現・検証することによって“正しさ”すなわち客観的事実を確定することができます。ところが，法の精神＝正義は，人間の価値判断の問題ですから，“人を殺すな”のように，再現・検証できない（してはいけない）ものが多いのです。また，人間の価値判断を本質とする正義は，人間の意思・意志によって存在し維持されるものですから，人間が地上から消えると同時に直ちに消滅することになります。「（基本的人権は）国民の不断の努力によって，これを保持しなければならない」（日本国憲法12条）という規定は，そのような法的正義の本質を表現しています。

第３に，正義の歴史性と相対性です。社会の変化・発展とともに人々の価値判断も不断に変化し，価値判断を内容とする正義もまた変化します（歴史性）。また，同時代であっても，地域・国の社会のあり方の違いによって人々の価値判断は異なり，正義もまた異なります（相対性）。一例を挙げるならば，正義の個別的・具体的な内容である男女平等は，第二次大戦後と現在とでは，その意味内容には大きな違い（進展）があり，また，現在でも，西欧とアジアでは，その意味内容には大きな違いがあります。

第４に，正義には，「形式的正義」（ルールの一般性や公平な適用など）や「手続的正義」（手続の公正や合理性など）も含まれることです。日本社会の伝統的な法文化には，形式や手続の軽視という特徴がありますが，「形式的正義」も「手続的正義」も，「実質的正義」（内容）を実現するために不可欠な形式や手続に関わる正義として重要です。

5.2　正義の理念的基礎と限界

正義は，複数の価値判断の中から選択され，社会的に普遍性・公共性を承認された価値判断ですが，その普遍性・公共性を根拠づける原理（理念的基礎）は，近代法体系においては，個人主義であり，その現代的表現・展開である“人間の尊厳”[*6]です（第４章参照）。

個人主義とは，「人間社会における価値の根源が個人にあ」り，「個人こそ社会・国家が立脚する最も基礎的・基本的な価値」とし，一方で利己主義を，他方で全体主義・国家主義を否定して，「すべての人間を自主的な人格として平等に尊重」しようとする理念です。第二次大戦後の現代憲法や国際連合憲章，国際的人権宣言・条約では，“人間の尊厳”という理念が一般化します。“人間の尊厳”とは，「理性や自律と結びついた『人格』」であり，個人は，そうした尊厳が現実にあるいは潜在的に備わっているとされた存在としてとらえられます。こうした個人主義―“人間の尊厳”の理念を掲げたのが日本国憲法第13条の「個人の尊重」であり，法教育では，「１人ひとりの人間が，かけがえのない存在であること」と表現されることがあります。

正義とは，その本質が有限かつ自然的存在である人間の価値判断であり，

---

*6　第二次大戦後に制定された現代憲法では，「人間の尊厳」（1949年西ドイツ憲法），「個人の尊重」・「個人の尊厳」（1946年日本国憲法）と表現されます。また，世界人権宣言（1948年）や国際人権規約（1966年）では，人権の究極的な根拠を「人間の固有の尊厳」に求めています。

また，社会集団の間の対立・妥協・調整の産物としての価値判断ですから，正義は絶対的真理ではなく，限界あるいは誤りがありえます。正義の限界や誤りの歯止めとしても，妥協・調整の基準としても，手続的には民主主義などが，内容的には基本的人権が重要な意義をもちます。

6　近代法と道徳

6.1　個人規範と社会規範

ルール＝規範は，その定立者・規律対象・制裁方法を基準として，個人的ルール（個人規範）と社会的ルール（社会規範）とに区別できます。

個人規範とは，個人が自ら，私的・個人的事柄について定立・実施し，違反に対する制裁も自らで科すという，個人固有の自己完結的なルールです（“禁酒禁煙”・“毎朝のジョギング”など）。これに対して，社会規範とは，社会（部分社会・全体社会）が，集団的・社会的な事柄について定立・実施し，集団的・社会的な制裁を違反者に科すというルールです。社会規範は，さらに，法規範と文化規範（宗教・道徳・習俗など）とに大別されますが，近代法の確立によって，法規範は文化規範から分離し独立することになります。

6.2　社会規範――近代法と道徳

代表的な文化規範である道徳と法規範＝近代法には，次のような本質的な違いがあります。

① **制定と改廃**――道徳は，“誰が，いつ，どのように”制定・改廃したかが明確ではない“疑われざる規範”ですが，法は，公的な立法機関により，所定の手続に従って制定・改廃される規範です。

② **人間のとらえ方**――道徳は必ずしも人間を対等・平等として扱うとは限りませんが（親子関係，上下関係など），法は原則としてすべての人間を対等・平等な存在として扱います。

③ **適用範囲**――道徳はその道徳を認める（従う）人々の部分社会で適用され，そのため特殊な内容であることが多いのですが（多様性），法は全体社会で適用され，そのため一般的・普遍的な内容です（画一性）。

④　**規律対象**――道徳は，個人の外的行為に限定することなく，外的行為や態度を理由にして内心（精神）も対象にすることがありますが，法は，もっぱら個人の外的行為に限定します（“結果責任”，“行為責任”）。

⑤　**権利・義務の関係**――道徳はもっぱら義務の体系ですが（“……してはいけない”，“……しなければいけない”），法は原則として権利と義務が対応する体系です。法における権利・義務の対応関係[*7]は，人間を対等・平等な存在としてとらえること（②）の論理必然的な帰結です[*8]。

⑥　**制裁方法**――道徳は部分社会での心理的・社会的・経済的制裁（非難，不利益，排除など）によって支えられますが，法は国家権力が独占する物理的強制装置（警察，裁判所，刑務所など）によって支えられます。

6.3　法と道徳の関係

法とは，国家の領域（全体社会）における国家権力による強制と制裁に関わるルールであり，道徳とは，部分社会の領域における市民の自主的・自律的な秩序に関わるルールです。法と道徳との間には，前述したような本質的な違いが存在しますが[*9]，それぞれの核心部分には，重なり合う内容が多くあります（“人を殺すな”，親子関係での養育・扶養など）。ここから２つの問題が生じます。

第１に，それぞれの内容を正当化する根拠は何かという問題です。法の内容を正当化する根拠は，究極的には，“人間の尊厳”を基本的価値とする普遍的な法的正義でなければならないのですが，道徳の内容を正当化する

---

*7　商品（価格1万円）の売買契約の場合，売主Aには，買主Bに商品を渡す義務と1万円を受け取る権利が成立し，買主Bには，売主Aから商品を受け取る権利と1万円を支払う義務が成立します。すなわち，売主Aと買主Bとの関係においては，売主Aの義務＝買主Bの権利［商品の授受］／売主Aの権利＝買主Bの義務［1万円の授受］という対応関係が，売主A・買主Bそれぞれにおいても，売主A：義務［商品の授受］＝権利［1万円の授受］，買主B：義務［1万円の授受］＝権利［商品の授受］という対応関係が存在することになります。

*8　国家と市民とは，権利・義務の対応関係にはありません。国家は，主権者たる市民の契約（憲法）によって設立された，個人の人権保障という義務を課せられた人為的組織であり，憲法・法律によって，その義務を履行するための権限（権力）を授けられた統治機構です。

*9　部分社会の内部ルールである道徳（社会規範）の内容や違反に対する制裁は，その道徳が通用する部分社会が出入り自由（自由意志による自由参加）か否かを問わず，全体社会の社会規範である法の普遍的かつ基本的な価値（正義）に抵触しない範囲内でなければならないことになります。

根拠は，部分集団によって多様かつ特殊であり，必ずしも普遍性をもつとは限りません。

第２に，法と道徳との相互関連性という問題です。道徳の中には，“人間の尊厳”という法的正義のフィルターを通して普遍性を認められ，かつ，国家権力が独占する物理的強制装置による支えが必要と判断されて，法の世界に登場するものもあります。その結果として，道徳と法の内容が重なり合うことになるのであり，法の内容を道徳が下支えすることになります。

6.4　道徳教育と法教育

これまで，社会規範としての法と道徳について検討してきましたが，道徳教育を検討するにあたっては，再び，社会規範—社会的価値と個人規範—個人的価値との区別に立ち戻る必要があります。社会規範—社会的価値としての道徳に関する教育すなわち道徳教育は，子どもの内面的な個人規範—個人的価値としての道徳の選択・形成に大きな影響を与えるからです。

公教育の目的は，子どもの学習権を中核とする教育を受ける権利の保障であり，その実質は精神的自由（思想・信条・良心・学問などの自由）ですが，精神的自由の本質的内容には子どもの内面的な個人的価値の選択・形成の自由が含まれています。したがって，道徳教育は，社会規範－社会的価値としての道徳に関する客観的認識を伝える限りにおいて，また，その成果として，子どもの内面的な個人的価値の選択・形成の自由（の主体である）という価値を伝える限りにおいてのみ正当化されうることになります。

ところで，教育は，作為（伝えること）／不作為（伝えないこと）によって，子どもの価値形成過程に不可避的に関与し，子どもに対する二重の強制回路を作動させます。①“一般的・普遍的”と観念される価値（“仲良くしよう”“明るく元気で活発に”……）の働きかけに満ちた学校社会では，社会規範—社会的価値としての道徳は，直ちに子どもの個人規範—個人的価値として内面化されかねません。②道徳以外の社会規範—社会的価値を伝えないことによっても（比較対照の欠如），道徳的価値は一般的・普遍的な社会的価値として観念され，直ちに子どもの個人的価値として内面化されかねません。

強制回路①については，価値内容の明示的基準の明確化（伝えるべき／伝えてもよい／伝えるべきでない）とともに，認識対象としての社会的価値＝道徳的価値と，子どもの内面的な個人的価値＝道徳的価値との峻別を伝えることを通じて，子どもが価値選択・形成の自由の主体であることを伝える必要があります。強制回路②については，社会規範としての道徳と法との異質性（前述）を伝えることを通じて，道徳の特質を伝える必要があります。

法教育においては，道徳との対比によって法の特質を，道徳教育においては，法との対比によって道徳の特質を，それぞれ明示的に伝えることが重要になります。

《参考文献》
芦部信喜著，高橋和之補訂（2019）：『憲法〔第7版〕』，岩波書店.
小野塚知二（2018）：『経済史』，有斐閣.
勝田有恒ほか編著（2004）：『概説 西洋法制史』，ミネルヴァ書房.
田中成明（2005）：『法学入門』，有斐閣.
西原博史（2006）：『良心の自由と子どもたち』，岩波書店.
渡辺洋三（1998）：『法とは何か〔新版〕』，岩波書店.

（北川善英）

第４章

個人と国家の関係を法的にとらえるために

——“憲法の意義”

「憲法の意義」で扱う内容は，「憲法及び法の基礎にある基本的な価値や国と個人との関係の基本的な在り方」です（『はじめての法教育』）。憲法とは，①広義では，「国家の統治の基本を定める法」（“固有の意味の憲法”）であり，形式（成文か不文か）・名称（成文の場合）・内容を問いませんが，②狭義では，「近代立憲主義の原理を採用する憲法」（“近代的意味の憲法”）です。法教育で扱う「憲法」とは後者であり，「近代立憲主義」とそれを構成する「個人」と「国家」，その基礎にある「基本的な価値」が主題となります。そうした主題が，社会的・経済的・政治的構造の歴史的変化のなかで，どのように変化し発展してきたのかという観点から説明します。

1　“法に基づく統治”と近代市民革命

1.1　“法の支配”と近代市民革命——イギリス：中世から近代へ

専断や恣意による統治ではなく，“法に基づく統治”という思想は，古代ギリシャ時代から存在していました（哲学者プラトンなど）。近代市民革命（17～19世紀）は，統治の基本を定める“法”の形式と内容を，根本から近代的なものに転換しました。

世界最初の近代市民革命であるイギリス名誉革命（1688年）は，マグナ・カルタ（1215年）以来の中世イギリスの“法の支配（rule of law）”を，近代的な“法の支配”へと組み換えることによって，近代的な“法に基づく統治”の先鞭を切りました。中世イギリスの“法の支配”とは，領主裁判所が古くからの慣習や慣習法を基礎にして形成してきた判例法（判例の集積による法体系）であるコモン・ロー［一般慣習法＝不文法］に基づく統治であり，その内容は，古来からの身分的権利・自由（身分的特権）を確認するものでした。

権利章典（1689年／議会制定法）は，名誉革命で要求された権利・自由を「古来からの権利と自由」という形式の下で確認するとともに，議会主権（国王・貴族院・庶民院で構成される議会の優越性・最高性）を宣言しました。近代イギリスの“法の支配”における“法”の形式は，議会主権の下での議会制定法＝法律と裁判所の判例法（コモン・ロー）であり，“法”の内容は，「古来からの権利と自由」を中心とし，国王の行政権からの権利保障でした。議会主権の担い手が封建的特権階級から市民階級へと移行するなかで，権利章典の“古来からの権利と自由”は近代的な市民の権利・自由として解釈・定義され，議院内閣制の定着とともに行政権に対する議会の優位が確立します。

1.2　近代市民革命と社会契約論

フランスを典型とする市民革命は，身分制秩序に基づく封建国家（Nation）を倒して新しい近代国家（State）を設立し[*1]，身分制社会を支える社会諸団体・組織（領主・教会・ギルドなど）を解体することによって，それらの軛《くびき》から個人を解放し，自由・平等な個人［市民］の創出をめざすものでした。

市民革命を理論的に支えたのが社会理論としての社会契約論でした。社会契約論＝理論の［個人→社会→国家］という構図は，それとは逆の構図（［国家→社会→個人］）の展開過程である市民革命＝歴史的事実を経て，新しい社会と国家の設計図である人権宣言・憲法として実定化（法文化）されました（国家論としての近代立憲主義の成立）。社会契約論と市民革命により，近代的な“法に基づく統治”の“法”の形式は，統治の源泉・主体である自由・平等な個人によって直接・間接に制定された憲法となり，“法”の内容は，自由・平等な個人の人権保障が基本となります。

*1　国家（State）とは，社会契約論が描いたように，諸個人の合意＝契約により，個人の人権保障を目的として設立された人為的構築物としての統治組織であり，〈異質なものとの共生〉を可能とします。他方で，国家（Nation）とは，「自然」的要素（民族＝血統，歴史，伝統，文化，宗教，言語など）でまとまった同質の組織体であり，〈異質なものの排除〉に向かう可能性が大きいといえます。

1.3　社会契約論――近代市民革命の理論

イギリスの名誉革命（1688年）を擁護したJ・ロック（1632～1704年）によって理論化・体系化された社会契約論は，フランスのJ・J・ルソー（1712～1778年）とアメリカ独立革命・独立宣言（1776年）へ，そしてフランス大革命・人権宣言（1789年）へと継承され展開されます。

社会契約論に共通する枠組みは，①国家設立以前の人間のあり方（自然状態において等しく自然権をもつ個人）を想定し，②自然状態ゆえに生ずる諸問題から自然権を保全するために，諸個人の合意＝契約によって社会・国家を設立する，という［個人→社会→国家］の構図です。その核心が，人間は，人間の自然＝本性（人間性）に基づいて，生まれながらにして等しく前国家的な権利を有しているという自然権思想でした[*2]。

社会契約論の画期的（近代的）な特徴は，第1に，社会と国家の基礎に，身分や集団ではなく，生まれながらにして自由で平等な個人（自然権の主体）を置いたことです。したがって，国家の統治の源泉と主体は，事実上の支配（力）や超越的な権威（神やそれに根拠を求める君主）から，自然権の主体である個人へと転換されることになります。

第2に，国家を，諸個人の自然権をよりよく保障するため，諸個人の意識的・自発的な合意＝契約に基づいて設立された，人為的な構築物（constitution）ととらえたことです。国家の正統性（源泉・主体）の根拠は，自然権の主体である個人に求められ，国家の正当性（目的・存在理由）の根拠は，諸個人の自然権保障に求められることになります。

第3に，したがって，国家の権力行使の範囲と内容は，諸個人の合意＝契約によって限界（制限）づけられることになります。国家の権力行使が，

---

*2　社会契約論の核心である自然権思想は，近代市民革命を経た19世紀以降，議会制民主主義の発達に伴って衰退し，人権とは憲法や法律によってはじめて認められるものであるという考え方（法実証主義）が一般化します。しかし，ファシズムと2度の世界大戦による非人道的で悲惨な経験を経た第二次大戦後の国際人権文書や各国憲法では，“人間の尊厳”に究極の根拠を置き，法律によっても侵害されない権利として復権し，それを担保する制度として，違憲審査制が導入されます。国家論としての社会契約論は，諸個人による合意＝契約という国家の正統性の根拠は民主主義思想に，諸個人の人権保障という国家の正当性の根拠は自由を重視する自由主義思想と平等を重視する社会主義思想に，それぞれ継承されていきます。1970年代以降には，アメリカの法哲学者L・A・ハートと政治哲学者J・ロールズにより，国家の正統化理論・正当化理論として復権されることになります。

諸個人の自然権保障という契約内容から逸脱した場合，諸個人は，国家に抵抗する権利あるいは新しい国家に“更新”する権利を行使することができます（ロックの抵抗権・革命権）。

2　近代市民革命と近代立憲主義

2.1　ヴァージニア州権利章典とフランス人権宣言

アメリカの独立宣言に先立って制定されたヴァージニア州権利章典（1776年）は，世界最初の近代的な人権宣言であり，それを理論的・体系的に再構成したのがフランス人権宣言でした。フランス人権宣言の構成は，①人間を，生まれながらにして自然的諸権利を有する平等な個人として宣言し［個人：自然権の主体］（第1条），②政治的結合（国家）の目的を，人間の自然的諸権利の保障に求め［国家の目的：人権保障］（第2条），③国家権力（主権）の源泉（正統性）を国民に求め［国民主権］（第3条），④個人の身体的自由・精神的自由・経済的自由（所有権）を宣言し［自由］（第7条〜第11条，第17条），⑤自由の限界（他者加害の禁止〈他人を害しない〉と自由の相互調整〈自他ともに同一の自由の享受を確保する〉）を定めるとともに，その具体的制約は法律によることを定め［自由の内在的制約］（第4条・第5条），⑥市民は，「一般意思」（主権者＝国民の最高意思）の表明である法律の制定に直接あるいは代表者を通じて参加する権利をもち［民主主義］（第6条），⑦憲法を，人権保障とそのための権力分立を定めるものと定義する（第16条），というものでした[*3]。

近代立憲主義（constitutionalism）は，近代的な“法に基づく統治”のアメリカ・フランス型ヴァージョンであり，“法”の形式を，統治の源泉・主体である自由・平等な個人によって直接・間接に制定された成文の憲法典とし，“法”の内容を，自由・平等な個人の人権保障とするものでした。人権

*3　ヴァージニア州権利章典はヴァージニア州憲法第1条に全文が採用され，一部は独立宣言に採用されます。フランス人権宣言もフランス最初の憲法（1791年）の冒頭に置かれます。市民革命初期には，「人権宣言」が国家設立の目的である人権と国家権力の基本原則を宣言し，「憲法」が国家組織の具体的な原則と組織編制を定めるという目的―手段の関係でしたが，近代国家の成立とともに，両者は合体して“近代的意味の憲法”が成立します。

保障（目的）と権力分立（手段）[*4]を憲法の不可欠の構成要素と定義するフランス人権宣言第16条は，近代立憲主義の定式として，19世紀の諸国家の憲法で採用され展開されていきます。

2.2　近代立憲主義の三層構造

近代立憲主義は，次のような三層構造で構成されていました。

第一層［人権保障＝目的と国家＝手段（国家の正当性）］――憲法制定の目的は，生まれながらにして自由・平等な個人の人権保障であり，その手段として国家を設立するという，人権保障と国家とを目的と手段の関係で位置づけたことです。市民革命初期の，国家設立前からの人間の自然権＝人権と国家設立後の市民の権利＝市民権との区別は，近代国家の確立とともに相対化されていきます。

第二層［国家権力の編制原則：国民主権と民主主義（国家の正統性）］――国民主権に基づく国民代表機関である議会に，人権保障を具体化する（人権の限界・保護・処罰を定め，行政・裁判の根拠となり規準となる）法律を制定する立法権を担当させるという，議会中心の国家権力編制の基本原則であり，主権者＝国民には議会に直接・間接に参加する権利が認められます。

第三層［国家機関の編制原則：権力分立］――国家権力の専断・濫用を防止して国民の人権保障を確保するための具体的な国家機関の編制原則として，国家の権力作用をその性質に即して区別し，異なる組織（機関）にそれぞれ分担させる権力分立制の採用です[*5]。

---

*4　権力分立とは，国家権力の作用（権限）を異なる組織（機関）に分担させ，諸機関相互の「抑制と均衡」によって国家権力の専断・濫用を防止するという思想であり制度です。モンテスキューの権力分立論は，身分制秩序に基づく分権的な権力構造の下での“権力の分割”（立法権＝身分制議会，行政権＝国王，司法権＝貴族）であり，身分的自由（貴族の特権）の確保を目的としていました。これに対して，近代立憲主義における権力分立は，集権的な権力構造の下での議会優位の“統治作用＝権限の分業”（立法権＝国民代表議会，行政権＝内閣，司法権＝裁判所）であり，個人の人権保障を目的としています。

*5　帝政ドイツにおける法治主義（法治国家）は，君主主権の下での君主＝行政権と議会＝立法権との対抗関係において，“君主の行政権は議会の法律に基づかなければならない”という原則でした。すなわち，近代立憲主義の第一層・第二層を欠落させた，もっぱら第三層［権力分立］に関わる原則（“法律に基づく行政”）であり，法律の内容を問わない，手続的・形式的な原則でした。しかし，近代立憲主義を採用した第一次大戦後のワイマール憲法を経て，第二次大戦後には，違憲審査制を備えた現代的な法治主義（社会的法治国家）へと転換されます。

以上のような三層構造で構成される近代立憲主義の実効性は，憲法の最高法規性と改正要件が厳格な硬性憲法性という法的統制（コントロール）と，国民主権・民主主義と権力分立という国家権力・国家機関の編制原則に基づく政治的統制（コントロール）に委ねられていました。しかし，憲法の最高法規性・硬性憲法性を担保する具体的な法的統制の制度は存在していませんでした。

2.3　近代立憲主義と“国家権力の制限”

憲法は，国家機関（議会・内閣〔政府〕・裁判所）にそれぞれ立法権・行政権・司法権という権限を授ける規範（授権規範）です。国家機関は，授権された権限の範囲を越えて権限を行使できないから，授権規範である憲法は，同時に，国家機関の権限行使を限定＝制限する制限規範でもあるということになります。

近代立憲主義[*6]における憲法の制限規範性は，その三層構造に対応した３つの意味の「制限」を含んでいました。すなわち，①個人の人権保障という憲法の目的［第一層］に基づく，手段としての国家の権力行使の限定＝制限であり，人権保障の内容が自由権（国家からの自由）が中心であることによる個人の私的領域への国家権力の不介入という国家権力の行使の限定＝制限であり，②国民主権・民主主義［第二層］に基づく，国民代表機関＝立法機関としての議会を中心とした国家権力の編制・行使という限定＝制限であり，③権力分立［第三層］に基づく各国家機関（立法府・行政府・司法府）の権限行使の限定＝制限です[*7]。

---

*6　中学校・公民教科書（2006年度以降）では，「人権保障のために，憲法によって国家権力を制限すること」という，目的－手段の関係をふまえた立憲主義の定義が一般的であり（東京書籍・帝国書院など），「憲法に基づく政治」という形式的な記述にとどまる教科書（自由社・育鵬社）は例外的です。最近では，マスメディアも立憲主義の用語を用いるようになりましたが，もっぱら「憲法による国家権力の制限」という形式的な説明にとどまっています。

*7　“人間の尊厳”という人権の基本理念（価値）を前提としつつ，樋口陽一の立憲主義論は，民主主義の歴史的経験に対する懐疑的・批判的認識をふまえて，“国家権力の制限”に重点を置き，長谷部恭男の立憲主義論は，“人間の尊厳”の核心である“個々人の善き生”（価値の多元性・比較不能性）の不可欠な条件としての“公私の区分”に重点を置く，という違いがあります。本章では，近代立憲主義の全体構造の客観的認識に重点を置いています。

2.4　近代立憲主義と民主主義

2.4.1　民主主義の原型——古代ギリシャ

民主主義（Democracy）は，その語源である古代ギリシャ語のdemokratia（demos民衆＋kratia権力）が示すように，古代ギリシャの都市国家アテネの政治に原型が求められます。アテネの民主主義は，“市民”が自らの権利を確保するため，自ら公権力（立法・行政・裁判から軍事まで）を行使するという「自己統治」（直接民主主義）でしたが，“市民”は自由民の成人男性に限定され，女性や奴隷民は排除されていました。古代ギリシャの民主主義は，プラトンたちによって“下層の貧民による，自らの特殊利益のための支配”あるいは“衆愚政治”として批判されたこともあり，中世に至るまで否定的なイメージでとらえられてきました。他方で，古代ローマの共和制・共和国（Republic）は，奴隷民の上に立つ自由民（貴族と平民）の共同統治でしたが，“公共の事柄（res publica）”すなわち自由民の共通利益の実現のための統治として，肯定的・理想的なイメージでとらえられてきました。

2.4.2　近代市民革命と民主主義

市民革命期には，民主主義[*8]は，国家の正統性にかかわる，国家権力の編制の基本原則として復権します（近代立憲主義の第二層）。それは，古代ギリシャの民主主義を，近代的な内実——①内容：自由・平等の個人［市民］の人権保障，②形式：国民主権に基づく国民代表機関＝議会を中心とする間接民主主義（代表制民主主義）——に組み換えたものとして，かつ，共和制・共和国の名称においてでした。共和制・共和国の本質である“公共の事柄”の核心が自由・平等を中心とする個人の人権保障であったことから，共和制・共和国は，実質的には近代立憲主義と同義でした[*9]。

---

*8　戦後直後の文部省・高校教科書『民主主義』では，「民主主義の本質＝根本精神」は，家庭・学校から経済・政治までの全社会領域における「個人の価値と尊厳に対する深い尊敬」であり，具体的には「他人に譲渡できない自然的諸権利」（自由と平等）の保障であると的確に記述していました。これに対して，現在の中学校・公民教科書は，民主主義を，“みんなで話し合い，決定するというやり方”と定義し，補足的に民主主義の本質（個人の尊重）に言及するという，手段（形式）の側面を強調した一面的な記述が一般的であり，マスメディアにおいても同様です。

3　近代立憲主義と近代憲法

3.1　近代憲法(1)——個人と人権

人権は，歴史的事実としては，さまざまな抑圧・拘束や困難からの解放という人々の願いを背景とし，現実の個人が置かれている抑圧・拘束や困難からの解放にとって不可欠な内容を想定して要求され獲得されてきました（日本国憲法第97条「人類の多年にわたる自由獲得の努力の成果」）。人々の願いは，具体的な法制度や法律上の権利として実現され，さらに，憲法上の権利として宣言されるという過程をたどります。

3.1.1　人権の性格

市民革命期には，人権は，自然権思想に基づいて，人間の前国家的な生来の権利であり（固有性），身分・階級・人種・性などにかかわりない権利であり（普遍性），不可譲・不可侵の権利である（不可侵性）と観念されていました。また，人権は，他者（古い社会・団体を含む）による抑圧・拘束から，国民主権・民主主義に基づく新しい国家（法律）によって保障されるべきものと考えられていました。したがって，封建的特権に支えられた教会や同業組合（職業独占）などを解体することによって，個人の信教の自由や営業の自由を実現するという，国家の積極的介入による自由の「創出」という過程も必要でした。

近代憲法の下で確立された近代国家（19～20世紀初頭）では，議会制民主主義の確立にともない人権保障が進展しますが，その反面，人権とは憲法や法律によってはじめて認められる国民の権利という考え方（法実証主義）が一般化し，市民革命期の前国家的な“人間の生来の権利”という自然権的性格は失われていきます。また，近代国家では，本来は人権保障のために権力を集中した国家が個人にとって最大の脅威となり，人権は「国家＝政

*9　共和制は，もともと君主制の対抗概念でした。市民革命期以降，現在に至るまで，君主制を否定して民主主義を採用する国家の多くが共和制・共和国を正式名称に含んでいるように，民主制と共和制は，同じ意味で用いられています。しかし，民主制＝民主主義は，その語源「民衆の権力」が示すように，国家権力の正統性（源泉・主体）に力点を置いた原理（市民の統治への参加）であり，共和制は，その語源「公共の事柄」が示すように，国家権力の正当性（目的）に力点を置いた原理（公共の事柄としての権利保障）であるという重要な違いがあります。したがって，現代では，民主的手続に基づいて成立する専制・独裁に対抗する原理として共和制が主張されることがあります。

治的権力からの自由」と考えられるようになります。その反面，個人間における人権（自由）の問題は，「等質（自由・平等）な個人」という擬制（フィクション）の下で私的自治に委ねられることになります（自由放任国家）。

3.1.2　人権の基本理念，人権の保障と限界

個人の人権保障のために設立される国家を基礎づける基本的な理念が個人主義であり，「人間社会における価値の根源が個人にあり，個人こそが社会・国家が立脚する最も基礎的・基本的な価値である」とする原理です。

人権の保障とは，人権が保障される限界を定めることでもあります。絶対的・無制限に保障される内心の自由を除けば，現実の社会関係における人権の行使には，人権の限界を定める基準（制限原理）が必要となります。近代憲法では，内在的制約（もともと人権に内在している制限）として，“他者加害の禁止”と“自由の相互調整”という２つの基準が規定されました（1789年フランス人権宣言第４条）。

3.1.3　人権の実質化——人権の普遍性の追求

近代憲法の宣言にもかかわらず，実際に人権を享受したのは，財産と教養ある男性（世帯主）に限られ，それ以外の男性や女性そして植民地の人々は排除されていました。また，資本主義経済の発展に不可欠な身体的自由や経済的権利・自由と比べて，精神的自由や参政権の具体的保障は極めて遅々としたものでした。

19世紀以降，市民・労働者・女性や植民地の人々の運動は，平等（“権利の平等”そして実質的平等）を掲げて，あるいは新たな抑圧・拘束や困難に対抗して，人権の実質化を追求することになります。当初，財産と教養ある男性（世帯主）に限られた参政権［制限選挙権］は，19世紀半ばから20世紀半ばにかけて，成人男性一般に拡大されます［普通選挙権］。精神的自由（とくに表現の自由や結社の自由）も，その社会・政治体制に対する批判的役割からさまざまな制限・抑圧の下に置かれていましたが，19世紀末以降，法律による抑圧・制限が徐々に撤廃されます。

また，19世紀後半以降，産業革命を経て急速に発展した資本主義は，社会的・経済的な領域で，失業・貧困・疾病，生活・労働条件の悪化などの社会問題を生み出しました。農民運動・労働運動をはじめとする社会運動は，精神的自由（表現・結社の自由など）の行使を通じて社会的・経済的

弱者を保護するための国家の積極的な施策を要求し実現させていきます(公教育制度や社会保険制度など)。さらに，労働者の団結権などを法律上の権利として獲得する一方で，資本主義を支える経済的自由とりわけ所有権に対する制限を実現することになります(所有権の不可侵性の修正)。

第一次大戦後に制定されたドイツ・ワイマール憲法(1919年)は，ロシア革命(1917年)の影響もあり，社会的・経済的弱者の人権(自由)を実質的に確保するため，一方で，社会的・経済的弱者の保護とそのための積極的措置を国家に義務づけ，他方で，「公共の福祉」による所有権の制限や企業の「社会化」(公有化)を定めた最初の現代憲法でした。

3.2　近代憲法(2)——民主主義と権力分立

近代立憲主義の第二層(国民主権・民主主義)は，19世紀後半から20世紀にかけて，議院内閣制の定着と国民の参政権の拡大によって確立・定着します。しかし，いずれも，政治過程における緊張・対立の深刻化による専制の可能性を高め，近代立憲主義における国家権力行使の限定＝制限の形骸化とりわけ法律・行政による人権侵害の可能性を高めることになり，近代立憲主義の統治原則(民主主義・権力分立)の意義を変質させることになります。

3.2.1　議院内閣制の定着——議会優位の確立と権力分立の機能低下

議院内閣制とは，行政権を行使する内閣(政府)が国民代表機関である議会の信任を存立の要件とする政府形態です。19世紀半ば以降，イギリス・フランスをはじめとする諸国で確立されていきますが，政党の発達にともない，議会の多数派党が内閣(政府)を組織するという政治的慣行として定着します。議院内閣制の定着は，一方で，議会の内閣(政府)に対する優位を確立した点で，国家の正統性に関わる近代立憲主義の第二層(国民主権民主主義)を強化しました。しかし，他方で，議会多数派党と内閣(政府)の一体化が進行し，政治部門(議会と政府)の関係が「抑制と均衡」から「協働と融合」へと変質し，国家権力による専制の歯止めとしての第三層(権力分立)の機能低下をもたらしました。

3.2.2　参政権の拡大——民主主義的基盤の拡大と社会問題への対応

参政権の拡大も，19世紀半ば以降に進展しますが，それによって，制限選挙制によって限られた社会集団・階層の意思（利害関係）を反映していた同質的な議会構成は，資本主義社会内部の深刻な対立・矛盾構造に根ざした意思（法意識）をも反映した異質的な議会構成へと変容します。その結果，資本主義社会内部の深刻な対立・矛盾の反映である社会問題（失業・貧困・疾病・教育など）を解決するための施策や法律の成立が促進され，それにともなって国家機能とくに行政機能の拡大・肥大化が進みます。同時に，社会諸集団・階層の意思（利害関係）を媒介する政党の発達も相まって，議会における社会問題への対応をめぐる緊張・対立関係も高まります。

3.3　2度の世界大戦争と世界恐慌

帝国主義諸国の領土・植民地・勢力圏の再分割をめぐる人類最初の世界戦争である第一次大戦（1914～1918年）は，民族主義運動の激化と資本主義経済・社会を克服して社会主義経済・社会をめざすロシア革命をもたらします。資本主義経済の世界的破綻である世界恐慌（1929年）は，①広大な植民地支配の下で近代立憲主義を確立した帝国主義諸国（イギリス・フランス・アメリカなど），②わずかな植民地しか持たず，近代立憲主義が未確立の帝国主義諸国（日本・ドイツ・イタリア），③独自の社会主義的計画経済を推進するソ連の間で異なる対応をもたらしました。①諸国は公共事業や労働者の権利保護などによって国民生活の安定を図りましたが，②諸国は軍国主義・全体主義（ファシズム）の下，資源・市場を海外に求める侵略政策による植民地獲得・再分割へと向かい，第二次大戦へと突き進みます。

第二次大戦が，連合国（①と③）によって“反戦・反ファシズム・民族解放の闘い”と標榜されたことは，戦後に制定された資本主義諸国の現代憲法における近代立憲主義の再構築に，平和主義（反戦）と民主主義・権力分立（反ファシズム）の強化・再編という方向性を刻印することになります。近代立憲主義の第一層［人権保障と国家］については，一方で，平和主義に基づく国家権力の新たな制限とそれに対応する新たな人権が，他方で，人権の内容・性格の深化・発展が加わります（4.1，4.2）。近代立憲主義の第二層［民主主義］・第三層［権力分立］については，近代立憲主義の実効性確保のための政治的・法的統制の再編・強化（4.3，4.4）が進展します。

4　現代憲法――近代立憲主義の再構築と現代的展開

第二次大戦後に制定された現代憲法による近代立憲主義の再構築は，①19世紀後半以降の社会運動（労働運動・農民運動・女性運動や反戦平和運動など）の高揚を歴史的背景とし，②総力戦＝国民総動員体制による２度の世界大戦と戦後復興そして世界恐慌を契機として，③社会的・経済的・政治的主体としての地位を向上させた，社会運動を担う社会諸集団・階層を原動力としてでした。

２度の世界大戦争と世界恐慌は，一方で，人権の根底にある生命を自国民・他国民を問わず侵害し否定するものであり，他方で，人間らしい生活条件を根底から覆すものでした。第二次大戦後には，世界大戦争と世界恐慌による人間の尊厳性そのものの侵害・否定に対する反省から，人権の根拠を人間の“尊厳”性に求め，“人間の尊厳”を人権の基本理念とする現代的な自然権思想が復活します。第二次大戦後の近代立憲主義の再構築は，“人間の尊厳”を媒介として，その第一層（人権保障と国家）に，憲法（国内法）と国際法の相互補完関係（不可分性）という新しい性格を与えることになります（近代立憲主義の“国際化”）。

4.1　平和主義

4.1.1　国際法と現代憲法――平和主義

２度の世界大戦は，戦勝国・敗戦国を問わず，「言語に絶する悲哀を人類に与えた戦争の惨害」（1945年国連憲章前文）をもたらし，人権の基礎である平和を破壊しました。国際社会・国際法は，戦争を防止し平和を確保するために，①国際紛争の平和的解決を原則とし（1919年国際連盟規約），②「国際紛争解決の手段」，「国家の政策の手段」としての戦争の違法化（1928年不戦条約）と「武力による威嚇及び武力行使の禁止」（国際連合憲章）を宣言し，③国際平和を確保・維持するための集団安全保障制度である国際平和組織を設立し（国際連盟・国際連合），④国際社会における「人権及び基本的自由」の尊重こそが国際平和の基礎であり内実であることを確認しました（国際連合憲章）。

第二次大戦後に制定された現代憲法は，そうした国際法・国際社会の潮流を反映した規定を採用しました。①侵略戦争ないし国際紛争解決手段としての戦争の放棄・禁止であり（日本・フランス・イタリア・西ドイツ），さらには戦力不保持（日本）・常備軍の廃止（コスタリカ）です。②国際法の遵守義務（国際協調主義）であり（日本・フランス・イタリア・西ドイツ），国際平和組織（集団安全保障制度）のための主権の部分的な委譲・制限です（フランス・イタリア・西ドイツ）。③さらに，戦争＝軍事に関する国家権力の行使に対する制限を，個人の側からの人権としてとらえ直す試みとして，平和的生存権（日本）や良心的兵役拒否権（西ドイツ）が登場します。

4.1.2　平和主義と近代立憲主義の変容

平和主義に関する現代憲法の規定は，近代立憲主義の構造（第一層：人権保障＝目的と国家＝手段）に新しい内容を加えることになりました。

人権保障については，現代憲法における人権保障の内容は，世界人権宣言（1948年）・国際人権規約（1966年）などの国際人権文書・条約に反映して人権の国際的保障を進展させ，人権保障に関する憲法と国際法との相互補完関係（不可分性）が成立します。

国家権力の制限についても，平和主義に関する国際法・国際社会の潮流は，戦争に関する国家権力（軍事権力）の行使に対する新たな“制限”として憲法（国内法）に反映されることになります—①戦争に関する国家権力（軍事権力）の行使に対する“制限”であり，②国際平和組織（集団安全保障）のための国家権力（主権）の“制限”であり，③人権としての平和（平和的生存権や良心的兵役拒否権）による国家権力の“制限”です。国家権力（軍事権力）の制限に関する憲法と国際法との相互補完関係（不可分性）の成立です。

4.2　現代憲法⑴——個人と人権

現代憲法は，女性への参政権の拡大［男女普通平等選挙権］，精神的自由（表現の自由や結社の自由）の明確な定式による宣言など，人権の実質化を進展させる一方で，人権の内容・性格や基本理念に大きな変化をもたらしました。

第1に，人権の社会化です。ワイマール憲法が規定した生存・労働・教育などに関する国家の義務は，国民の権利（社会権）として宣言されます。社会権の宣言は，①自由権・平等権に社会権が加わるという点で人権の内容の拡大を意味し，②自由権（国家からの自由）とは異なる，国家の積極的関与によって実現する権利・自由（国家による権利・自由）であるという点で人権の性格の変化を意味します。さらに，③社会権を実現するための，もっぱら経済的権利・自由を制限する新しい人権制限原理として，「公共の福祉」「公共の利益」という制限原理の導入が一般化します（フランス・日本・イタリア・ドイツなど）。

第２に，労使関係という社会関係における労働者の団結権（労働基本権）の宣言は，「政治的権力＝国家からの自由」に加えて，新たに「社会的権力＝団体からの自由」が宣言されたという点で人権の性格の変化を意味します。その背景には，「等質な個人」という擬制が解体し，国家以上の脅威を個人に与える新しい社会団体（企業，マスメディア，宗教団体など）の存在が一般化し，個人の人権を侵害するようになった現実があります。

第３に，自然権思想の復活と人権の新しい基本理念としての“人間の尊厳”の登場です[*10]。その背景には，全体主義（ファシズム）による専制・独裁政治の下で，法律・行政によって人権が侵害・破壊されたことと，２度の世界大戦による言語を絶する惨禍があります。市民革命期の自然権思想は，①人権の根拠を神や自然法（人間理性の法）に求め，②人権の性格を国家と法に先行する（前国家的な）人間の生来の権利ととらえ，③人権主体としての個人を国家と社会の基礎に据える個人主義を人権の基本理念としました。これに対して，現代人権思想は，①人権の根拠を「人間の尊厳及び価値」（国際連合憲章），「人間の固有の尊厳」（世界人権宣言）に求め，②「人間の生来の権利」という性格を復活させ，「法律からも保障される人権」として制度的に担保する違憲審査制を導入し，③個人主義における“個人”性の強調を前提として，個人の社会・経済・政治領域での“尊厳”性を強調する“人間の尊厳”を人権の基本理念としました[*11]。

---

*10　現代社会では，人権の普遍化が，“人間の尊厳”という憲法・人権の基本理念（価値）を基礎とし，実質的平等を媒介として追求されるようになっています。自然・生活環境の悪化，管理社会化・情報社会化，武力紛争の頻発から“人間の尊厳”を守るための“新しい人権”（環境権，プライバシー権，平和への権利，発展への権利など）が，法律や憲法そして国際人権条約に登場しています。近年は，性的平等について，政治領域での議員職・公職での実質的な男女平等を確保するための積極的措置として，クォータ（女性枠割当て）制やパリテ（男女同数）原則が法律・憲法上の原則として宣言され，社会・経済領域での性的少数者（LGBTなど）の“人間の尊厳”の確保をめざした法律や制度が具体化されつつあります。

4.3　現代憲法⑵——民主主義と権力分立

第二次大戦がファシズム＝独裁政治（ドイツ・イタリア・日本）と民主主義（連合国）との対立という構図でとらえられたこともあり，現代憲法において，民主主義が再び強調されるようになります。

第１に，民主主義の基盤の拡大・強化であり，男女普通平等選挙権が憲法上の権利として実現します。第２に，民主主義の多元化であり，地方自治の導入による，地方自治体と中央国家という垂直的な２段階での民主主義の制度化です。地方自治の導入は，国家における中央国家と地方自治体との垂直的な権力分立という意味ももっています。

現代社会における民主主義の問題点は，表現の自由（とくに政治活動の自由）の制限や選挙制度によって主権者＝国民の意思（民意）が政治に正確に反映されないことであり，また，政治に「反映」された民意が必ずしも人権保障を実現する結果をもたらしていないことです（民主主義過程を通じた専制・独裁など，民主主義の目的と手段との緊張・対立関係）。したがって，現代の民主主義の基本的課題は，目的（内容：個人の人権保障の実現）と手段（形式：民意の正確な反映）との調和的・整合的な関係を実現することです。

4.4　現代憲法⑶——違憲審査制：近代立憲主義の実効性の確保

4.4.1　違憲審査制——法的統制の具体的制度

近代立憲主義は，憲法の全体構造（憲法秩序）の実効性を，もっぱら民主主義・権力分立という国家権力編制の基本原則に基づく政治的統制（コントロール）に委ねていました。法律・行政の憲法適合性を憲法の最高法規性に基づいて審査（コントロール）する具体的な法的統制制度は存在していませんでした。現代憲法は，そのような法的統制制度として，違憲審査制

---

*11　第二次大戦前までは，人権問題は，国境を超える性格の問題（少数民族問題・労働問題）を例外として，主権国家の国内問題でした。しかし，第二次大戦後は，２度の世界大戦の反省として，国際平和の基礎であり内実としての人権の重要性が認識され，“人間の尊厳”を基本理念とした人権の国際的保障という課題が具体化されます。人権の国際的保障の方式は，①国際文書による宣言（国連憲章・世界人権宣言など）から，②批准国を拘束する国際人権条約（国際人権規約など―人権条約の国内法化）へ，そして，③地域的・国際的な裁判機関による保障（国際司法裁判所，国際人権規約［自由権規約］委員会など）へと進展してきています。

を導入しました。

違憲審査制とは，議会の制定した法律や政府の行政行為の憲法適合性を審査する制度です。ヨーロッパ諸国に続く諸国家の憲法でも違憲審査制が導入され（「違憲審査制革命」），1989年の東欧革命後の旧社会主義諸国による違憲審査制の導入により，その傾向はさらに加速されました。違憲審査制は，違憲審査権が非政治部門である裁判所に委ねられたことから司法審査制とも呼ばれます。違憲審査制の導入によって本質的な変容を遂げた近代立憲主義は，現代立憲主義と呼ばれることもあります。

違憲審査制には，その内容・機能の大きく異なる二類型——①司法裁判所型と②憲法裁判所型——があります。重要な相違点は，①司法裁判所型：違憲審査制の発動（イニシャティブ）＝提訴権は市民個人にあり，違憲審査は裁判所の審級制（下級裁判所～上級裁判所）に対応した複数段階での審査，②憲法裁判所型：市民個人の提訴権は限定的であり，“第一審かつ終審”という一段階の審査，という点です[*12]。

4.4.2　違憲審査制——人権保障と民主主義・権力分立

違憲審査制は，第１に，現代的人権における性格の変化を担保する具体的な法的統制の制度です。一方で，“法律からも保障される権利”としての人権を，法律（立法権）・行政（行政権）による侵害から救済する制度であり，他方で，国家権力の制限的行使（自由権）と積極的関与・行使（社会権）という性格の異なる人権から構成される現代的人権の保障を政治過程（政治的統制）だけに委ねるのではなく，裁判過程（法的統制）によっても担保する制度です。

第２に，近代立憲主義の全体構造（憲法秩序）の実効性を確保するために，近代立憲主義における国家権力編制のあり方を大きく変容させました。す

***12**　①司法裁判所型（アメリカ・日本など）は，通常の司法裁判所（下級裁判所～上級裁判所）が，具体的な事件・訴訟を解決するために必要な場合に限り憲法判断を下す，事後的な違憲審査です（付随的違憲審査制）。提訴権者は主として市民であり，その性質上，人権保障機能が中心的な役割です。②憲法裁判所型（ヨーロッパ大陸諸国など）は，憲法問題を扱う特別の憲法裁判所が，具体的な事件・訴訟とは無関係に，憲法規定の解釈＝意味内容をめぐる対立・紛争を解決するため，一般的・抽象的に憲法判断を下す違憲審査です（抽象的違憲審査制）。提訴権者は国家機関（議員を含む）が中心であり，市民の提訴権は限定され，憲法秩序保障機能が主たる役割です。近年は，憲法裁判所型でも，市民の提訴権拡大などの制度改革が実施され，違憲審査制の二類型の内容・機能の“接近傾向”が進展しています。

なわち，国民主権―民主主義（議会制民主主義）という，政治過程に重点を置いた国家権力編制の基本原則（政治的統制）と，違憲審査制という裁判過程に重点を置いた国家権力編制の基本原則（法的統制）との二元的な構成として再構築されました。それは，議院内閣制による議会＝政府の一体化によって「抑制と均衡」から「協働と融合」へと変質した権力分立を，政治部門（議会・政府）と非政治部門（裁判所）の間の，裁判所優位の「抑制と均衡」として再構築することも意味しています。

4.5　近代立憲主義（現代立憲主義）の現在と将来

4.5.1　“民主主義と立憲主義（違憲審査制）”という問題

違憲審査制の導入による，近代立憲主義の国家権力編制の基本原則の二元化は，２つの問題点＝論点を浮上させることになります。第１の論点は，国家権力編制の民主主義的正統性に関してです。［国民＝主権者－選挙→代表＝議会］という民主主義的正統性に立脚する議会制定法を，そうした民主主義的正統性に立脚していない裁判所が違憲無効にできるのか，という論点です。この点について，最高裁判所裁判官・憲法裁判所裁判官の任命を民主主義的正統性に立脚した政治部門（議会・政府）に委ねることで補完するのが一般的ですが，それは，裁判官・裁判の独立性と公正性を低下させるという問題を生じさせることにもなります。

第２の論点は，近代立憲主義の目的である人権保障の実効性の確保という違憲審査制の機能に関してです。人権を促進・拡大する議会制定法に対する裁判所の対応は，合憲判決・違憲判決が想定され，反対に，人権を制限・侵害する議会制定法に対する裁判所の対応も，合憲判決・違憲判決が想定され，人権保障にとって相反する機能の可能性が常に存在します。

4.5.2　課題（展望）――近代立憲主義（現代立憲主義）の行方

民主主義と違憲審査制には，一方で，いずれも①近代立憲主義の全体構造（憲法秩序）とりわけ人権保障の実効性の確保を目的とし，②その発動（イニシャティブ）は市民個人の権利行使に委ねられている（精神的自由・参政権と提訴権），という共通点があります。他方で，民主主義が，主権者＝国民の統治過程への参加を保障する原理・制度であり，違憲審査制が，憲法秩序保障・人権保障の実現のために民主主義過程の外から国家権力の行使の範囲・限界を統制する原理・制度である，という違いがあります。

したがって，近代立憲主義（現代立憲主義）の課題は，近代立憲主義の実効性確保のイニシャティブを握る市民が，現実のさまざまな抑圧・拘束や困難から“人間の尊厳”を回復・確保するような民主主義と違憲審査制の整合的運用を追求し，あるいは，新たな近代立憲主義の制度設計を探求するところにあります。そのためには，①さまざまな抑圧・拘束や困難から“人間の尊厳”を回復・確保するという願い（法意識）を共有する人々が，②「自由・平等な個人」を構成原理とする多元的かつ重層的な協同と連帯を形成し，③近代立憲主義の二層・三層（法規範・法制度）を活性化あるいは“更新”することが重要となります。主権者教育の基本的な目的は，そうした課題（展望）を担えるような主体の形成・育成にあります[*13]。

5　人権としての自由と平等

日常的・一般的に用いられている“自由”，“平等”という言葉は，必ずしも人権としての自由・平等の意味と一致するわけではありません。人権としての自由・平等すなわち自由・平等の法的な意味について説明します。

5.1　人権としての自由

人権としての自由は，「拘束の欠如としての自由」（なんでもあり）ではなく，弱肉強食の社会を脱して人間的文化的な社会を形成するために不可欠な，特定の歴史的な内容をもったものです。もともと，近代の人権宣言・憲法は，一方で，人身売買契約や殺人などを自由の内容から排除し，他方で，「他者加害の禁止」と「自由の相互調整」という自由に内在する制約を規定しました（1789年フランス人権宣言第４条）。自由とは，その決定方法については個人の自己決定であるが，その決定内容については“人間の尊厳”という基本理念（価値）に制約される，ということになります。

---

*13　国家を自動車にたとえるならば，主権者＝国民はドライバーであり，民主主義がアクセル，違憲審査制がブレーキということになります。自動車（国家）が的確に目的地（人権保障）に向かい到達することができるかどうかは，ドライバー（国民）のアクセル・ブレーキの操作能力（市民的資質）に左右されるということになります。

5.2　人権としての平等

人権としての平等は，「みんな同じに扱う」という絶対的・機械的平等ではなく，「同じものには同じ取扱いをし，異なるものには異なる取扱いをする」という相対的・比例的平等を意味します。もともと，人間にはさまざまな事実状態の違いが存在しますから，事実状態の違いを考慮しない絶対的・機械的平等は，かえって不平等な結果をもたらすことになるからです。したがって，人権としての平等の問題とは，①判断基準＝基本理念（“人間の尊厳”など）に基づいて，〈同じと見るか，異なると見るか〉の価値判断をし，②〈同じと判断したら同じ取扱いをし，異なると判断したら異なる取扱いをする〉という問題です。したがって，区別が直ちに差別となるわけではなく，合理的な根拠に基づく区別（母性保護，累進税制など）は「合理的区別」として正当化されます。

5.3　自由と平等――相違と相互関連

自由は実体に関する概念（特定の事柄が自由か不自由か）であり，平等は関係に関する概念（他者との関係で平等か不平等か）であり，両者は，異質な概念です。それゆえに，自由の問題は自由の平等な保障の問題であり，平等の問題は平等な自由の保障の問題であるという，密接な相互関連の関係が成立します。そして，現実のさまざまな抑圧・拘束や困難（社会関係）とそれを反映する人々の問題意識（法意識）が，関係概念としての平等の実質的な理解を媒介として，実体概念としての自由の意味内容を深化・発展させることになります。

《参考文献》

芦部信喜（1992）：『憲法学Ⅰ 憲法総論』，有斐閣．
芦部信喜（1994）：『憲法学Ⅱ 人権総論』，有斐閣．
杉原泰雄編（2008）：『新版 体系憲法事典』，青林書院．
長谷部恭男（2006）：『憲法とは何か』，岩波新書．
樋口陽一（2013）：『憲法〔第3版〕』，創文社．
渡辺洋三（1998）：『法とは何か〔新版〕』，岩波書店．

（北川善英）

第５章

個人と個人の関係を法的にとらえるために

国家と個人の関係について学習する憲法にかかわる学習についてはイメージがあるけれども，対等な個人と個人の関係を規律する法についての学習はイメージが湧かないという声を聞きます。本章では，個人と個人との関係について規律する法について概観していきます。個人と個人の関係を規律する法を学習する際にはどのような点に留意する必要があるのでしょうか。

1　公法と私法

1.1　これまでの私法をめぐる学習

第３章で述べられたように，法は一般的に，“国家と個人の関係を規律する法”であり，当事者の一方あるいは双方が公権力を行使する法，あるいは公益を目的とする法である公法と，“個人と個人の関係を規律する法”であり，対等な私人間の私的・社会的関係を規律する法である私法に分類されます。

このような公法，私法の区分に従って，これまでのわが国の法に関する教育を見てみます。

第１章でも確認したように，これまでの日本における法に関する教育は憲法教育が担ってきました（江口，2001）。憲法は上記の公法，私法の分類に従えば公法に属するとされます。したがって，これまでのわが国の学校教育における法についての学習では公法についての学習が中心であったといえます。

これに対して，対等な個人間の関係を規律する私法については家庭科において家族法分野が一応取り扱われてきたものの，財産法分野に関しては，消費者法制に関する教育等，私法の特別法に属する分野について，散発的な学習がされるにとどまり，私法の一般法である民法の基本原則を正面からとらえることや，こうした基本原則との関係で特別法分野の教育を再構成するという取組みは，高等学校の専門学科を除いて必ずしも行われてきませんでした（法教育推進協議会，2009）。このように，本章で扱う個人と個人を規律する法は，これまで学校教育ではあまり扱われることが多くなかった法分野であるといえます。本章の冒頭で述べた，対等な個人と個人の関係を規律する法についての学習はイメージが湧かないという原因はこのような我が国の学校教育の歴史にあるといえます[*1]。

1.2　私法を学ぶ意義

以上見てきたように，これまで学校教育ではあまり扱われることが多くなかった個人と個人を規律する法を今，法教育の一内容として位置づける意義はどこにあるのでしょうか。

私たちの生活の多くは，契約を中心とした個人相互間の法関係で成り立っています。その生活との密接さゆえに，私法を学ぶ意義のひとつとして，子どもたちにとっても身近な題材が多く，子どもたちが興味関心をもつことができるということが挙げられることがあります。確かにこのような側面は存在します。しかしながら，子どもたちが私法を学ぶ意義をこのように狭くとらえてよいのでしょうか。

私たちが日々の生活を送る上での最も身近な規範や，市場経済での取引のルールとなる私法は，歴史的には憲法と並ぶ重要性を有してきました。私法に関する法教育を展開する際にも，単に身近な法であるから学ぶとい

---

*1　原則としては，国家が個人を統治する場面は公法が妥当し，個人と個人の関係は統治する―されるという関係ではないから私法が妥当するとされてきました。しかしながら，私法が妥当する市民社会，対等な関係が想定される社会の中に大企業のような事実上支配する―されるという権力的関係に似た関係が出現してきました。これが「社会的権力」の問題です。このような社会的権力と個人といった事実上力の差がある状態に対して，対等な関係を想定している私法を適用し続けると，かえって個人の人権を侵害してしまいます。そのため，このような場合には国家が個人の人権を保障するため，積極的に私法に修正を加えていきます。企業側の自由に制限をかける労働法や独占禁止法などは，このような「社会的権力」に対応する私法の修正であるといえます。

う点を強調するのではなく，社会生活における私法の内容的な価値の高さをその歴史的な重みをふまえつつ，正面から扱っていく必要があると思われます。

また現代社会は，価値観が多様化し，社会の流動性が高くなったといわれます。そのような社会では，すでに定められた不特定多数の人々に妥当する法規範の内容を理解し，守るだけでなく，自ら他者と話し合ったり，意見を交わしたり，契約を締結するなどしながら個別に自己の利益や権利を守ったり，他者との関係をつくっていく姿勢と資質が必要になります。

このような現代社会の特質をふまえれば，個人と個人の関係を規律する私法に関する学習には，「法には何が定められているか」という法の内容の学習だけでなく，「他者との関係を規律していく上で守らなければならないことは何か」，「何を大切にして契約を結んでいくのか」といった他者との関係をつくっていく方法を学び，子どもたちが自ら主体的に他者と意見を交わし，契約を形成していく姿勢を涵養するという点が求められているのではないでしょうか。このような点を学ぶところに私法を学ぶ意義があると考えます。

1.3　私法の一般法としての民法

上記のような，私法が規律する平等な個人相互間の関係については，原則として民法が適用されます。この点で民法は私法の一般法と呼ばれます。

その一方で，民法によって規律されてもよいような個人と個人の関係であるものの，より限定された人，事物，行為，地域に限って適用される法律もあります。商法，労働法，借地借家法，製造物責任法といった法律などです。これらは特別法と呼ばれます。このような特別法は，もともと関わる個人と個人とが対等な立場であることが想定されてきたものの，社会の変化の中で事実上大きな力関係が生じてしまった（前述の「社会的権力」）等の理由により，弱い立場に置かれる個人を保護する目的で定められたものが多くあります。

以上のことより，本章で扱う個人と個人を規律する私法に関する法教育の中心は私法の一般法たる民法になります。そこで，次に民法の歴史を簡単に振り返ってみましょう。

2　近代民法の理念

2.1　近代民法典

民法にはどのような歴史があるのでしょうか。民法は，ローマ法以来西欧において長い年月をかけて扱われ，修正されてきました。

もっとも1804年のフランス民法は，人権宣言という明確な思想に貫かれているという点にそれまでの民法典とは異なる大きな特徴があり，西欧諸国の法を継受したわが国の民法にもその性格は色濃く出ています（星野，1998）。そこで以下では，民法の歴史の中でも，フランス民法，そしてそれに大きな影響を与えた人権宣言についてその歴史を見ることにします。

2.2　フランス民法に込められた精神・理念

フランス民法に影響を与えた1789年のフランス人権宣言にはどのような精神・理念があったのでしょうか。人権宣言は第１条で「人は，自由かつ権利において平等なものとして出生し，かつ生存する」，第２条で「あらゆる政治的結合体の目的は，人の消滅することのない自然権を保全することにある。それらの権利とは，自由，所有権，安全及び圧政への抵抗である」，第４条で「自由とは，他人を害しないすべての権利の共有を確保すること以外の限界を持たない。これらの限界は，法律によってのみ規定することができる」と定めています。民法は自由かつ平等な，自然権を有するところの人間相互の関係を定めるとされ，その目的は，「すべての人の平等な，自由・人身・所有権その他の権利の保全」とされます。以上に従えば，フランス民法の理念は自由，平等，人身，所有権の保護であったといえます（星野，1998）。

また，フランス民法では「契約自由の原則」が定められました。

私たちは，自給自足の社会ではなく，自分の生活に必要な物を他の個人から買って生活する市場経済社会の中で生きています。このときお互いに財産の移転を行いますが，この財産の移転を安心して行うことができなければ私たちは安心して生活することができません。財産の移転を安心して行うことができるようにするために、お互いの意思表示の合致によってお互いに権利と義務を発生させる行為が契約です。そして，前述のフランス民法における理念から，この「契約」の有無，内容，相手等は当事者の自由にされました。これらを広い意味で「契約自由の原則」といいます。

フランス民法には以上のような，人間を平等に扱うこと，そして自由に経済活動を行うことが大切であるとする精神，理念が込められているといえます。

2.3 財産に関わる民法の理念の問題点とその修正

以上見てきた近代民法の理念によって，個人による生産，消費が自由に行われるようになり，産業革命以降，経済は著しい発展をしてきました。

しかし，事実上平等でない者を法律的に平等に扱い，その自由な活動に任せたことによって，社会の中に事実上自由な者と，事実上そうでない者が存在するようになり，このような経済的な弱者の保護の必要性が叫ばれるようになりました（社会的権力の登場）。私法は単に個人の自由と平等を確保さえしておけばよいのではなく，このような自由な契約によって，経済的な弱者となってしまう人々を保護する役割も期待されるようになりました。経済的な強者の自由を一部制限する労働法や製造物責任法，消費者契約法などはこの役割を果たす特別法であるといえます。

前述したように，私法は，一般法たる民法と特別法たるその他の法律で構成されていました。これを近代以降の歴史を通して見れば，人権宣言をもとにして自由と平等を前提とした民法がつくられ，その自由と平等の理念により社会が発展し，この民法が個人と個人とを規律する私法の一般法になった―しかし，平等を想定していた個人と個人との関係に事実上の力関係が出てきてしまい，一般法たる民法を一部で修正するその他の特別法が生まれたという関係が見えてきます。

3 法教育における私法についての学習のあり方

以上のような歴史をもつ私法に関する法教育はどのような点に留意して行われるべきでしょうか。個人と個人の関係を規律する私法の現代的修正としての労働法や消費者保護に関する法律などの知識は，複雑化する社会の中で子どもたちが将来自己の権利，利益を確保するために有用な知識であり，それらを学ぶ必要性はあります。

しかし，これら自己の身を守るための法律知識を学ぶことに重点の置かれた学習は，第２章で述べられた法の三要素のうち，法規範のみを重視する学習になってしまい，動態的な法の理解につながりません。また，これらの特別法は見てきたように，その時々で生じる社会の問題に対処するという側面をもっているため，頻繁に改正や新設が行われます。これらを常に学校教育において扱うことは現実的でないでしょう。

前述したように，価値観が多様化し，社会の流動性が高くなったといわれる現代社会で個人がよりよい生き方をしていくためには，個人が自らの意思で他の個人と関係を構築していく主体的な姿勢が必要になります。そして，個人が他の個人と関係を構築する上で最も使われるのが契約です。個人と個人を規律する法の学習においては，原則論として契約をめぐる考え方や理念を学び，自ら主体的に契約を結んでいく姿勢を身に付けることが優先されるべきです。

契約に関しては前述のように，私法の一般法である民法が「契約自由の原則」をその歴史の中で培ってきました。社会の中で個人が他の個人と結ぶ契約は「契約自由の原則」により自由に結ばれるため，契約には個人の法意識が強く反映します。そして社会において結ばれた契約や契約をめぐる考え方が次第に判例や法の解釈に影響を与えて新たな法規範をつくり，新たな法制度をつくります。個人の自由な意思によって結ばれる契約を中心として個人と個人の関係を規律する法を学ぶことは，第２章で述べられた法の三要素に基づいた，動態的に法をとらえる法教育につながります。これまでの法教育においても，法の理念や考え方などを重視するという目的の下，「契約自由の原則」を扱う授業が多くなされてきました。本書の志向する動態的に法をとらえる力を子どもたちが身に付けるという目的からも，私法に関する法教育においては「契約自由の原則」がその中心に置かれるべきであると考えます。

それでは，「契約自由の原則」に関する学習を行う上で留意する点はどのようなものでしょうか。ここでは，①「契約自由の原則」における「自由」とはどのようにとらえるべきか，②「契約自由の原則」によって個人と個人が結ぶ契約は社会にどのように影響を与えるのかという２つの論点を検討します。

3.1 「契約自由の原則」における「自由」とはどのようにとらえるべきか

「契約自由の原則」における「自由」とはどのようにとらえられるべきなのでしょうか。前述したように，生まれながらの地位，階級によって，もちうる権利が異なり，自由な経済活動を制限されていた時代を経て，人間は「契約自由の原則」を手に入れました。それゆえにこれまでの私法に関する法教育の学習においては，「契約自由の原則」の理解に関して，個人が国家や社会からの制約から解放され，文字通り「自由」な内容の契約を結ぶことができるという私事性の部分がクローズアップされてきました。そして，前述した公法と私法を二元的にとらえ，公法は公共的な関係を，私法は私的な関係をそれぞれ規律すると考えた公法・私法二元論がこれを後押ししました。

しかしながら，「契約自由の原則」に関する学習は，上記のようにその私事性の部分だけをクローズアップして，学習者が自分の自由な意思で自由な内容の契約を結べることを到達目標とするような学習でよいのでしょうか。ここでは「契約自由の原則」を学習する場合には，その私事性の部分だけを学習内容とするのではなく，公共性の部分も重視するべきであり，「自由」の内容もその考えをふまえて理解すべきであると考えます。その理由として参考になるのが，次に紹介する私法の公共的な側面についての歴史的な考察です。

3.1.1 私法の公共的な側面

近代市民社会を規律するものとして制定された民法典の前提には，このような法典を生み出した市民社会が，国家から切り離された単なる経済社会ではなく公共的な側面ももつ政治社会としても観念されていたという事実がありました（水林，2008）。このような民法典が妥当する社会は，個人が国家から完全に離れて自由に活動する社会ではなく，国家との関わりも依然として存在しつつ，その中で個人の自由な意思を生かして他者と関係を結ぶ社会であるといえます。このような社会像を前提にすれば，そのような社会を規律する民法には，今日我が国の法学が観念する意味での私法だけでなく公法の側面が歴史的にはあったといえます。

また民法典が妥当する市民社会とは，(経済活動が行われる) 市場のみにとどまらず，非営利活動，さらに市民相互の関係を調整するための規範を市民が (自由な契約によって) 創出する場面を含むものとして理解すべきであり，市民は公共空間の存立にも一定の責任を負うとの考えもあります (大村，2004)。この考えによっても，民法は国家から完全に離れた個人を規律するものととらえるべきではなく，一定の範囲で国家との関係のある存在として個人をとらえ，規律するものととらえるべきであるといえます。

3.1.2 「契約自由の原則」の「自由」

これらの私法の公共的な側面に関する議論を参考にすれば，「契約自由の原則」における「自由」も，公共的な側面をもたない単なる「自由」ではなく，公共的な側面をもつ「自由」，換言すれば公共的な側面から一定の制約を受ける「自由」であることがわかります。

では，公共的な側面をもつ「自由」とは具体的にはどのように考えるべきでしょうか。

単なる約束と異なり，社会一般で認められる契約には「法的拘束性」=「国家による助力」が与えられます。そこでは当然に「どのような契約にならば国家は助力してよいのか」という判断，「契約を集積してめざしていくべき社会とはどのような社会なのか」という判断が必要となるはずです。

そして，この「どのような社会がめざされるべき社会か」という判断が参照するものとしてひとつの参考になるものが憲法なのではないでしょうか[*2]。契約の学習を行う場合には，常にその交わされる契約が「国家による助力」を受けるにふさわしい契約であるかを，憲法などを参照しながら問う必要があります。この問いを経ない契約が集積しては社会が社会として存立しないからです

個人と個人の関係を規律する私法についての学習場面で，「契約自由の原則」を学習する際，私法は公法とは異なり，国家との関係を規律する法ではないから「あなたは自由に他者とどんな契約も結ぶことができますよ」

---

*2 契約の有効要件を定めた民法第90条の意義として憲法的価値の実現を掲げるものとして，山本敬三 (2000)：『公序良俗論の再構成』，有斐閣。

というメッセージを強調することは，私法が規律する社会は，国家との関わりのない極めて私的な社会であるという誤解を与えます。

「契約自由の原則」を学習するにあたっては，その「自由」が単なる私的な，無制限な「自由」ではなく，憲法のめざす社会像から見て，認めるに望ましい「自由」であるかを，それを結ぼうとする個人が意識し，検討できる教材を選ぶことが望ましいのではないでしょうか。

なお，契約に代表される法律行為が有効であるための要件としては，意思表示に関する要件（主観的有効要件）と，法律行為の内容に関する要件（客観的有効要件）とがあります。前者は権利能力・意思能力・行為能力の存在，意思表示に瑕疵がないこと（意思の不存在・瑕疵ある意思表示でないこと）があり，後者は①確定性，②実現可能性，③適法性，④社会的妥当性があります。これまで私法に関する学習で契約自由の原則が扱われるときには，前者が学習内容として取り上げられることが多く，後者はあまり扱われてきませんでした。本章が志向する自由な意思で主体的に他者と契約を結んでいく個人を育てるという点からすれば，契約の内容についての学習が重視されるべきであり，その点で後者の学習が重視されるべきであるといえます[*3]。

3.2 「契約自由の原則」によって個人と個人が結ぶ契約の社会への影響

歴史的に見た場合，フランス民法が「契約自由の原則」を認めた理由は個人は自己の意思によらなければ義務を負わない，つまり自己の権利，利益を保護するためであったといえます。この点については，私法に関する法教育でもしっかりと学習する必要があります。

しかしながら，民法が「契約自由の原則」を保障する理由はそれだけなのでしょうか。自己の権利，利益を守るためだけに自己の自由を行使すべきとする考え方は法教育として正しいのでしょうか。

3.2.1 大村敦志による民法，私法のとらえ方

前述の大村（2004）は，契約の単に私人の権利，利益を確保するという

---

*3　大村敦志（2017）では，①～④の4つの要件のうち，①と②はむしろ合意の存在の問題として扱うべきであり，固有の意味での内容の合意にかかわる要件は③と④であるとしています。法教育においても，③と④を中心に教材の選定をしていくべきであると考えます。

私事性の強い目的を強調して，個人の活動の領域を広げるだけでは，社会は社会として存立しないと考えます。その上で大村は私法のもつ公共的な役割について次の２つを挙げます。

まず１つ目は憲法規範の「社会化」です。民法には憲法規定で国家に対して実現されるべきとされている「個人の自由」を社会においても実現させる役割があるとします。２つ目は政治の「実質化」です。公共的な空間と私的な領域の線引きがどこにあるのか，また「公共空間」と「私的な領域」の二分法に収まらない中間的な空間の領域の設定をいかに行うのか，といった解釈を，憲法を充填する形で民法が行うと考えます。

大村は「ツールとしての民法」を使って，人々が望ましいルールや制度を構築し，自分たちの必要に応じて積極的に「公共性」を創出していくべきであるとします。このような積極的に公共性の創出にかかわろうとする態度が，変化が激しいこれからの社会では必要なのではないでしょうか。以上からすれば，「契約自由の原則」によって個人が契約を結ぶことは，単に自己の権利，利益を守るだけでなく，望ましいルールや制度を構築していくことにつながるという側面をもちます。個人と個人の関係を規律する私法を学ぶ意義のひとつが，前述のように，個人が自らの意思で他の個人と関係を構築していく主体的な姿勢を身に付けていくことにあるとすれば，「契約自由の原則」の学習では，自己の結ぶ契約が自己の権利，利益を守るという側面だけでなく，このような個々の契約の集積が新たな法意識を社会に反映し，新たな法規範，法制度をつくり，社会において新たな法関係を構築していくという側面も学べるようにすべきではないでしょうか。

この大村の私法，民法のとらえ方は，本書の志向する法意識，法規範，法制度，法関係が互いに作用しあい，社会を発展させていくという法の三要素をふまえて動態的に法をとらえる法教育にもつながります。

3.2.2　労働法分野において「契約自由の原則」を学ぶ意義

以上見てきたような，「契約自由の原則」によってなされる契約の公共的な側面を重視する法教育は，民法の特別法である労働法の分野でも有効であると考えます。

近年，労働問題への意識の高まりにともなって，ワークルールに関する法教育が行われることが多くなってきました。しかし，そこでは労働者を守る個別の法律の条文を知るという学習方法が中心になっていることが多くあります。前述したような，個人が結ぶ契約が新たな社会をつくっていくという契約観は，このようなワークルールに関する学習を，労働者と使用者が労働契約というツールを使って，憲法がめざす社会像，個人の尊重が実現される社会をつくりあげていくという，自己の意思に基づいて自己の労働について主体的に行動する力をさらに高めることのできる学習に転換させる可能性をもっています。

昨今の労働環境をふまえながら，「国家によって権利や自由が保障されていたとしても，それが侵害されている状態を黙認してしまうことは，間接的に他人の権利や自由が侵害される，すなわち他人を同様の状況に追い込んでしまうことにもつながる」との指摘もあります(水町，2019)。

自分が結ぶ契約は単に自己の権利，利益を守るだけでなく，他の契約と一緒に集積されていって社会をよりよく変えていく，このように契約をとらえることは，仕事や働き方に関しても変化が激しくなるであろうこれからの社会で生きる子どもたちには必要なのではないでしょうか。

4　本章の終わりに

個人と個人の関係を規律する法は，社会に生きる人々相互の権利，利益を守り，また新たな社会をつくりあげていくために，人間が社会の変化に合わせて絶えず変化をさせてきた法です。法教育において私法を学習する際には，このような私法が社会に影響を与えてきたという歴史的な経緯をふまえて，私法の重要性を認識することが必要です。また，契約自由の原則の学習を通して自ら主体的に他者との関係をつくっていく姿勢を涵養すること，そして契約自由の原則を学習する際には，我々が生きる社会では何を大切にしていくべきかという視点をもってその内容をつくっていくこと，また自分の締結した契約は社会を変化させていく力をもっているということを実感できるように授業を組み立てることが重要であると考えます。

《参考文献》

江口勇治（2001）：「法教育の理論―日本型法教育の素描」，全国法教育ネットワーク編『法教育の可能性』，現代人文社.

大村敦志（2004）：「大きな公共性から小さな公共性へ―「憲法と民法」から出発して」，『法律時報』76巻２号，日本評論社.

大村敦志（2017）：『新基本民法 総則編』，有斐閣.

沖野眞巳（2009）：「民法分野における法教育の今後について」，大村敦志・土井真一編著『法教育のめざすもの―その実践にむけて』，商事法務.

法教育推進協議会（2009）：「私法分野教育の充実と法教育の更なる発展に向けて」（http://www.moj.go.jp/content/000004354.pdf）（最終閲覧日2019年８月９日）.

星野英一（1998）：『民法のすすめ』，岩波書店.

水林彪（2008）：「近代民法の本源的性格―全法体系の根本法としてのCode civil」，『民法研究』５号，信山社.

水林彪（2013）：「『憲法と経済秩序』の近代的原型とその変容―日本国憲法の歴史的位置」，『季刊企業と法創造』９巻３号.

水町勇一郎（2018）：『労働法〔第７版〕』，有斐閣.

水町勇一郎（2019）：『労働法入門〔新版〕』，岩波書店.

（村上 揚）

第6章

紛争の解決を法的にとらえるために

本章では，司法に関する法教育のあり方について取り上げます。具体的には，初等中等教育段階での法教育における「司法」の定義について少し詳細に考えた上で(1)，司法に関する法教育と司法を導く理念の関係について考察します(2)。それらの検討をふまえて，司法に関する法教育実践の課題について検討し(3)，その構想の方向性を探ります(4)。

1　初等中等教育段階の法教育における「司法」の定義

1.1　法教育研究会報告書における「司法」の定義

「司法とは何か」という点について，たとえば，法務省に設置された法教育研究会の最終報告書『はじめての法教育』は，①「司法とは，法に基づいて，侵害された権利を救済し，ルール違反に対処することによって，法秩序の維持・形成を図るものであること」としています。加えて『はじめての法教育』は，②裁判の特質について「すべての当事者を対等な地位に置き，公平な第三者が適正な手続を経て公正なルールに基づいて判断を行う」ものであると述べています[1]。

司法に関する法教育について考える際には，さしあたりは，これを出発点とすることでよいかもしれません。しかし，法教育を担う者としては，理論的・実践的検証を深める中で，この出発点を乗り越える方向性を見出したいと思います。

---

[1] 法教育研究会(2005)：『はじめての法教育』，ぎょうせい，p.13。

1.2　司法の紛争解決機能と法創造機能

第1に，『はじめての法教育』における司法の定義（①）は，すでに存在している法を紛争に適用することによってその紛争を解決するという側面に重点がかかっているといっていいでしょう。学校などでよく行われる模擬裁判などは，このような意味での紛争解決能力を涵養することをねらいとしたものが多いように思われます。そして，このような能力の涵養は，いうまでもなく重要なことです。

しかし，紛争を解決する過程では，既存の法が当該紛争を解決するためには不十分，ないしは不適切であると考えられるようになる場合もありえます。そのような場合には，新しい解釈を既存の法に施さなければならないということもあるでしょう。また，既存の法の解釈だけでは対応できないことが明らかになったり，そもそも適用すべき適切な法が存在しない（法の欠缺《けんけつ》）ことがわかったりすることさえありえます。そのような場合には，新たな立法が求められる場合もあります。

このような司法の法創造機能をも考慮に入れると，『はじめての法教育』における司法の定義は，司法の機能の側面を十分に表しているとはいえないように思えます[*2]。しかし法教育が，単に教室で扱うことのできる（擬似的な）紛争事例の解決策を考えさせるだけではなく，それに加えて，現実の「国家・社会の形成者」を育成することを目標とするのであれば，紛争解決能力を涵養するのはもちろんのこと，それに加えて，紛争解決のプロセスを通じて明らかになった社会的・法的課題について考える力を育み，さらにはそのような力をもとにして，社会を導く新たな規範をつくり出す能力をも涵養したいものです。

1.3　司法を導く理念と司法の実態の乖離

第2に，『はじめての法教育』が示した②「裁判の特質」は，現代における裁判が従うべき理念の説明としては首肯できます。しかし，それは当然，

---

*2　たとえば，裁判実務に携わる弁護士の立場からすれば，日常的な業務の中で扱う個々の事件において，司法の法創造機能を明確に意識させられる場面はそれほど多くないのかもしれません。しかし本章で述べているのは，初等中等教育段階の法教育において「国家・社会の形成者」である児童・生徒にどのような力を涵養する必要があるのか，という観点からのものであることに注意してください。

現実の裁判や司法制度・司法過程の実態との間に乖離が存在しうるということにも注意を向ける必要があります[*3]。

先に見たように，『はじめての法教育』は，「すべての当事者を対等な地位に置き，公平な第三者が適正な手続を経て公正なルールに基づいて判断を行う」のが裁判だとしています。しかしながら現実の裁判では，「すべての当事者」が「対等な地位」にない場合もあります[*4]。また，「公平な第三者」が判断者でない場合もありえます[*5]。さらにいえば，「適正な手続」や「公正なルール」とは何かということ自体も問題となるでしょう。仮にそれが明らかになったとしても，現実にその理念通りに司法が運用されているとは限りません。司法に関する法教育について考える際には，この点を検討の対象外にするわけにはいきません。

1.4　さまざまな場においてなされる紛争解決——とくに私人間の紛争の解決方法をふまえて

第3に，私たちは「司法」という言葉から，「裁判」や「裁判所」を思い浮かべがちです。しかし，現実の社会において紛争解決作用を営むのは裁判や裁判所だけではありません。たとえば，一部のADR（Alternative Dispute Resolution，裁判外紛争処理）のように，裁判所の外で行われるものもあります。これまで行われている法教育の授業実践においても，調停について

---

*3　法が定めている規範内容やそれを支える理念と，その法が対象とする現実社会のあり方の間に齟齬や乖離が存在することは，よくあることです（たとえば，刑法にはさまざまな行為が犯罪であると定められており，それら犯罪をなくすことを目的としていると考えられますが，現実には犯罪はなかなかなくなりません）。法と現実の間のこのような齟齬や乖離の存在は，直ちに，法の定める規範やその理念の意義を減ずることになるわけではありません（現実に犯罪が起きているからといって，「刑法は意味がないからなくすべきだ」と考える人はいないでしょう）。

*4　たとえば，ある商品によって被害を受けたと訴えている消費者と，それを製造した事業者との間の紛争を考えてみてください。多くの場合，消費者はその商品の専門家ではないのに対し，事業者はその商品を作り出した側ですから，専門的な知識を持っているのが普通です。このように，力量に不均衡が存在する二者の間の紛争をも，司法は取り扱う場合があります。

*5　たとえば，裁判において，裁判官の公正さが疑われるような場合に忌避の制度が用意されている（民事訴訟法第24条，刑事訴訟法第21条）ことは，現実に「公平な第三者」による判断が行われない危険性が存在することを想定しているものと考えられます。実際にも，裁判官の公正さが疑われた事例があります（最近報道された例では，いわゆる大崎事件第2次・第3次再審請求における最高裁決定について，西日本新聞電子版2019年9月2日付「大崎事件2次・3次最高裁決定 再審棄却 同じ判事関与 識者「公正中立さ欠く」」を参照）。

扱ったものがあります。

田中が指摘するように，とりわけ私人間の紛争については，「裁判を利用するか否かは個人のイニシアティヴにゆだねられており，個人にとっては，(民事裁判は＝引用者注)様々の公私の自主的紛争解決手続と並んで，利用可能な手続のうちの一つにすぎ」ません[6]。そうだとすれば，法教育において司法を扱う際に，そのような「公私の自主的紛争解決手続」全般のことを視野に入れないわけにはいかないでしょう。さらにいえば，先ほど調停に関する法教育実践の存在について触れましたが，たとえば家庭裁判所で行われる家事調停では，必ずしも法律の専門家ではない家事調停委員が，裁判官とともに調停委員会を組織します。そこで行われる判断では，法律と並んで，家事調停委員のもつ「社会生活の上で(の)豊富な知識経験」[7]が，大きな役割を果たすこともあるのです。

このように考えてくると，司法に関する法教育とは，さまざまな形態の紛争解決方法を例にとりながら，「適正な手続」や「公正なルール」，あるいは場合によっては「社会生活の上で(の)豊富な知識経験」に基づいた紛争解決のあり方を学ぶこと，そしてそれを含めて，「様々の公私の自主的紛争解決手続」をなしうる能力をもった市民を育てることをも含むものといえるでしょう。

1.5　法の定めに厳格に従うべき刑事司法

第４に，同じく「司法」の範囲に含められるといっても，前項で取り上げた，主として私人間の関係が問題となる民事司法と，犯罪の嫌疑をかけられた被疑者・被告人に対する処罰の可否やその程度などについて判断することを含む刑事司法とでは，そのあり方は大きく異なります。

私人間における紛争解決については，すでに見たとおり，国家機関である裁判所が行う権力的な作用である裁判を利用する必要がない場合がありえます。また，紛争解決の過程においても，対立する当事者がお互いに納得する内容であれば，法の適用は相対的にはゆるやかになされる場合があ

*6　田中成明(1990)：『法の考え方と用い方―現代法の役割』，大蔵省印刷局，p.53。

*7　民事調停委員及び家事調停委員規則第１条。

りえます[*8]。

一方で刑事司法においては，犯罪の発生・認知から行刑・矯正教育，そして社会復帰に至る全過程において，国家機関（警察・検察・裁判所・拘置所・刑務所など）のさまざまな決定や作用が直接に被疑者・被告人の基本的人権を侵害するものになりうるという性質があります。したがって，実体的な側面（何が犯罪となり，それに対してどのような刑罰がどの程度科されるか，という側面）においては，罪刑法定主義が妥当すべきことになりますし，手続的な側面（被疑者・被告人に対する判断を行うにあたってどのようなプロセスを経る必要があるか，という側面）においては，適正手続主義が妥当すべきことになります。刑事司法においても法の解釈は行われますが，被疑者・被告人に不利益になる方向での拡大解釈は固く禁じられています。

このように，民事司法とは異なる特徴をもつ刑事司法については，その違い（とくに，法に厳格に従うことの必要性や重要性）を常に意識する必要がありますし，同じく「司法」に属するとはいえ，この二者を混同するような法教育実践を行うことは厳に慎まれるべきです。

1.6　本章におけるさしあたりの定義

広く使われている法学事典では，「司法」という用語について，「法規の適用によって具体的争訟を解決することを目的とする」[*9]とか，「紛争当事者にとって第三者的地位にある国家機関が，その紛争解決のために法を適用・宣言する作用」[*10]といったような説明を与えています。しかしこのような説明は，初等中等教育における法教育で司法について取り上げる場合には，いささか狭義にすぎるように思われます。

というのも，第1に，初等中等教育段階で行われる司法に関する法教育では，（A）現実の社会において発生している紛争それ自体のありようについて多角的に学ぶことがまず求められ，（B）その上で，社会の中で当該紛

---

*8　そもそも紛争に至るよりも前の段階でも，私人間の関係を定める私法の分野では，たとえば民法の婚姻（＝法律婚）に関する規定のように，その定めるところに従わなくても（つまり，事実婚であっても），それが直ちに違法とされたり刑罰を科されたりするわけではありません（強行法規と任意法規の違いについて調べてみてください）。

*9　高橋ほか編（2016）：『法律学小辞典〔第5版〕』，有斐閣。

*10　杉村，天野編（1991）：『新法学辞典』，日本評論社。

争やそれと類似の紛争がどのように解決されてきているのかを学び，(C) さらにそれ(ら)が，本来はどのように解決されるべきなのかを考えさせる必要があるからです。そして第2に，そのような学習のプロセスをたどる中で，初等中等教育における法教育は，「国家・社会の形成者」として求められる，(ア) 法に関する知識，(イ) 法を適用して紛争を解決する力，(ウ) よりよい紛争解決のために求められる新しい法解釈や法政策を構想する力を涵養する必要があると考えるからです[*11]。

したがって本章では，第2章・第3章で示した内容もふまえた上で，「司法」について「紛争を解決する作用一般に関わる『法意識←→法規範←→法制度』[*12]とそれと関連する社会関係・法関係全般」といったように広くとらえることにしたいと思います。

2　司法に関する法教育と司法を導く諸理念の関係

2.1　「公正」な判断を行うための「知的道具」

初等中等教育段階の法教育で司法について扱う場合には，紛争を解決するという作用が実体的にも手続的にも公正であるべきだ，ということについて児童・生徒の理解を深めさせることが求められます。ここでいう「実体的に公正」とは，紛争解決の中身(判断や結論といってもいいかもしれません)が公正であるべきだということを指し，「手続的に公正」とは，紛争の発生から解決に至るまでのプロセス(及び，そこでとられる種々の手続)が公正であるべきだということを指します。前者は「実体的正義」，後者は「手続的正義」と一般的には呼ばれます。

*11　この点に関連して，本章の筆者は以前，「法科学論を前提として，自分の人権を実現し紛争を解決するための価値判断である法解釈論が展開され，また，人権保障・紛争解決という目的に沿った司法・裁判システムを作り出すための法政策論が議論される」といった形で児童・生徒のあるべき思考のプロセスを叙述したことがあります。渡邊弘(1999)：「司法・裁判システムに関する教育―高校での実践を踏まえて」，『自由と正義』50巻6号，p.19。

*12　「法意識←→法規範←→法制度」の関係と，それに関わる「法的社会関係(法関係)」については，第2章3，ならびに第3章4を参照。

ところが，そもそも「公正」という概念自体がやっかいです[*13]。どのような要素を満たしていれば，実体的にも手続的にも「公正」だといえるのかという点については，司法について取り扱う場合に限らず，法教育全体において極めて大きな論点といえるでしょう。

ただ，この問題について考える際には参考になるものがあります。アメリカで公民教育を推進・支援しているCenter for Civic Educationが出版した『テキストブック　わたしたちと法』は，「正義と公正はほとんど同じ意味です」とした上で，正義について「配分的正義」「匡正的正義」「手続的正義」の３種類に分けて考えさせるようになっています[*14]。その上でこのテキストでは，それら３種類の正義を実現するために必要とされる「知的道具」をそれぞれ挙げています。そこで示された「知的道具」は，私たちによる決定が「公正」であるということを満たすための要素（ないしは，チェックリスト）の例を示したものといってよいでしょう。ある紛争解決のあり方が「公正」なものであるかどうかを判断するために，これら「知的道具」のリストは有用なものといえそうです。

配分的正義の問題を解決するための知的道具

1．どんな利益や負担が配分されるか？	
2．誰が利益や負担を受けると考えられる人か？	
3．次の言葉によって人々の間でどんな重要な類似や相違があるか？ a．必要 b．能力 c．適格性	
4．誰が利益や負担を受けるべきかを決定するときにどんな類似や相違を考慮するべきか？	
5．あなたが考慮に入れると決めた類似や相違を考えると，利益や負担を配分する公正な方法はどうなるか？	

*13　2008年改訂学習指導要領の中学校社会科公民的分野において「対立と合意」「効率と公正」という用語が，また，2009年改訂学習指導要領の高校公民科「現代社会」において「幸福・正義・公正」という用語が導入されたことにともない，とくに社会科教育・公民科教育において，「公正」はある種のバズワードとなっています。本章ではその概念について学習指導要領に沿った形で検討する余裕はありませんが，本来であればその概念の内実について厳密な検討を必要とするように思われます。

*14　Center for Civic Education著／江口勇治監訳（2001）：『テキストブック　わたしたちと法―権威，プライバシー，責任，そして正義』，現代人文社，p.171以下。

匡正的正義の問題解決のための知的道具

1．不正と損害とは何か？ ●不正とは何か？ ●損害とは何か？	
2．不正と損害はどの程度重大か？ ●どれくらいの人やものが影響を受けたか？ ●どのくらいの期間か？ ●不正や損害はどのくらいひどかったか？ ●わたしたちの善悪の感覚からどれくらい不快だったか？	
3．誰が不正を行ったり，損害を与えたりしたか？ ●その人は不正を行ったり，損害を与えようとしたか，それとも偶然か？ ●その人は自分の行動が不正であったり損害を与えるかもしれないということがわかる能力があったか？ ●その人は何が起こるかわかっていたにもかかわらずそれを行ったか？ ●その人は注意を怠ったり予測できる危険に注意を払わなかったりしたか？ ●その人は以前，同様の不正を行ったり，損害を与えたりしたことがあるか？ ●その人は自分のしたことを反省しているか？ ●その人が１人でやったのでなければ，その人の役割は何か？	
4．誰が不正や損害をこうむったか？ ●その人は起こることになんらかの関わりがあったか？ ●不正をただし，損害を回復させるのにどんな能力があるか？	
5．何ができるか？　ある状況において公正で適切な対応とはどんなものか？ ●不正や損害を見落とすまたは無視する ●不正を行ったことや損害を与えたことをその人に通知する ●その人がしたことを許す ●その人に修復させるまたは回復させる ●不正や損害に対して支払いをさせる ●その人がしたことを罰する ●処置や教育を受けさせる	
6．考量（衡量）すべきその他の重要なことは何か？ ●その対応は不正や損害の重大さを考えている適切なものか？ ●その対応は誰か他の人の自由を侵害していないか？ ●その対応は人間の尊厳を尊重しているか？ ●その対応は実際的か？ ●もしその人が１人で行動したのでなかったら，その対応は行為に加わったすべての人に平等に分配されているか？ ●その対応は同様の不正を行ったり，損害を与えたりした人に行われているのと比べて公正な対応か？ ●その対応は配分的正義にかなうか？	
7．公正で適切な対応とは何か？ ●不正をただしたり，損害を回復するにはどのようにすればよいか？ ●将来，同様の不正や損害を防ぐにはどうすればよいか？ ●将来，他の人が同様のことを起こすことを抑止するにはどうすればよいか？	

手続的正義の問題解決のための知的道具

ステップ1：必要である情報やどんな決定がされるべきか明らかにしなさい。 ●どんな情報が集められるか？ ●それがなぜ必要であるか？ ●どんな決定がされるのか？	
ステップ2：情報を集めるのに使用される手続きを調べなさい。 ●包括的であるか？　決定のために必要な情報がすべて集められているか？　影響される人々は意見や考えを提示する機会をもっているか？ ●信頼できるかどうか？　情報が本当であるかどうかを知る方法があるか？ ●告知しているか？　情報が集められている，もしくは決定されようとしていることを事前に知らされているか？ ●有効な意見発表の場があるか？　自分の意見や考えを表明するのに助けがいる人々は代わりに誰かに話してもらうことが許可されているか？ ●予測できるか？　手続きは知らされているか？	
ステップ3：決定をするのに使用される方法を調べなさい。 ●公平であるか？　決定する人は偏見をもっていないか？ ●公開性があるか？　利害関係のある人々は情報の集め方や決定の方法を知る機会があるか？ ●間違いの発見と是正がされるか？　決定された後に間違いを発見し，訂正する方法はあるか？	
ステップ4：他の重要な権利について考えなさい。 ●プライバシーと自由：手続きはプライバシーと自由の権利を保護しているか？ ●人間の尊厳：人々は尊厳をもって扱われているか？	
ステップ5：手続きが公正かどうか決めなさい。手続きは手続的正義の目的にかなっていますか。 ●主催者は必要な情報が集められる機会を増やしているか？ ●主催者は決定するときに情報が公平かつ賢明に用いられるよう保障しているか？ ●主催者は大切な権利を守っているか？ ●もし変えるとしたら，どこを変えるか？　それはなぜか？	

Center for Civic Education／江口監訳（2001），p.187，pp.201-202，pp.204-205，p.220より転載。

2.2 「公正な司法」という概念の難しさ——とくに刑事司法について

ところが，これら「知的道具」のリストを活用するにしてもなお，「公正な司法」については，法教育の他の部分ではあまり直面しないような問題にぶつかるということを考慮に入れなければなりません。

それは，司法における「公正」という概念が，場合によっては，児童・生徒の素朴な道徳感情などに反する要素をもっているということです。

初等中等教育段階において扱う限りにおいて，私人間における紛争の解決のあり方は，たとえば裁判所を用いてそれを行う場合でも，私たちの道徳観や感覚からそれほど大きくは外れていません。実体的な側面についていえば，たとえば，借りた物やお金は返さなければならないし[*15]，自分の行動によって他人に損害を与えた場合には賠償の責任が生じるでしょう。加えて，1.4で見たように，私人間の紛争の解決については，手続的な側面でも，当事者双方の合意に基づいて解決を図る余地が存在する場合があり，日常生活の経験を通して児童・生徒が培ってきた感覚や能力との齟齬が少ないといえます[*16]。もちろん，たとえば裁判所を利用して私人間の紛争を解決しようとすれば，それは法に則って行われるわけですが，先に見たように，場合によっては（狭義の）裁判以外の方法で紛争解決を図るということも認められますし，そのような場合には，解決のための判断基準は必ずしも実定法だけに限られなければならないわけではありません。

しかし，刑事司法については様相が大きく異なります。刑事司法では，憲法・刑法・刑事訴訟法をはじめとする諸法令に厳密に則った紛争解決が求められるだけでなく，そこで用いられる法の内容が，児童・生徒には納得しがたいものである場合も多いのです。

具体的かつ典型的な例を挙げましょう。日本国憲法第38条は，いわゆる黙秘権について定めた条文です。

第38条　何人も，自己に不利益な供述を強要されない。

2　強制，拷問若しくは脅迫による自白又は不当に長く抑留若しくは拘禁された後の自白は，これを証拠とすることができない。

3　何人も，自己に不利益な唯一の証拠が本人の自白である場合には，有罪とされ，又は刑罰を科せられない。

これを受け，刑事訴訟法には日本国憲法第38条の趣旨を具体化する条文が置かれています。

ところが児童・生徒は，物心ついたときから常に，家族や教師から「悪

---

*15　私人間の紛争においても，民法上の時効の定めのように，私たちの感覚からすると違和感のあるものもあります。その点を示した有名な著作として，丸山真男（1961，改版2014）：『日本の思想』，岩波書店，p.170以下。

*16　この点で，私人間における紛争の解決に関する教育では，「交渉教育」が一定の役割を果たしうると思われます。

いことをしたら正直に言いなさい」と言い聞かされて育ちます。自分の行動について咎められたときに黙っていれば，黙っていること自体がさらなる悪事として家族や教師などから非難され，場合によってはより重い罰を与えられることさえあります。そして，モラルの観点からすれば，自分が何か悪いことをしたら，それを正直に述べて反省すること自体は，社会生活の中では適切だと考えられるのが普通です。

ところが，憲法や刑事訴訟法は，犯罪を行ったと疑われている被疑者・被告人に「黙っていてよい」と定めているのです。それどころか，被疑者・被告人が黙秘権を行使している（黙っている）ことを理由として被疑者・被告人を不利に扱ってはならず，また，黙秘権を侵害するような手続があった場合には，たとえ真犯人であっても無罪とされることさえ認めているのです。このような黙秘権の内容・特質について，児童・生徒がすぐに理解し納得するのは，経験的に見ても極めて困難でしょう。

ことは黙秘権に限られません。日本国憲法はその第31条以下において，諸外国における現代立憲主義の諸憲法に比較しても極めて異例なほどの多くの条文を置いて適正手続主義について具体的に定めていますが，それらの定めの中には，児童・生徒の素朴な道徳感情からは理解しがたいものがあります。

黙秘権については興味深い授業実践があります。2008年・2009年改訂学習指導要領に「国民の司法参加」「裁判員制度」が取り入れられるよりも以前の段階において，千葉大学教育学部附属小学校の４年生を対象として行われた刑事司法に関する授業実践がそれです。この授業実践の様子は，NHK教育テレビの番組「わくわく授業―わたしの教え方」において「立場をかえて考えてみよう―向井浩二先生の社会科」と題して2006年６月11日に放送され[*17]，また，法務省の法教育推進協議会第８回会議においても，その詳細が，授業を実践した向井教諭によって報告されています[*18]。

*17　放送に関するデータは，https://www.nhk.or.jp/archives/chronicle/index.htmlにおいて検索することができます（番組そのものはこのウェブサイト上では見られません。2019年9月14日閲覧・確認）。

*18　法務省の法教育推進協議会第8回会議議事録（http://www.moj.go.jp/content/000004323.pdf）。また，同会議の議事概要（http://www.moj.go.jp/shingi1/kanbou_houkyo_kyougikai_gaiyou08.html）（2019年9月14日閲覧・確認）のページには，授業の際に使用された資料やワークシートなどが掲載されています。

この授業において，向井教諭が児童に対して黙秘権の説明をしたところ，授業を受けていた児童の多くは「そんなことしたら（＝黙っていたら）ホントのことがわかんないじゃん！」と一斉に反発しています。

このような反応は，児童・生徒だけに特有のものとは思われません。テレビ・新聞・ネットなどにおける報道で，黙秘権を行使している被疑者・被告人の存在を知ったとき，私たちはどのような感情をもつでしょうか。「黙秘権の行使は憲法上の権利であるから当然だ」と考える（感じる）人は，必ずしも多くないのではないでしょうか。

しかしながら，私たちが培ってきた社会生活上のモラルや常識などに反するようなことであっても，それが憲法や法律に定められており，かつ，司法の場で基本的人権を保障していくためには重要であるならば，そのことを胸に落ちる形で理解することができるかどうかが，「公正な司法」という理念について本当に理解できたかどうかを測るひとつのポイントではないかと思われます。そして，それに成功している授業実践は，残念ながら多くないと思われます[19]。

2.3 民主主義の原理と司法の関係をどう扱うか

前項の課題と関連して，司法について授業で扱う際には，民主主義の原理とは異なる，司法特有の原理についても児童・生徒の理解を促す必要があります。

---

*19　えん罪に関する授業実践はこれまでにもたくさんあり，そのような授業を受けた児童・生徒の多くは，ある程度，適正手続の理念について理解することができるようになっていることがうかがえます。ただそれは，えん罪の被害当事者が，無実であるにもかかわらず受けざるをえなかった苦難などに対する共感を基礎にしたものである疑いがあります。しかしながら，たとえば，実体的には真犯人である被疑者・被告人について，捜査のあり方について適正手続主義に照らして問題点を指摘し，無罪とした判決（たとえば，2017年3月24日鹿児島地方裁判所加治木支部判決〔いわゆる「なりすまし捜査無罪判決」〕）について，その結論や理由づけを適切だと考えるのは，法学を専門的に学んだ経験をもたない人にとっては極めて困難であるように思われます。本章の筆者は，実体的には真犯人であったとしても，手続の適正が欠ける場合には無罪の判決が出されうるということを胸に落ちる形で理解できるかどうかが，適正手続主義を理解したかどうかを図るメルクマールと考えています。この点に関連して，「なりすまし捜査無罪判決」を用いた授業実践について，渡邊弘（2018）：「憲法を学ぶ生徒・学生の弱点？―憲法教育・法教育は何をなすべきか」，『民主主義教育21』vol.12，p.77以下を参照してください。なお，当該事件の判決本文は裁判所ウェブサイトで読めます（http://www.courts.go.jp/app/files/hanrei_jp/677/086677_hanrei.pdf）（2019年9月14日閲覧・確認）。

樋口は，あるべき裁判官像をめぐって行われた小田中聰樹との論争（一般に「裁判官像論争」と呼ばれます）の中で，「司法の役割は，もともと，少数者の利益を――『政治的多数派』に対してはもちろん，『社会的多数者』に対しても――擁護するところにあったのではないか」，「刑事司法でいえば，『社会的多数者』の正義感情を侵し，その指弾や憎悪を招いてもなお，被告人に十分な防禦の機会を保障するのが，裁判官のなすべきことであろう」と述べています[*20]。また，兼子は裁判法に関するテキストの中で「民主法治国家における司法の使命が……（中略）……多数意思の圧力による少数者の自由の窒息に対する安全弁であり，また国政の極端な偏向に対する調節器の役を果たすことにあるとすれば，裁判所の組織に立法部や行政部と同じような多数意思がはたらくことに危険が感じられる」，「逆説的になるが，司法までが民主化しないところに合理的な民主主義の運用があるといえよう」と述べています[*21]。

法教育では，児童・生徒がその発達段階に見合った水準で，本章2.1で参照した『テキストブック わたしたちと法』の示すような「知的道具」についての理解を深め，それを自ら運用しうる能力を身に付けさせることが目標のひとつとなります。しかしながら，現実の社会における意思決定が，そのような「知的道具」を十分に活用した形でなされるとは限りません。

私たちが民主主義的な意思決定のための制度を構築しえたとしても，具体的なひとつひとつの意思決定にあたって誤りを犯さないという保証はありません。民主主義的な意思決定においては，決定に至るまでのプロセスにおいて十分な議論を尽くしたとしても，最終的には，多くの場合に多数決という方法がとられることになります。そうだとすると，少数者の利益や権利を損なうような意思決定がなされる危険性は常に存在するということになります。とりわけその少数者が，刑事事件の被疑者・被告人のように，「『社会的多数者』の正義感情を侵し，その指弾や憎悪を招いて」いる場合にはなおさらです。

したがって，ある種の意思決定を行う場合には，私たちが犯しかねない

***20** 樋口陽一（1980）：「『政治的多数派』および『社会的多数者』と裁判官―小田中聰樹氏からの批評に触発されて」，『社会科学の方法』13巻8号，p.15。

***21** 兼子一・竹下守夫（2002）：『裁判法〔第4版〕』第2刷（補訂），有斐閣，p.24。

このような誤りを防ぐために，あえて民衆の意思から（相対的に）切り離された機関――たとえば裁判所――に判断を委ねるというのが，近代以降の立憲主義国家が生み出した叡知です。基本的人権が，人間である限り誰に対しても――たとえば，政治的少数派や社会的少数者に対しても――保障されるべきものである以上，その保障を実現するためのシステムのひとつとしての司法制度は，樋口や兼子がいうように，近代以降の立憲主義国家では極めて重要な役割を果たすことになります。法教育では，このような「安全弁」としての司法の機能についても理解させたいものです。

3　司法に関する法教育実践の課題

以上の検討をふまえて，以下，司法に関する法教育実践の課題について２点に絞って見ておきたいと思います。

3.1　人権論と司法（制度）論の切断とその克服

第１に，中学校社会科公民的分野や高校公民科「現代社会」「政治・経済」の教科書，そしてそれに従って行われる授業の構成にかかわる課題を指摘しておきたいと思います。

これまでの教科書においては，基本的人権に関する記述とそれを保障するために重要な役割を果たす裁判（ないしは，裁判所）に関する記述が，場所としても内容的にも切り離されてしまっています。多くの教科書では，基本的人権に関して説明が行われたあと，統治機構について，日本国憲法の章立ての順にならって国会・内閣・裁判所の順で構成されています[*22]。

しかし，憲法の学習における人権論と統治機構論の関係については，法学研究者からは従前より重要な指摘がなされてきました。たとえば，奥平康弘は，「統治構造」と「人権」の「二元論は，憲法上期待しうる有効な権利保障システムへの思考を，かなりの程度において鈍らせるのに与ってきたのではあるまいか」とし，「現代の『権利』の多くは――単に妨害排除請

---

*22　以前の教科書の中には，先に置かれている基本的人権の単元において人身の自由を扱う際にえん罪からの救済についての説明をしているため，再審制度についての記述が三審制についての記述よりも前にあるというような，転倒した構成になってしまっているものさえありました。渡邊（1999），p.16参照。

求権たる性質のいわゆる自由権も含めて――統治構造内の制度と結合してのみ機能しうるといっても過言ではない。『統治構造』と『人権保障』とは，相互作用的（interactive）でなければなるまい」と述べています[*23]。

また，竹下は，ほかならぬ裁判を受ける権利と裁判制度との関係について次のように述べています。「一見すると，裁判を受ける権利の保障は，既に出来上がった裁判制度の存在を前提とし，その制度の枠内で裁判を受ける権利を認めたもののように思われるが，憲法32条は，裁判を受ける権利を保障するに相応しい内実を持った裁判制度の構築を要求するものであり，その意味で，裁判を受ける権利の保障は，国に対しそのような内実を持った裁判制度を整備し，それを通じて国民に司法的救済を与える義務を負わせるものと考えねばならない」[*24]。このように考えてくると，裁判を受ける権利が，ある特定の内容をもつ裁判制度を構築することを国家に対して要求することとなり，ここでも人権論と統治機構論を截然と分けてしまうような学習のあり方の問題性は明らかでしょう。

このように，基本的人権に関する記述と司法に関する記述が離れてしまっているこれまでの多くの教科書では――そしてそのような構成に従って組み立てられた授業では――司法に関する法教育を，第２章・第３章で示したような「法意識⟷法規範⟷法制度」という３つの要素の相互連関に基づく動的に変化・発展するものとしてとらえさせることが難しくなるのです。憲法を平板で静態的なものとして描き出し，その結果，そのような教科書や授業は，市民が自分のために人権を主張し司法を利用する，という主体的観点から学ぶことを妨げ，基本的人権の意義や，裁判所をはじめとする司法に関する諸システムが人権保障・権利確保・紛争解決に果たすべき役割をとらえられなくしてしまいます。さらには，授業で児童・生徒自身が，現状の司法がはらむ課題や問題点について考え，それを改善していくための法解釈や法政策にまで踏み込んだ提案をするといった営みを行うことも期待することができなくなります。

この点に関連して播磨は，憲法の条文が一定の歴史段階において生成し，

---

*23　杉原も，人権に関する学習と統治機構に関する学習を相互に関連づけて行うべきであるという主張をしています。杉原泰雄（1987）：『憲法I　憲法総論』，有斐閣，p.iv。

*24　兼子一・竹下守夫（2002）：『裁判法〔第4版〕』第2刷（補訂），有斐閣，pp.146。

その内容が現実の社会において実現されるまでの過程と，従前の憲法教育のあり方（播磨はこれを「憲法条文中心主義的教育方法」と呼んでいます）の関係について，下図を用いて説明しています[*25]。

図6　憲法条文とその内容が現実社会で実現されるまでのプロセスと憲法教育のあり方

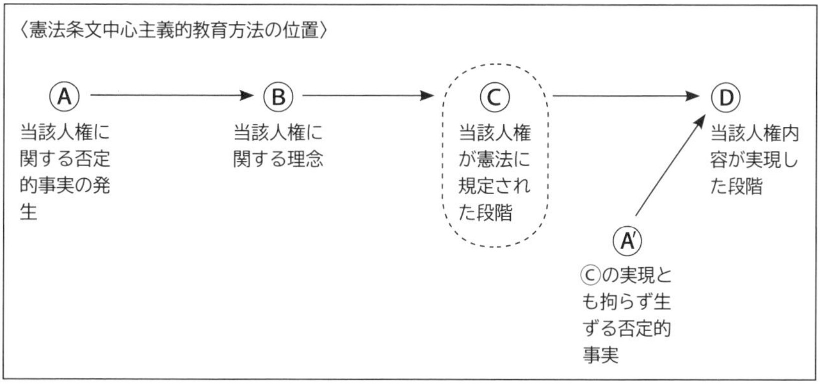

播磨（1988），p.33より転載。

播磨によれば，ある基本的人権が憲法に書き込まれている状態（Ⓒの段階）は，ⒶからⒷへという段階を経て作られるものです。しかし，それが憲法典に書き込まれた後（Ⓒの段階が実現した後）においても，現実にはその人権が保障されないという状態が生じえます（Ⓐ'）。そうだとすれば，そのような憲法典（Ⓒ）と現実（Ⓐ'）の乖離を解消し，憲法が定める人権を実際に実現する段階（Ⓓ）へと進めていくためには，なお，多くの人々の努力が必要とされるのです。そしてこのⒶ'からⒹへという変化をめざす人々の努力とその実現が，憲法の内容を豊かにしてきたのです。ところが，播磨のいう「憲法条文中心主義的教育方法」（＝播磨がこの論考を執筆した段階における一般的な憲法教育のあり方）では，Ⓒの段階のみしか教えられていないため，このような動的な発展過程をつかむことができないことになります。本章で扱っている司法に引きつけていえば，Ⓒの段階のみを教えるような憲法教育では，たとえば，司法制度を用いてⒸとⒶ'の乖離を解消することを求めている人々の営みに関する学習が抜け落ちかねませ

*25　播磨信義（1988）：「憲法条文中心主義的教育方法への疑問」，『生活教育』474号，p.33。

ん。加えて注意しておきたいのは，播磨がこの図で示した流れは，Ⓓを最終的なゴールとし，そこで終わるような直線的なものではなく，らせん的・上向的に発展していくものであることです（たとえば，「新しい人権」の生成と発展について考えてみてください）。

播磨が示したような憲法全体における動的な変化・発展の過程においても，司法（制度）は重要な役割を果たします。しかしながら，これまでの多くの教科書やそれに基づく授業がそうであったように，基本的人権に関する説明と司法に関するそれが截然と区分されてしまっていては，そうした動的な変化・発展をとらえることができません。

3.2 「参加」概念の難しさ——現状の制度を前提とした「参加」？

前項では，憲法全体の動的な変化・発展の過程と，その際に司法が果たす役割について見てきました。あらためて注意しておきたいのは，司法制度は制度に過ぎませんから，それを動かすためには個人（そして，相互連帯に基づくその集合体）の働きかけが必要になります。そこで本項では，司法に関する法教育において「参加」概念を扱う際の難しさについて考えたいと思います。

法務省の法教育研究会の設置とその報告書『はじめての法教育』に影響を与えた司法制度改革審議会意見書では，たとえば「国民の司法参加」を，統治主体としての「国民の責務」として描いているように思われます。意見書では，司法制度改革を「『この国のかたち』の再構築に関わる一連の諸改革（「政治改革，行政改革，地方分権推進，規制緩和等の経済構造改革等の諸々の改革」=引用者注）の『最後のかなめ』」として位置づけており，「これら諸々の改革の根底に共通して流れているのは，国民の一人ひとりが，統治客体意識から脱却し，自律的でかつ社会的責任を負った統治主体として，互いに協力しながら自由で公正な社会の構築に参画し，この国に豊かな創造性とエネルギーを取り戻そうとする志」の重要性を強調しています。

このような意見書の基本的な考え方からすれば，「国民の司法参加」を，「国民の権利」として構成するというよりも「国民の責務」と位置づけているのも無理はないといえましょう。そして，このような「参加」概念は，『はじめての法教育』の総論部分にも，たとえば「立憲民主主義社会の担い手として公共的な事柄に参加する責任感」[*26]といった言い回しに象徴されるように，大きな影響を与えています。

このような，責務としての「参加」概念に対しては，第1に，果たしてそれは民主主義的な実質をともなうものとなりうるのか，という点が問われなければなりません。また第2に，そのような責務としての「参加」は，人権保障に資するものとなりうるのか，という問題についても考えられなければならないでしょう。

一般的に「参加」という概念は，それだけで民主主義的な意義をもつものと考えられがちです。しかしながら，「参加」の対象となる制度のあり方や内容によっては，「参加」が民主主義的意義を現実に発揮するとは限りません。たとえば，選挙は国民の政治参加の典型的な形態のひとつですが，これが真に民主的なものとなるかどうかは，具体的な選挙法・選挙制度の設計のあり方に大きく影響されます。世界の歴史を振り返れば，独裁的な政権が自らの正統性を装うために行おうとした選挙に対して，それら政権への抵抗を行うさまざまな政治・社会運動の指導者たちが投票のボイコットを呼びかけた例は数多くあります。同様に司法制度についても，人権保障や公正な紛争解決といった目的を担保することができないようなしくみや運用がありうるという点に目配りした上で，現代日本の司法について授業で扱うことが必要だといえるでしょう。

このように見てくると，たとえば「国民の司法参加」の具体的なあり方のひとつとして導入された裁判員制度に関する授業についても，単に裁判員として「参加」するための知識や意欲の涵養だけが目的とされるべきではありません。授業で裁判員制度を取り扱う際には，その前提として，刑事司法に限らず司法のあり方全体をクリティカルな視点から学んでその課題を把握し，その上で，司法制度改革の一環として登場した裁判員制度がそれら問題点を解決するためのシステムのひとつとして適切なものか否か，とりわけ，現状の裁判員制度が被疑者・被告人の権利を保障しうる方向性のものとなっているかどうか，というところから検討させることが必要です[*27]。すなわち，既存の特定の制度を所与の前提とした上でそこへ「参加」

---

*26 法教育研究会 (2005)，p.12。

する能力をいかに身に付けていくのか，という観点のみから授業を構想するのではなく，既存の制度そのもののあり方やその制度が前提とする諸事実・諸理念にまで遡って学び考え，さらに，必要があれば新しい制度を自ら構想することができるような能力をも涵養することが重要となります。

4　本章の立場をふまえた授業構想の方向性
——裁判員制度教育を例として

以上の記述からも明らかなとおり，司法に関する法教育についての本章の立場は，①できるだけ「司法」の概念を広くとった上で，②その過程や内容についてできるだけ広範に取り扱い，③（たとえば立法や行政などや，あるいは他の社会的意思決定システムや社会運営システムとは異なる）司法特有の理念などの特徴を明確にした上で，④司法（制度）の規範的意味・意義のみでなく，制度の具体的なあり方やその運用実態，さらには，それを組み替え変化・発展させるような市民の営みまで含めて教え，考えさせようとするものです。

しかしながら，実際の教育実践においてこのような立場をつらぬくことには，さまざまな難しさや課題があります。それらのうちのいくつかについて，ここまでの記述との重複をいとわず，司法に関する法教育の中でも学習指導要領においてとくに取り上げられている「国民の司法参加」「裁判員制度」を扱ったこれまでの授業（以下，裁判員制度教育とする）から垣間見える課題に触れながら考えてみましょう[*28]。

第1に，これまでの裁判員制度教育では，裁判員選任の段階から公判，評議，そして第一審判決までといった，刑事司法のプロセスのうち途中のみを扱う傾向がありました（上記①②にかかわる課題）。このことは，刑事司法の全プロセスの中で生じる多様な課題について扱わない部分が多くある

***27**　これに関して渡邊弘（2008）：「新学習指導要領と法教育」，『民主主義教育21』vol.2，pp.39-42参照。

***28**　本章では紙幅の関係で，検討の対象とした裁判員制度教育について具体的に詳しく触れることができません。詳細な検討については，渡邊弘「初等中等教育における『市民の司法参加』教育のあるべき方向性」，『刑法雑誌』52巻1号，p.42以下，また，渡邊弘（2011）：「『国民の司法参加』『裁判員制度』の教育をめぐる課題」，憲法理論研究会編『憲法理論草書⑲ 政治変動と憲法理論』，敬文堂，p.153以下参照。

ことを意味します。たとえば，先にその重要性を強調した適正手続主義に関していえば，実際の刑事司法では，被疑者が起訴される前，つまり，捜査の段階においても（こそ）多くの課題が存在しますが，それらを扱う実践は，裁判員制度教育の中では必ずしも多くありません。このことは，基本的人権と（狭義の）司法（制度）とを截然と切り離して教える傾向と相まって，捜査段階の人権保障の重要性と，その保障を担保・回復すべき刑事司法制度全体の公正性との関係を見失わせることにつながりかねません。また，多くの裁判員制度教育では，評議とそれに基づく第一審判決までしか扱いませんから，そのような授業の中では，上訴の段階や再審の課題を扱うことも稀です。さらにいえば，有罪の判決が確定した後の行刑・矯正教育や社会復帰のプロセスや内容についても，裁判員制度教育においては扱われません。そうすると児童・生徒は，たとえば授業で模擬裁判員裁判を行い，模擬評議を行う場合でも，たとえば刑務所においてどのような矯正教育がなされているか，あるいは，受刑者がどのように社会復帰のステップを踏んでいくのかといった点についてまったく知らないまま，模擬裁判員裁判の素材となった模擬の事件の被告人について「懲役10年が適切だ」「いや，それでは短すぎてちゃんと反省できないから15年にすべきだ」といった類いの議論をすることになってしまいます。そこに法教育としての意義を見出すことは困難ではないでしょうか。前述①のとおり，できるだけ「司法」の概念を広くとろうとする本章の立場からすれば，少なくとも犯罪の発生・認知とその後の捜査に始まる刑事司法の全過程について学んでこそ（②），裁判員制度を含めた刑事司法の意義や課題について全面的な理解が可能になると考えますが，そのような裁判員制度教育は，管見の限りでは今のところほとんどありません。

第２に，裁判員制度教育の中には，裁判員制度に対して民主主義的な意義づけを行うものが見られます（上記③にかかわる課題）。その中には，（a）英米の陪審制の意義を引いてその根拠づけを行ったり，あるいは，（b）裁判の内容に裁判員の意思がなにがしか反映されることをもって選挙と同様の意義づけを行いうるとしたものもあります。しかしながら，（1）本章でここまで検討してきたとおり，そもそも司法という制度自体が民主主義の理念と相対的に切り離されたものとして構築されており，司法の存在意義のひとつもまたそこにあること，（2）裁判員法の立法過程に関する検討[*29]やその条文（とりわけ制度趣旨を示した第1条）の解釈の検討[*30]を通してみても，裁判員制度は，司法における民主主義的な意義や契機の（再）構築や強化を意図して設計されたと考えることが困難であることから，裁判員制度を扱う授業において，民主主義的な意味づけを裁判員制度に対して与えることについては慎重であるべきとも考えられます[*31]。

第3に，これまでの多くの裁判員制度教育には，児童・生徒が将来において裁判員として参加することを称揚・慫慂する傾向がありました。しかしそれは多くの場合，現状の裁判員制度のあり方を所与の前提として，そこへ参加していくための能力を涵養するという水準にとどまっています（上記④にかかわる課題）。そもそも裁判員制度の導入については，賛否両論の大きな議論があったはずです。その中には，裁判員としての参加を有権者に義務づけることの妥当性に関する論争もありました。本書刊行時点において裁判員制度は約10年の歴史をもつことになりますが，制度実施から時間を経るごとに，裁判員候補者としての裁判所からの呼び出しに応じない人が増えているという実態も報じられています。このように，裁判員制度の意義や有用性について市民の間で広く共通の認識が形成されていない可能性があると思われるような状況が存在する中で，学校の授業において，教師が裁判員としての参加を称揚・慫慂することは適切といえるでしょうか[*32]。むしろ授業においては，裁判員制度を支える理念やその意義

---

*29　柳瀬昇（2009）：『裁判員制度の立法学―討議民主主義理論に基づく国民の司法参加の意義の再構成』，日本評論社のうち，とくに裁判員法の立法過程について分析した部分を参照。

*30　池田修（2009）：『解説裁判員法〔第2版〕』，弘文堂，とくにp.4を参照。

*31　ただし，最高裁判所はいわゆる裁判員制度合憲判決（最大判平成23年11月16日，裁判所ウェブサイトhttp://www.courts.go.jp/app/files/hanrei_jp/769/081769_hanrei.pdf）において，裁判員「制度が国民主権の理念に沿って司法の国民的基盤の強化を図るものである」とし，「裁判員の職務等は，司法権の行使に対する国民の参加という点で参政権と同様の権限を国民に付与するものであ」るとしています。ただ，この点については、第4章4.3以下、ならびに本章2.3を参照。

*32　裁判員として参加することを称揚・慫慂することの問題点として，多くの学校に在学している外国人児童・生徒に関連する課題があります。現状の裁判員制度では，裁判員になるためには有権者名簿に掲載されることが求められますから，外国人児童・生徒については，日本国籍を取得しない限り裁判員に就任する資格がありません。そのような状況があるにもかかわらず，授業において教師が生徒に対して「皆さんも裁判員に選ばれるかもしれません。もし選ばれたらきちんと判断することができるようになりましょう」と呼びかけるようなことがあるとすれば，大きな問題です。

とともに，それをめぐるさまざまな課題をも教えることを通して，児童・生徒が主体的にそのあり方について考えを深め，国民の司法参加のあるべき方向性や具体的なよりよい制度設計を構想していくことが求められていると思います。

上記第１の課題は，学習指導要領に記された「国民の司法参加」「裁判員制度」という文言を字義通りに狭く固定的に解釈してしまったことによるものである可能性があります。また第２の課題は，それまで我が国には存在しなかった裁判員制度という新しいシステムの意義を理解する際に，（a）諸外国における類似の制度を参考にしながらなんとかしてそれを考えようとしたことや，（b）児童・生徒に理解させることが相対的には容易で，これまでの社会科・公民科教育の中でも一定の成果を上げてきた，選挙を中心とする民主主義的意思決定システムに関わる教育の方向へと，自覚的にか無自覚的にか傾斜したことによるものではないかと考えられます。さらに第３の課題は，「国家・社会の形成者」の育成という社会科・公民科教育全体の目標との関わりにおいて，「参加」概念のもつ課題や問題性を等閑視してしまったことが原因として挙げられるように思います。

《参考文献》

兼子一・竹下守夫（2002）：『裁判法〔第４版〕』第２刷（補訂），有斐閣.
田中成明（1990）：『法の考え方と用い方―現代法の役割』，大蔵省印刷局.
播磨信義（1988）：「憲法条文中心主義的教育方法への疑問」，『生活教育』474号.
渡邊弘（1999）：「司法・裁判システムに関する教育―高校での実践を踏まえて」，『自由と正義』50巻６号.
渡邊弘（2008）：「新学習指導要領と法教育」，『民主主義教育21』vol.2.
渡邊弘（2010）：「法を学ぶ者のための法教育入門」，『法学セミナー』55巻２号.
渡邊弘（2018）：「憲法を学ぶ生徒・学生の弱点？―憲法教育・法教育は何をなすべきか」，『民主主義教育21』vol.12.
Center for Civic Education／江口勇治監訳（2001）：『テキストブック わたしたちと法―権威，プライバシー，責任，そして正義』，現代人文社.

（渡邊 弘）

第7章

教育公務員に必要な法的な力

1　教育公務員を取り巻く状況の変化

教育公務員とは，地方公務員のうち，地方公共団体が設置する，幼稚園，小学校，中学校，義務教育学校，高等学校，中等教育学校，特別支援学校，大学及び高等専門学校(学校教育法第1条)，幼保連携型認定こども園の学長，校長（園長を含む)，教員及び部局長ならびに教育委員会の専門的教育職員をいいます(教育公務員特例法第2条)。

教育公務員の置かれている状況は，大きく変化しています。かつては，教育公務員は，児童・生徒に対し愛・情熱をもって接し，信頼関係を築き，人格的接触のなかで教育を行うべきだと考えられていたように思います。しかし，現在では，情報通信技術が進歩し，グローバル化が進んだ結果，価値観が多様化し，これまでの社会や地域で共有されてきた慣習や道徳が，必ずしも人々の判断基準・行動基準にならなくなってきました。これまで通用してきたような，地域の人々が共有してきた価値観では，円滑な社会生活が送れなくなってきています。

社会が，多様な人々の法的な権利の主張がぶつかり合う法化社会となっていくのと同時に，学校も，さまざまな利害が対立し，法的紛争が起こる現場となってきました。また，子どもの権利に関する意識も高まってきているように思われます。このような変化にともない，これまでの愛・情熱という考え方では，対応が難しくなってきました。

坂田(2015)は，「教育は，愛と情熱，そして信頼関係の中でこそ成立し，またそれに尽きる。昭和の時代，多くの生徒指導関係者が共有していた“信念”である。だが，平成の世を迎える頃から，この“信念”が揺らぎはじめた。子どもの権利ブームを受けてのことである。書店には，子どもの権利に関する書籍が堆く積まれ，校門を越えて，権利・自由の波が押し寄せてきた。生徒指導において，愛や情熱，信頼と言った情緒的なものではなく，法や権利・義務を意識せざるを得ない時代が到来したと言える」としています。かつての伝統的な愛と情熱を中心とした職人技としての「教師力」は，依然として教育にとって重要であることに変わりはありませんが，複雑化する社会の中で生ずる紛争を解決するには限界があり，とくに若い教育公務員は，思い悩むことも増えているようです。

問題になる事例は，学校事故(とくに，近年は「組体操」が注目されています)，体罰，いじめ，不登校，保護者対応と多岐にわたります。人と人，人と社会の間の取り決めが法なのですから，学校で起こるこのような問題を解決していくには，法的な視点は必ず必要であり，また，公平で公正な問題解決に役立つものと考えます。

2　教育公務員に必要な法的な力

2.1　市民に必要な法的な力

教育公務員といえども，この国を構成する市民の一人です。ですから，教育公務員も，法教育が目的としている市民としての力，法的なリテラシーを身に付けることが必要です。すなわち，①公正に事実を認識し，問題を多面的に考察する能力，②自分の意見を明確に述べ，また他人の主張を公正に理解しようとする姿勢・能力，③多様な意見を調整し，合意を形成したり，また，公平な第三者として判断を行ったりする能力(土井，2009)を備えてほしいということになります。

本書は，児童・生徒のこのような能力を育む教材が掲載されており，その内容を理解すれば，市民としての法的な力は十分に養われるのではないかと思われます。

2.2　将来の市民を育てる

教育公務員は，将来の主権者を育てることになります。

民主的で自由で公正な社会を築いていくためには，透明なルールに従って，紛争を解決していく自律的な市民を育てていく必要があります。児童・生徒にそのような法的なリテラシーを身に付けてもらうためには，当然，その力を教員が身に付けている必要があります。

また，学校という空間が，非民主的で，不透明なルールが横行し，不自由で不公正がまかり通っていたら，児童・生徒はその中で法的なリテラシーを身に付けることができるでしょうか。児童・生徒が学習し，成長していく場である学校を，それにふさわしい環境に整えていける人材が望まれているといえます。

学校内で，トラブルが起こったとき，まずは，①公正に事実を認識し，問題を多面的に考察する能力が重要になってきます。

たとえば，生徒ＡくんとＢくんがけんかをしている。急いで２人を引き離し，話を聞いてみたところ，２人の言い分は食い違っている。食い違ってよくわからないし，教員は中立の立場だから，どちらかに肩入れをするのはよくないので，よし２人ともお互いに「ごめんなさい」をさせて，握手をさせて仲直りだ。というような教員がこれまでの経験上いませんでしたか。このような対応で悔しい思いをしたことはないでしょうか。

まずは，できる限り事実を確認します。それは，なんとなく普段からＡくんは良い子で，Ｂくんは生意気だから，Ａくんを信用する，というようなことではありません。その場の客観的な証拠になるものはないでしょうか。周囲の子の目撃証言はないでしょうか。客観的な状況に，より合致する話をしているのは，どちらでしょうか。

その際，②他人の主張を公正に理解する必要があります。それぞれの生徒が真剣に訴えることであれば，じっくり聞きとることが重要です。何事かを正しく判断するためには，できるだけ多くの情報があったほうがよいだろうということもありますし，生徒たちに何らかの指導をするのなら，その前に十分な言い分を聞いてあげる必要があるでしょう。

また，たとえ大人から見れば取るに足らないと思える言い分であっても，真摯に耳を傾けることが，個人として尊重されているという実感を生徒にもたせることにつながるのだと思われます。

③多様な意見を調整し，合意を形成したり，また，公平な第三者として判断を行ったりする力は最後に発揮されることになります。異なる意見の２人の言い分を調整して，なんとか今後，けんかをしないようにやってい

く道筋をつけたり，十分な事実が確認できれば，「みんな仲良く」といった情緒的な判断ではなく，不当な行為をしたほうの生徒に謝罪をさせる，指導をするということも考えられるでしょう。

なお，いじめの場合などに顕著ですが，いじめた加害者側がそのことを認めていない場合でも，教員がその行為があったことを確信したなら，決定的な客観的証拠がなくても指導をすることを恐れすぎる必要はないと考えています。そうすることによって，子どもも守られますし，教員自身も，法的な責任追及から身を守ることになります。実際の裁判でも，裁判官は，被害者や目撃者と被告人の言い分が食い違ったとき，被害者や目撃者の証言がいかに信用できるか（一貫性，具体性・迫真性，供述者の利害関係，供述態度など）を検討した上で，信用できれば，客観的証拠が乏しくても被告人の言い分を排斥して有罪とすることがあるのです。

もちろん，教員は裁判官ではないですから，厳密に事実を確認し，悪い方を処罰する，損害賠償をさせるべきだ，といいたいわけではありません。今後も生徒たちとの関係は続いていくのですから，教育的な配慮をもって児童・生徒の成長を促していかなくてはなりません。また，逆に，あまりに重大な場合は，その場にいた教員のみで解決せず，しっかり警察等公的機関の関与を求めることが必要になるかもしれません。しかし，社会に出る準備をし，成長していく段階で，紛争が情緒的にしか解決されないのは問題があるでしょう。

2.3　教育公務員と権力

次に，公立学校の教員として，児童・生徒に対するとき，教員は，児童・生徒の人権や自由を制限する権力側の存在であることは十分理解されるべきです。

教員が権力を行使する側であるといわれることは，子どもたちの成長・発達のためによかれと思って授業や生活指導をしている教員にとっては，抵抗があることかもしれません。しかし，教員は，強制的に生徒・児童を教室にとどまらせ，授業を聞かせ，成績を評価し，生徒指導をし，ときには，懲戒をするという権力をもって児童・生徒の前に立つことになるのです。しかも，ルールをつくり，ルールを運用し，違反者を摘発し，違反者にペナルティを課すこともあるのですから，立法権，行政権，司法権を併せた強い権力をもっていることになります。教育の専門家である教員は，子どもの発達を見据えて，さまざまな指導をすることが予定されていますが，できる限り，個人の尊厳を基礎とする法の価値を損なわないようにすべきです。

現在，下着の色を指定する，体操服の下に下着を着けさせない，髪型を極端に制限するなどの理不尽な校則が話題となっています。厳しい校則の問題は以前からあり，バイク禁止，パーマ禁止，丸刈り強制など裁判で争われることもありました。例に挙げた３つはいずれも校則が違法とはされておらず（平成３年９月３日最高裁判決，平成８年７月18日最高裁判決，昭和60年11月13日熊本地裁判決），裁判例を見る限り，かなり厳しい校則を定めたところで，裁判で違法とされることはないともいえそうです。

しかし，未成熟な児童・生徒について，大人とは別のルールが必要なのはやむをえないことですが，児童・生徒も自由・権利を有する個人なのであって，その自由・権利を制限するのであれば，十分な理由が必要です。子どもの頃から，自由・権利をとくに理由もなく制限され，不自由に慣れたまま大人になったときに，自由を主張し，権利を勝ち取っていくような市民になるはずがありません。

このことが十分理解されていないと，人権教育を行うといっても，「いじめはいけない。思いやりの心を持とう」といった情緒的なものになって，国家からの自由を中心とした基本的人権が十分理解されない社会が形作られることになるのではないでしょうか。

３　教育公務員の法的責任

教員は，実際の社会の中に起きる法的紛争の当事者となる可能性も十分あります。学校や教員は，近時，児童・生徒や，保護者，地域などからさまざまな要求を受けています。学校で発生したトラブルについて，教員が当事者に直接対応しなければならない場面は必ず出てきますし，さらに進んで，裁判の当事者となってしまうこともありうるでしょう。

そこで，教員の法的責任について，触れておきます。

学校で起きる事故等について，教育公務員が責任を負うことがあるでしょうか。

学校事故の際の責任には，①刑事責任，②民事責任，③行政責任がありますが，ここでは，もっとも重要な②民事責任に絞って説明します。

学校で問題になる民事責任とは，行為者の故意・過失による行為によって，被害者に生じたけが等の被害について，その損害を回復するために，損害賠償をする責任をいいます。

教育公務員の場合は，ほとんどの場合，事故等の民事責任は，国家賠償法第1条に定められるとおり，学校設置者である自治体が負うことになります。この規定は，教育公務員に限らず，公務員に適用されるもので，公務員が与えた損害について，国や地方公共団体が，公務員個人に代わって賠償責任を負うものです（国又は公共団体の公権力の行使に当る公務員が，その職務を行うについて，故意又は過失によって違法に他人に損害を加えたときは，国又は公共団体が，これを賠償する責に任ずる。国家賠償法第1条第1項）。

「公権力の行使」にあたるかどうか，「職務」にあたるか等の要件が問題となることもありますが，公務員に故意・過失があるか，そして，公務員の行為と損害に因果関係があるかがとくに問題となります。故意とは，「わざと」と「そうなるかもしれないが，それでも構わないと思った場合（未必の故意）」，過失とは，注意義務に違反したことです。結果（無過失）責任を負うものではなく，子どもが学校でけがをしたら，すべて責任を負うというものではありません。注意義務というのは，結果を予見すべき義務（結果予見義務）があり，また，その予見に基づいて結果を回避すべきであったのにしなかった場合をいいます。安全配慮義務といわれるものも，概ね同じことをいっていると考えてよいでしょう（松本，2005）。

どのような場合に教員に過失があり，学校設置者が責任を負うか，はっきりしてほしいと思われるでしょうが，学校で起こる事故等はさまざまであり，わかりやすい基準を明示して線を引くことは容易ではありません。

さて，教員は，学校事故について，さまざまな判例を調べて，どのようなときに注意義務があり過失があるとされるのか知っているべきなのでしょうか。知っているのに越したことはありませんし，管理職は，代表的な裁判例は知っていたほうがよいかもしれません。

しかし，教員に求められているのは，そのような裁判例の知識ではありません。学校事故等で，被害者に損害賠償をしなければならない場合がある，その場合は支払うのは，現場の教員でも校長でもなく，学校設置者である自治体である，という法制度を知っておけば，教員がトラブルを一人で抱えても責任ある対応はとれないことがわかると思います。

できるだけ早く管理職に報告し，管理職や教育委員会が，できれば早い段階から弁護士に相談して，法的なトラブルの解決にあたるべきでしょう。弁護士に相談して「それは大したことではない」と言われても，それはそれでいいのです。紛争が激化して被害者や保護者が取り返しがつかないくらい激怒してから相談に来られても，弁護士も打つ手があまりなくなってしまいます。

坂田（2015）では，（管理職でない）教員が身に付けるべき法的素養は，「自らの教育的発想と法的思考との間にずれがありうることを意識し，事件事故発生時には，管理職を中心とした組織の一員として活動するという行動様式を獲得」することであり，「法的知識そのものというより，法律専門家のサポートが必要な場面であることに気づき，ともにチームを組んで効果的な連携ができるためのセンスあるいは技能」とされています。

4　法や法律家はなんでも解決してくれるか

一方で，これまで見てきたように法的な解決というのは，まず事実を証拠によって認定し，その後，法を当てはめ，紛争を解決します。そして，その解決は主に民事の損害賠償，つまり金銭での解決です。しかも，過去に起こったことを金銭で解決する，ということになります。子どもたちが生活していく学校での将来の問題を解決するのは，難しいということになります。

法的な視点は重要ですが，被害者側と学校（自治体側）が双方弁護士を立てて裁判をすればすべてうまくいくなどというつもりはありません。あくまで，これまでの学校の現場は，法的な視点が十分行き届いていなかったので，もう少しだけ，法的な見方を取り入れてほしいということなのです。

《参考文献》

坂田仰（2015）：坂田仰編著『生徒指導とスクール・コンプライアンス―法律・判例を理解し実践に活かす』，学事出版．

土井真一（2009）：「法教育の基本理念―自由で公正な社会の担い手の育成」，大村敦志・土井真一編著『法教育のめざすもの―その実践に向けて』，商事法務，pp.3-28．

松本美代子（2005）：松本美代子・田中早苗編著『Q＆A学校事故対策マニュアル―法的対応から危機管理・安全対策まで』，明石書店．

（村松 謙）

第2部

実践編

——教師の視点と教材づくり

第8章

法教育における社会的なルールづくり

本章では，子どもが法の社会的役割と法の動態的な構造を理解し，ルールの作成や見直しを行うことができるように，多様な人々がさまざまな目的で利用する公的な空間である公園を題材とした法教育の授業を示します。

1　社会的なルールづくりと法教育の関係性と教材

1.1　社会的なルールづくりと法教育の関係性

中学校の社会科（公民的分野）では現代社会の見方・考え方の単元において，対立から合意に向けて効率と公正という考え方をふまえたルールづくりの学習を行います。学習活動では，学校の部活動のグラウンドの配分やマンションの駐輪場の問題などを解決するためにルールを作成します。しかし，そこで学習するルールは，その学校に通っている集団，マンションの住民などの特定の人々だけが対象である部分社会にのみ適用されるものです。そのため狭い範囲で特定の当事者に限定される部分社会のルールと，国家という広い範囲で多様な当事者で構成される全体社会に適用される法とは異なる点があります。

北川が第３章で述べているように，ルールは個人規範と社会規範に分けられ，社会規範は法規範と文化規範に大別されます。代表的な文化規範である道徳と法規範の違いから，法の特質は「全体社会に適応され，そのため一般的・普遍的な内容である」などいくつかの点においてルールの特質との間に異なる側面がみられます。

そこで，不特定多数の人々が利用する公的な空間である公園を題材とした社会的なルールづくりの学習を法教育で扱います。公園は異なる年齢や性別，目的など利用者に多様性があります。それゆえ，ルールに関係する当事者が多様になり，対立状況もより複雑になるため，ルールの作成にあたって考慮しなければならない点が増えます。ルールに関わる当事者に多様性がある公園のルールは，学校やマンションなどの部分社会のみに適用されるルールと全体社会に適用される法規範の中間に位置し，かつ両者をつなぐルールづくりの学習といえます。

1.2　教育内容としての社会的なルールづくり

対立状況を解決し人々が合意できるルールをつくるためには，効率と公正という考え方を用います。しかし，ルールをつくる前提として，そもそもルールにはどのような社会的役割があるのかを理解する必要があります。ルールの社会的役割については，法の社会的役割としてまとめられているものを参考に整理します。北川は，第３章において法の社会的役割として①紛争の解決，利害対立の調整，②危険やリスクの禁止・排除，③社会全体の共通の利益・価値（公共性）の実現の３つを示しています。これら法の３つの社会的役割の関係性は，③の社会全体の共通利益（公共）や価値の実現という機能を基軸とした統合的な相互関係にあります。

1.3　社会的なルールづくりを動態的にとらえるための視点

舟引（2018）は「今日，すでに都市公園は，１人当たり都市公園面積も10㎡を超えている。欧米に比べれば低い水準であるとはいえ，人口減少を考えれば相当のストックがあると考えるのが適切である」と述べており，都市公園法の制定以降，公園の整備は進み量的には満たされているといえます。少子高齢化や地域社会の構成員の変化，自治体の財政難などの社会の変化とともに都市公園法も改正され続けています。

一方で，柳井（2018）は「個々の公園が有する維持管理や管理運営の側面での個別の課題」，「社会動向や公園の周辺地域の環境の変化により，公園に求められる機能が変化したことにより生じる課題」，「複数の公園の配置に起因して生じる課題」，「公園をマネジメントするための体制に係わる課題」の４点を挙げています。現在の公園の課題は，過去には課題とされていなかったものも含まれ，社会の変化によって公園の課題も変化し，時代によって特有の課題が生じていることを示しています。さらに，公園で

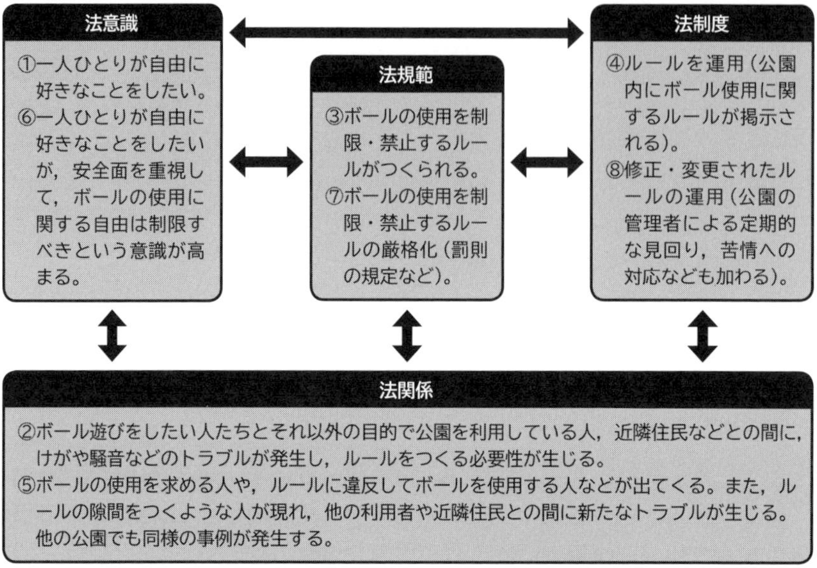

図8　公園でのボールの使用に関するルールと法の三要素の関係性

北川（2012），中平（2018）を参考に野嵜作成。

発生した事故について霊山（2013）は，近年の公園での事故の判例を分析し，「法的責任を画一的に判断するのは難しく，都市公園の立地や施設内容，事故発生時の経緯等がそれぞれ異なり，これまでの裁判例を参考にすると，『予見可能性』及び『注意義務』が主な争点になっている」と述べています。事故の責任の所在については事例ごとの具体的な状況から，個別・具体的に判断していく必要があります。一方，公園での自由な遊びに制限が増えている状況から，冒険遊び場（プレーパーク）[*1]は，自分の責任で自由に遊ぶことを理念とし，公園を自由に遊べる空間にしていく方向を示し，

---

*1　子ども自身が自分で創造していく遊び場で，廃材を使った小屋づくり，動物の飼育，植物の栽培，たき火や料理，穴掘りや木登りなどができます。自分のしたいことを，自分のやり方で，マイペースでできる遊び場です。地域住民によって支えられるものを基本とします。遊び場にはプレーリーダー（子どもの遊びを見守る大人）がいるのが特徴で，遊具を一緒につくる，施設の安全点検，利用者や地域の方々との対応，事故時の対応などを行います。大村（2005）を参照。なお，日本冒険遊び場づくり協会HPによると，冒険遊び場は現在，全国に292カ所あります（http://bouken-asobiba.org/play/）参照（最終閲覧日2019年8月1日）。

日本各地でそれぞれの場所に応じた活動を展開しています。

このように，都市公園法の改正，公園の役割や課題の変化，公園における事故の判例，冒険遊び場の取組みなどを見ると，人々の意識や社会の変化の影響を受けて，公園のあり方や利用方法などは変わり続けていることがわかります。また，それらの変化は現在の公園の利用に関するルールに直接的・間接的に影響を及ぼしています。しかし，人々の意識や社会の変化の中身も多様であり，ひとつの方向だけに進んでいるわけではありません。したがって，公園の利用に関するルールを考えていくには，多様な人々の意識や社会の変化や時間（現在だけでなく，過去や未来も）などを視野に入れるなど動態的な構造をとらえて検討する必要があります。

図8は，公園のルールの中でもとくにボールの使用に関するルールを例として，法の三要素の関係性を動態的に示したものです。はじめに，公園で一人ひとりが自由に好きなことをしたいという法意識が生まれます（**図8①**）。次に，法関係として，ボール遊びをしたい人たちとそれ以外の目的で公園を利用している人，近隣住民などとの間に，けがや騒音などのトラブルが発生し，ルールをつくる必要性が生じます（**図8②**）。そして，法規範としてボールの使用を制限・禁止するルールがつくられ（**図8③**），法制度として公園内にボールの使用に関するルールが掲示され，運用されます（**図8④**）。しかし，ボールの使用を求める人や，ルールに違反してボールを使用する人などが出てきます。また，ルールの隙間をつくような人が現れ，他の利用者や近隣住民との間に新たなトラブルが生じます。他の公園でも同様の事例が発生します（**図8⑤**）。すると，公園で一人ひとりが自由に好きなことをしたいという意識の中でも安全面がより重視され，ボールの使用に関する自由は制限すべきという意識が高まります（**図8⑥**）。そして，法規範として，罰則の規定が追加されたり，禁止されるボール遊びの種類が増えたりするなど，ボールの使用に関するルールがより厳しい内容に改正されます（**図8⑦**）。そして，改正された新たなルールが運用されます。その際，公園の管理者による定期的な見回りや苦情への対応の増加なども加わることも考えられます（**図8⑧**）。

このように，ボールの使用に関するルールを例に法の動態的な構造をとらえると，現在のルールを検討する際には，現状だけでなく，過去の経緯や今後の予測をふまえて，考えていく必要性が見えてきます。

なお，概念的枠組みについていえば，「対立と合意」，「効率と公正」を公園のルールづくりを通して理解させる授業展開が考えられます。

2　社会的なルールを動態的にとらえるための法教育授業開発

本教材は4時間の構成とします。公園の利用について，多様な人々の一人ひとりの自由を保障していくためのルールをつくるために法の社会的役割を理解するとともに，単元をつらぬく柱として，ルールが動態的なものであることを意識して授業を展開していきます。

第1時では，社会の変化に対応した都市公園法の改正の経緯と現在の公園の課題から，時代とともに公園の役割も変化し続けていることを学びます。そして，これまでの公園の変遷をふまえて，住宅街の中にある一般的な比較的小規模な公園をイメージした架空のX公園のルールをもとに，それらのルールが設定された理由や疑問点などを考えます。この学習を通して，法の「危険やリスクの禁止・排除」という社会的役割の理解につなげていきます。

第2時では，公園でのこれまでの自分の経験を振り返ります。そして，公園で発生した事故の裁判例をもとに，公園における事故についてさまざまな立場の法的な責任の所在について考えます。弁護士による解説を聞き，法的な知識や考え方を深めます。この学習を通して，法の「紛争の解決，利害対立の調整」という社会的役割の理解につなげていきます。

第3時では，全国に広がる冒険遊び場の活動を教材とします。実際に活動に関わる方をゲストティーチャーとして招き，冒険遊び場の運営のさまざまな工夫などを学びます。この遊び場は，子どもの自由な遊びを保障するとともに，利用者同士のつながりや地域住民，行政との連携によるものであることを理解することが大切です。たとえば，畑の手入れや遊具づくり，昔の遊び，火の使用などを子どもと大人が一緒に行う場面もあり，子どもだけの遊び場・居場所という目的だけでなく，子どもと大人といった異年齢が関わり合える場となっています。この活動を知ることで，注意や禁止に関するルールが多いという公園のイメージが変わり，子どもが公園の利用に関するルールについて，一人ひとりの自由を保障するためにつくっていくという意識をもつことができるでしょう。この活動に関わるルールや運営の工夫など学ぶことを通して，法の「社会全体の共通利益（公共）や価値の実現」という社会的役割の理解につなげていきます。

第４時では，多様な法の社会的役割と法の動態的な構造をふまえ，第１時で検討した架空のＸ公園のルールの改正案を考えます。授業後に子どものアイディアや改正案を地域の自治会や市の関係機関に提案し，子どもの社会参加にもつなげます。すぐに実現するのは難しいですが，子どもが考えたアイディアや改正案の一部が実際の公園のルールに取り入れられれば，法を動かす主体は一人ひとりの個人であることを子どもが実感することができ，その経験はさらなる社会参加へとつなげることができるでしょう。

3　まとめ

公的な空間である公園のルールは，学校やマンションなど当事者の範囲が限定された部分社会のルールと，多様な当事者が存在し国家全体を範囲とする全体社会のルールの中間に位置し，かつ両者をつなぐルールです。公園のルールを検討する際には，法の社会的役割と法が動態的なものであることを理解することで，子どもが多様な視点から現状のルールを検討し，よりよいものにつくり変えていくことができます。そして，公園を題材とした社会的なルールづくりの学習は，法の特質を理解することにつなげることができると考えられます。

なお，本単元で扱った判例について，望月（2005）は「ボールの使用を対象としていない施設において恒常的にボールが使用されていたにもかかわらず適切な措置を講じていなかった場合には，施設管理者の責任が生じる場合もあると考える」と述べています。そして，霊山（2013）は「時代とともに施設管理のあり方や子どもの安全確保に対する社会の考え方が変化しており，被害者救済の観点から施設管理者の責任が厳しく問われている傾向がある」と述べています。これらのことから，公園で事故が発生した際には施設管理者の責任が問われる場面が増えると考えられ，日頃の公園の状況から公園のルールは危険を排除するためのルールが前面に出ており，本来，前面に出るべき活動を促進するためのルールは背後に退いてしまっています。これには少子高齢化や公園周辺の環境の変化，労働者の勤務形態の多様化など社会のさまざまな変化により，人々が公園に対して安全を強く求めたり，声や音に敏感になり騒音としてとらえたりしていることなども影響しています。

ルールづくりの学習では，トラブルが起きないようにどのようなルールをつくるかだけでなく，社会全体の共通利益（公共）や価値の実現のためにどのようなルールをつくるのかを意識し，授業を実践していく必要があります。そして，ルールを検討していく際には，年齢や目的の異なる多様な人々が共存していく上で，話し合いやお互いの工夫によって自分や相手の考えが変容していく可能性を念頭に置き，柔軟に考えていくことが大切です。

《参考文献》

大村璋子（2005）：『自分の責任で自由に遊ぶ―遊び場づくりハンドブック』，ぎょうせい．

霊山明夫（2013）：「都市公園等における事故と裁判事例に関する調査」，日本公園緑地協会公園緑地研究所編『平成24年度公園緑地研究所調査研究報告』，日本公園緑地協会，pp.23-34.

舟引敏明（2018）：『都市公園制度論考都市公園法制度の構造と意義に関する考察』，デザインエッグ，p.104.

望月浩一郎（2005）：「公園でのキャッチボール中のボールが胸部に当たった心臓震盪死事故判決」，森川貞夫編『日本スポーツ法学会年報』第12号，エイデル研究所，pp.160-171.

柳井重人（2018）：「身近な公園のリノベーションをとらえる視点」，橘俊光編『公園緑地』第79巻2号，日本公園緑地協会，pp.5-8.

（野嵜雄太）

学習指導案――社会的なルールづくりに関する法教育

	学習内容	指導上の留意点	資料等
第1時	・法の社会的役割（危険やリスクの禁止・排除）を理解する。	・公園の過去，現在，未来など公園の状況を把握させる。「公園が量的に満たされたこと，少子高齢化などの社会の変化により，公園に求められる役割や課題も時代とともに変わり続けています。そして，都市公園法等も改正されています。」	WS1【1】
		・架空のＸ公園のルールを読み，それらのルールがつくられた理由や疑問点などを考えさせ，意見交換を行う。	WS1【2】
	・法の動態的な構造を理解する。	・Ｘ公園のルールの役割を考えさせる。	WS1【3】
第2時	・法の社会的役割（紛争の解決，利害対立の調整）を理解する。	・公園での自分の経験を振り返る。	
		・公園でのキャッチボール中の事故の裁判例を読ませる。	WS2【1】
		・裁判の争点と内容を把握し，子ども，保護者，行政（町）のそれぞれの責任を考えさせる。	WS2【2】
		・気がついたことをまとめさせる。	WS2【3】
		・弁護士の解説（本事例における法的な視点や近年の公園での事故の判例の紹介など）を聞き，気がついたことをまとめさせる。	WS2【4】
	・法の動態的な構造を理解する。	・当事者間ではなく，国家権力による紛争の解決という裁判や民法の役割を考えさせる。	WS2【5】
第3時	・法の社会的役割（社会全体の共通利益〔公共〕や価値の実現）を理解する。	・冒険遊び場（プレーパーク）のルールを読ませる。	WS3【1】
		・活動に関わっている方をゲストティーチャーとして教室に招き，説明を聞く。冒険遊び場（プレーパーク）の歴史，理念，活動の工夫，近隣住民との関係性，安全面への配慮，事故への対応，保険の加入，行政との連携，活動資金，プレーリーダーの役割，運営上の課題などを知る。	WS3【2】
	・法の動態的な構造を理解する。	・冒険遊び場（プレーパーク）のルールの役割を考えさせる。	WS3【3】
第4時	・法の社会的役割と法の動態的な構造をふまえたルールの見直し，新たなルールを作成する。	・１，２，３時に学んだことを振り返る。 ・第１時の架空のＸ公園のルールを検討し，ルールの改正案を作成させる。 ・クラス内で発表し，意見交換を行う。	

※授業後，市の公園課や地域の自治会に提案し，コメントをいただく。ルールを再検討する機会をつくり，修正する。

ワークシート１――社会的なルールづくりに関する法教育

WS 1　　　　　　　　　　　　　　　年　　組　名前（　　　　　　　　　）

【１】公園に求められる役割の変化をまとめましょう。

【２】X公園のルールを読み，考えましょう。

※この公園は住宅街の中にある比較的小規模な公園というイメージです。

X公園の看板に書かれている内容	このルールがつくられた理由	疑問に思うことは？
（１）大人の野球，サッカーは禁止です		
（２）近隣住民や他の利用者の迷惑となる行為はやめましょう		

【３】X公園のルールにはどのような役割があるのでしょうか？

ワークシート２――社会的なルールづくりに関する法教育

WS２　　　　　　　　　　　　　　　　　　　年　　組　名前（　　　　　　　　　　　　）

【１】公園での事故の内容，裁判の争点と判決を読みましょう。

◆事故の内容

2002年４月15日午後４時頃，小学校４年生の児童Ａと小学校４年生の児童Ｂは，友人らと共に，町立Ｙ公園南側のグランウンドで軟式野球ボール（Ｃ号球）を用いてキャッチボールをしていたが，同グラウンドで中学生がサッカーを始めたので，Ａらは同公園内北側に移動してキャッチボールを続けた。本件事故が発生した当時はＡがピッチャーとなり，東方に約17m離れたキャッチャーのＢを目がけて投球していた。Ｂの近くにはグローブジャングル，滑り台などの遊具があり，Ｃの妹のほか数名の小学生が滑り台などで遊んでいた。Ｃ（10歳）は，Ｂの右後方約1.5mの地点に立って妹らが遊ぶ滑り台を見るなどしていた。Ａが投げたボールがＣの方向にそれ，その直後に，Ｃは，うずくまるようにしてその場に倒れ込み，救急車で病院に搬送されたが，同日午後７時45分ころ死亡した。

◆争点と判決の内容

争点１　Ａの投げたボールがＣに当たったか　→　目撃証言などから，当たったと認定

争点２　Ｃの死因　→　３名の医師が鑑定。Ｃの死因を心臓震盪と認定

争点３　Ａ，Ｂの両親らの過失及びＣの死亡に対する責任の有無

→ボールがそれてＣら他人に当たることが十分に予見できた。

→Ａらは危険な状況でのキャッチボールを避けるべき注意義務があったのに，漫然とこれを怠った過失があるといわざるをえない。

→ボールがそれて他人に当たること，それによって死亡することもあることの予見可能性があった以上は，死亡の結果に対する責任も免れないというべき。

→小学校４年生といえども，力を込めて投げたボールが無防備の人の頭部や心臓部等に当たった場合に，その人が死亡することもありうることは，一般人にとっても十分に予見でき，その予見可能性がなかったとはいえない。

※望月浩一郎（2005）：「公園でのキャッチボール中のボールが胸部に当たった心臓震盪死事故判決」，森川貞夫編『日本スポーツ法学会年報　第12号』，エイデル研究所，pp.160-171を参照し，作成。

【２】判例から，法的な責任の所在をまとめましょう。

	Ａさん	Ｂさん	Ｃさん	Ａさんの保護者	Ｂさんの保護者	Ｃさんの保護者	行政（町）
責任の所在の有無（○or×）							

【３】この事故の判例について，気がついたことをまとめましょう。

【４】弁護士の先生の解説を聞き，気がついたことをまとめましょう。

【５】この事故の判例からわかる法（民法）にはどのような役割があるのでしょうか？

ワークシート３――社会的なルールづくりに関する法教育

WS３　　　　　　　　　　年　　組　名前（　　　　　　　　　　　　）

【１】冒険遊び場（プレーパーク）のルールを読みましょう。

「自分の責任で自由に遊ぶ」

プレーパークは公園での自由な遊びをめざして，区と地域の人たちとプレーリーダーとの協力で運営されています。ここの遊具は，区の公園課で作ったものではありません。子どもの欲求に応じてプレーリーダーやボランティアの人たちの手で作られていますので安全点検にはみんなの協力が必要です。気がついたことはプレーリーダーに知らせてください。子どもが公園で自由に遊ぶためには「事故は自分の責任」という考えが根本です。そうしないと禁止事項ばかりが多くなり，楽しい遊びができません。このプレーパークのモットーは「自分の責任で自由に遊ぶ」です。みんなの協力で楽しい遊び場を作りましょう！

※大村璋子（2005）：『自分の責任で自由に遊ぶ―遊び場づくりハンドブック』，ぎょうせい，に掲載されている写真から引用。

【２】冒険遊び場づくりに携わっている人の話を聞き，運営の工夫や課題をまとめましょう。

【３】冒険遊び場のルールには，どのような役割があるのでしょうか？

法律家の目 ルールの意味を考えよう

ルールがあるのは何のため？

人間は一人ひとり異なっています。異なる人が，それぞれ異なることを幸せだと考え，異なる方法で実現していきます。そのときに必要になるのがルールです。すべての人が願いどおりになればよいのですが，利害が衝突することがあるからです。ルールや法律は自分たちを束縛する堅苦しいものであるというイメージを抱きがちですが，異なる考え方をもつ人々が社会で快適に共生していくために必要なものであることを理解することが重要です。

本章では，第３章の法の社会的役割のうち，②危険やリスクの禁止・排除に重点があるルールづくりになっています。公園や学校のグラウンドなどでのボール遊びが原因の事故は現実に起こっており，なかには重大な結果が生じているものもあります。このような危険を排除するためには，できるだけ厳しいルールをつくり，守らなければ厳しい罰を科すという方向が考えられます。実際に，ボールの使用が全面禁止となっている公園もよく見かけます。また，社会でも，何か大きな事故や事件が起こると刑罰を引き上げよう，新しくこういう行為も犯罪にしようという議論が盛り上がっています。

しかし，事故の可能性でいえば，ボールを使わない鬼ごっこであっても，子ども同士がぶつかる等して重いけがを負うような事故が発生することもあります。あらゆる危険を防ごうと思えば，公園内は，散歩や雑談，座っての携帯ゲームぐらいしかできなくなるでしょう。あまりに息苦しいルールになってしまうと，多くの人々が快適に過ごせません。もともとたくさんの人が幸せを求め，快適に過ごすためのルールだったことを忘れないようにしなければなりません。

そのルールは大丈夫？

ルールは，私たちの生活を快適にするためにつくられるのですから，何かルールをつくればよいというのではなく，適切なルールでなくてはなりません。

適切なルールであるかどうかを評価するには，①手段の相当性＝目的を実現するために適切な手段か，個人の自由を必要以上に制限していないか，②明確性＝いろいろな解釈ができないか，③平等性（公正さ）＝立場が変わっても受け入れられるか，④手続の公平性＝ルールをつくる過程にみんなが参加していて問題はないか，といった基準を用いて判断します（法教育研究会，2005）。

また，つくったルールが事前に考えたのとは違う効果を発生させることもありますし，時間が経過すればルールが実態にそぐわなくなることもあります。そもそもルールは，みんなで考え，つくり直すこともできるものなのです。

《参考文献》法務省法教育研究会（2005）：『はじめての法教育－我が国における法教育の普及・発展を目指して』，ぎょうせい．

（村松 謙）

第9章

法教育における社会契約論の教育

近代民主主義政治の始まりとなった欧米の市民革命は，ロックやルソーの唱えた社会契約論を思想的な根拠として行われました。社会契約論の考え方は国民主権，民主主義政治の実現にとってもとても重要な考え方です。そこでこの章では，法教育の観点から見た社会契約論の重要性と，中学校社会科の教科指導において社会契約論を扱うことの意義について説明します。なお、本章については弁護士の視点（「法律家の目」）はありません。詳しい解説は第４章を参照してください。

1　社会契約論と法教育の関係性と教材

1.1　社会契約論と法教育の関係性

はじめに，法教育の観点から社会契約論を指導することの重要性について考えてみることにします。現代の国家は近代立憲主義の考え方によって成り立っています。この考え方は国民（国民の代表による議会）によって制定された憲法が国家の活動を拘束するという考え方で，17世紀から始まった欧米の市民革命によってつくられた立憲主義の考え方を発展させた考え方です。そして，立憲主義の考え方をつくり出した市民革命を理論的に支えた考え方こそが社会契約論です。第３章に述べられたことから考えると，社会契約論は国家と個人の関係を理論的，体系的に説明した考え方で，市民革命はそれを実現させたものといえます。このように考えると，社会契約論の内容についての理解をより深めさせることが法教育の視点からも重要なことだと考えられます。さらに，社会契約論は国家と個人の関係をとらえるためには法が重要な役割をもっていることを扱うので，法教育でも理解させることは重要であると考えられます。

法（法律，ルール，きまりなど）の役割を考えると，次の３点であると考えられます。すなわち，「紛争の解決，利害対立の調整」，「危険やリスクの禁止・排除」，「社会全体の共通利益（公共）や価値の実現」です。次に，法とルールやきまりとの違いについて第３章を参考に検討すると，「①制定と改廃—ルールやきまりは，“だれが，いつ，どのように”制定・改廃したか明白ではない“疑われざる規範”であるが，法は，公的な立法機関により，所定の手続にしたがって制定・改廃される規範である」，「②人間のとらえ方—ルールやきまりは必ずしも人間を対等・平等として扱うとは限らないが，法は原則としてすべての人間を対等・平等な存在として扱う」，「③適用範囲—ルールやきまりはそれを認める人々の部分社会で適用され，そのため特殊な内容であることが多いが，法は全体社会で適用され，そのため一般的・普遍的な内容である」，「④規律対象—ルールやきまりは必ずしも外的行為に限定されるわけではなく，外的行為や態度を理由にして内心も対象にすることがあるが，法はもっぱら個人の外的行為に限定される」，「⑤権利・義務の関係—ルールやきまりはもっぱら義務の体系であるが，法は原則として権利と義務が対応する体系である」，「⑥制裁方法—ルールやきまりは部分社会での心理的・経済的制裁によって支えられるが，法は国家権力が独占する物理的強制装置によって支えられる」という６点があります。この中でも，⑥の法だけが自由な国民に制裁や義務を課すことができることの根拠こそが，国家が国民相互で結んだ社会契約によって人権を守るためにつくられたものであるということにほかなりません。

1.2　教育内容としての社会契約論

そこで本章では，社会契約論と市民革命との関連を題材として社会契約論を指導する授業を構想したいと思います。まず，社会契約論と市民革命の関連について考えていきます。

第４章から，社会契約論の特徴は，次の３点ということになります。第１に，社会と国家の基礎に諸身分・集団ではなく，生まれながらにして自由で平等な個人を置き，政治の主体を自由・平等な個人へと転換させたことです。第２に，国家を，諸個人の自然権をよりよく保障するため，諸個人の相互の合意（契約）に基づいて設立された，人為的な構築物とし，国家の正当性の根拠を，諸個人の自然権の保障という国家の目的に求めたことです。第３に，国家の権力行使の範囲と内容は，諸個人の相互の合意＝契約によって限界（制限）づけられることです。とくに，第３の特徴から，国家の権力行使が，諸個人の自然権保障という契約内容から逸脱した場合には，そのような国家は正統性・正当性を失い，新しい国家に更新されるというロックの抵抗権が導き出されることになります。さらにいえば，国民と国家の間には国民を上位とする上下関係が存在することが考えられます。このような社会契約論を根拠にそれまでの絶対王政を倒した市民革命は正当化され，国民自身の手により新たに民主主義国家がつくられていきます。このように市民革命後につくられた近代民主主義国家では，社会契約論の考え方が人権宣言や憲法の中に生かされていきます。共通する内容としては，人権保障と国民主権が挙げられます。また，人権保障の具体的な方法として憲法を最高法規とするさまざまな法が国家によって制定されることと，権力集中による人権侵害を防ぐための制度として三権分立（権力分立）のしくみがとり入れられています。さらに，国民による直接選挙によって選ばれた国民の代表による議会によってつくられた法に基づいて政治が行われています。これは国民主権の考え方に基づいて行われているわけですが，この根拠も社会契約論の３つの特徴から導くことができます。

1.3　社会契約論を動態的にとらえるための視点

ここでは，社会契約論をめぐるさまざまな事象を，動態的にとらえることができるような法教育の授業を開発するために必要な視点を示していきます。

まず，市民革命が起こる前の絶対王政の時代を第２章で確認した法の三要素を通してとらえます。絶対王政の時代は王や貴族，一般民衆らは王が絶対的な権力を有するという社会の様子を当然とする法意識を有していました。そしてそのような王が絶対的な権力を有するという社会の様子を具体化する法制度が存在し，その制度を前提とした法関係が構築されていたといえます。さらにこの絶対王政の時代にも法規範は存在しましたが，そこで定められた法規範は王が自分の意のままに政治を行う上で必要な内容に過ぎなかったという点もとらえておく必要があります。

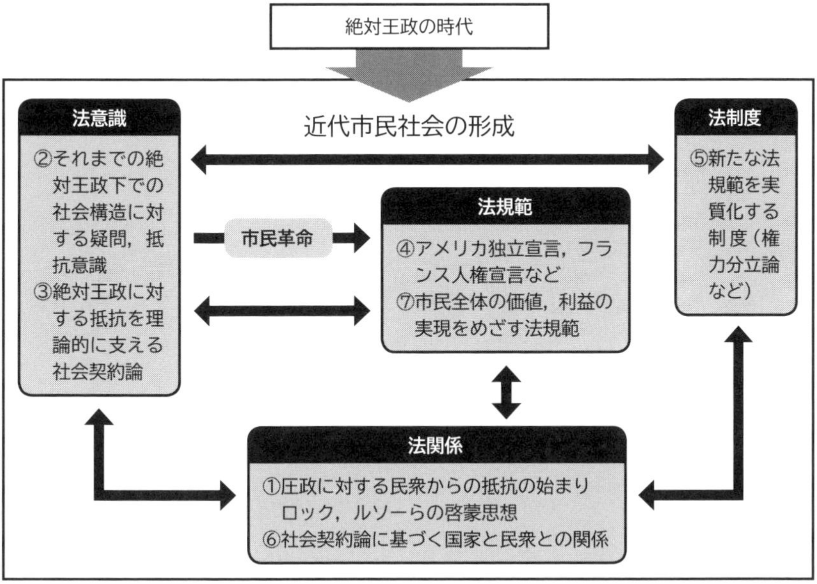

図9　社会契約論と法の三要素の関係

北川（2012），中平（2018）を参考に村上作成。

このような時代を経て，徐々に圧政に対する民衆からの抵抗が始まります。不平等な身分制度や厳しい経済状態の中で，それまで当然とされていた絶対王政下の法関係がほころびをみせていきます。またロック，ルソーらの啓蒙思想も社会の人々の間にだんだんと広まっていきます（**図9①**）。そして，それらの啓蒙思想を根拠として，それまでの絶対王政下での社会構造に対する疑問，抵抗意識が社会の人々の間に共有されていきます（**図9②**）。社会契約論は，このような人々の間に共有されていた疑問，抵抗意識を実現していくための理論的根拠であったといえます（**図9③**）。そして，社会契約論によって示された国家像をめざして市民革命が起こります。市民革命が成功した後，このような社会契約論を前提として，民主主義を中心とした新しい国家の規範となるアメリカ独立宣言やフランス人権宣言が制定されます（**図9④**）。さらに，このような新たに定められた規範を現実化したり，保障したりしていくための法制度が確立していきます。代表的な法制度としては議会と王による行政を分立させようとしたロックや，司法も含めた三権分立を唱えたモンテスキューの権力分立論に基づく国家制度が挙げられます（**図9**⑤）。以上のような流れを経て社会契約論という新たな考え方に基づく国家と市民との関係が構築されていきました（**図9**⑥）。

このようにして成立した市民社会においてはそれまでの絶対王政下でつくられていた法規範とは異なり，社会全体の価値，利益の実現をめざす法規範が定められるようになりました（**図9**⑦）。市民革命を経て誕生した社会契約論に基づく市民社会は，本書がめざす法を動態的にとらえる視点を用いて整理すると，こういった法意識，法規範，法制度が互いに影響を与えながら発展してきた社会であるといえます。

また，概念的枠組みについていえば，「対立と合意」，「効率と公正」が関係します。たとえば，どのような権利をいかにして実現するのかについて対立が生じる際に，各自の権利の一部を国家に委ね，国家の手により人権保障を実現し，公正な社会を形成しようという社会契約そのものが合意にあたります。

2　社会契約論を動態的にとらえるための法教育授業開発

ここでは，前述した社会解約論をめぐる社会的事象を動態的にとらえるための視点を用いて社会契約論について学ぶ学習指導案を説明します。

まず第1時では，市民革命によって新たに成立した社会と市民革命が起こる前の社会の様子を資料から読み取ります。社会の様子を読み取る際には，本書のめざす動態的に法をとらえる視点を生かした法教育の視点から，それぞれの社会を法意識，法規範，法制度の法の三要素からとらえることにします。法という視点をもって社会をとらえることで，社会の様子を読み取るための足場が明確になるとともに，社会契約論の考え方が徐々に社会の中で生成され，人々の間に浸透していった様子を理解することができます。なお，この指導案では，現代の社会の構造につながるという点に気づきやすくするために，歴史の流れとは逆に市民革命後の社会の様子を先に見るという授業の流れにしています。

第２時では，第１時で見た市民革命後と市民革命前の社会の様子をふまえて，それぞれの社会の違いを比較していきます。比較の際には，社会契約論の特徴を理解しやすくなるようにするために，政治の主体，権力行使の範囲の観点から比較するようにします。次に，このような社会の変化をもたらした市民革命の理論的根拠となった社会契約論についてその内容の特徴を考えます。契約という文言に表された，個人の自由な意思を前提にしている点や，自然権の保障という明確な目的がある合意である点などを理解できるように留意します。最後に自分の言葉でまとめを行うとともに，ホッブズ，ロック，ルソーの社会契約論にはそれぞれ少しずつ違いがある点にも触れるようにします。

3　まとめ

これまで述べてきたように，ロックやルソーが唱えた社会契約論は欧米の市民革命に大きな影響を与え，その市民革命によって近代国家の基本となる国民主権，議会制民主主義，人権保障の考え方が広まりました。これらは歴史上のできごととしてだけではなく，公民的分野で学習する民主主義政治の基礎となる考え方でもあります。

法教育というと，どちらかというと公民的分野での学習内容との関連が強いと思われますが，その基礎には社会契約論の考え方が大きく影響しています。このように考えると，歴史的分野の学習においてあえて社会契約論について学習をしておくことの重要性が再確認できます。

《参考文献》
黒田日出男ほか９名編著（2018年版）：「社会科 中学生の歴史」，帝国書院，2015年3月31日文部科学省検定済，2018年1月20日発行.
中村達也ほか21名編著（2019年版）：「中学社会　公民　ともに生きる」，教育出版，2015年3月31日文部科学省検定済，2019年1月20日発行.

（村上 揚・米倉 順）

学習指導案――社会契約論に関する法教育

	学習内容	指導上の留意点	資料等
第1時	・市民革命のおおまかな流れを理解する	「ヨーロッパやアメリカでの市民革命はどのような流れで起こったのだろう？」 ・これから学習していく市民革命について流れをおおまかにつかませる。	WS1【1】
	・市民革命後の社会の様子を理解する	「市民革命後の社会はどのような社会になったのだろう？」 ・市民革命に関わる文書や宣言，またその後の社会の様子を表す絵や文章等を見て，市民革命後の社会の様子を考えさせる。 ・市民革命後の社会の様子をとらえる際には，法意識，法規範，法制度に着目してとらえることができるようにする。 ・市民革命後の社会の構造が現代の社会の構造につながっていくことにも気づかせる。	WS1【2】
	・市民革命前の社会の様子を理解する	「市民革命前の社会はどのような社会だったのだろう？」 ・市民革命前の社会の様子を表す絵や文章等を見て，市民革命前の社会の様子を考えさせる。 ・市民革命後の社会の様子と比較ができるように，市民革命後の社会の様子をとらえるときと同様の，法意識，法規範，法制度に着目して様子をとらえることができるようにする。	WS1【3】
第2時	・市民革命後の社会と市民革命前の社会を比較してその違いを理解する	「市民革命前の社会と市民革命後の社会にはどのような違いがあるだろう？」 ・市民革命前の社会と市民革命後の社会を比較し，その違いを政治の主体，権力行使の範囲の観点から検討させる。 ・前時での社会の比較を生かしながらその相違点を検討できるようにする。	WS2【1】
	・市民革命後の社会と市民革命前の社会の違いを生み出した社会契約論の考え方を理解する	「社会契約論では，諸個人はどのような契約を結んだと考えるのだろう？」 ・社会契約論の特徴である，国家の正当性の根拠を，諸個人の自然権保障という国家の目的(存在理由)に求めたという点に気づけるようにする。	WS2【2】
	・社会契約論についてどのような社会像を示したものだったのか，自分の言葉で表現する	「社会契約論で示された社会像とはどのようなものだったのだろう？」 ・これまでの学習を生かして社会契約論の考え方を自分の言葉でまとめられるようにする。 ・意見の共有や発表を通して，考えを深めることができるようにする。 ・ホッブズ，ロック，ルソーらの思想家について確認し，それぞれが唱えた内容には違いがあることにもふれる。	WS2【3】

ワークシート１——社会契約論に関する法教育

WS1　　　　　　　　　　　　　　　　　年　　組　名前（　　　　　　　　　　　）

【１】市民革命に関わる歴史の流れを振り返りましょう。

イギリス	アメリカ	フランス
1642年　ピューリタン革命（清教徒革命） 1688年　名誉革命 1689年　権利の章典	1775年　独立戦争 1776年　独立宣言	1789年　バスチーユ牢獄襲撃 フランス革命 人権宣言 1804年　ナポレオンが皇帝に即位

【２】アメリカ独立宣言やフランス人権宣言，またそれらが出された後の時代の様子を示した資料（資料は省略）を参考にして，その時代の様子を読み取りましょう。

①人々は国家と国民の関係をどのようにとらえていたのでしょうか？

②市民革命の時代につくられた法はどのような社会をめざす内容だったのでしょうか？

③立法，行政，司法の関係はどのように規定されていったのでしょうか？

【３】市民革命が起きる前の社会の様子を示した資料（資料は省略）を参考にして，その時代の様子を読み取りましょう。

①人々は国家と国民の関係をどのようにとらえていたのでしょうか？

②市民革命前につくられた法は，誰がどのような目的で定めたのでしょうか？

③立法，行政，司法の力は誰が有していたのでしょうか？

ワークシート２――社会契約論に関する法教育

WS2　　　　　　　　　　　　　　　　　　年　　組　名前（　　　　　　　　　　　）

【１】市民革命後の社会と市民革命前の社会について，以下の点に着目してその違いをまとめてみましょう。

①国のあり方を決めたりするのは誰の権限でしょうか？

市民革命【前】　→　市民革命【後】

②国家が国民に対して命令できる内容（法規範の内容）は限界があるでしょうか？

市民革命【前】　→　市民革命【後】

【２】市民革命を理論的に支え，社会の変化をもたらした考え方のひとつが社会契約論です。社会契約論は，諸個人が自由な意思による合意（＝契約）を結んで社会・国家（政治社会，政府など）を設立したとします。

社会契約論では，諸個人はどのような内容の合意（＝契約）を結んだと考えられますか？

【３】市民革命後につくられる社会の設計図となった社会契約論が提示したのはどのような社会ということができますか？　自分の考えをまとめてみましょう。

第10章

法教育における立憲主義教育

本章では，立憲主義に関する法教育について考えていきます。立憲主義がどのような変遷をたどってきたのか，民主主義との関係性をいかにとらえるのか，とくに立憲主義はどのように実効性を確かなものにするために変容してきたのかについて考えていきます。最後に立憲主義に関する法教育について，憲法改正をもとにした具体的な学習事例を示します。

1　立憲主義と法教育の関係性と教材

1.1　立憲主義と法教育の関係性

立憲主義を簡単に説明すると，国家権力を制限して個人の人権を尊重し，その権利を確保し実質化するという考え方です。その法的な意義や歴史的な変遷などについては，第４章で述べたとおりです。その確保や，実質化の範囲や方法が時代を経て変遷してきました。立憲主義の目的としての人権の保障，そのための制度的枠組みの構築や変遷は，まさに法教育の根幹に関わる内容であると考えられます。法教育の定義から読み取ることができる目的は，第１章で述べたとおり，法の根底にある価値に関する教育，法的な考え方を身に付ける教育，それらをもとにした社会参加を意識づける教育という３つの目的が存在しています。その根幹である法の根底にある価値，つまり個人の人権を尊重することを実質化することに立憲主義の考え方が大きく関係しているからです。一方で，立憲主義のもつ国家権力の制限というもうひとつの側面についても，個人の人権を尊重するためという目的から離れることはできません。

ところで，国家権力の制限について第４章では，近代立憲主義の三層構造から整理しました。すなわち，第一層「個人の人権保障を目的とし，手段として国家権力の限定＝制限（国家からの自由）」，第二層「国民主権─民主主義に基づき，議会などの国民代表機関を中心とした国家権力の編成・行使という限定＝制限」，第三層「権力分立という各国家機関（立法府・行政府・司法府）の権限行使の限定＝制限」です。その第二層にある，議院内閣制の定着と参政権の拡大により，近代立憲主義は変容してきました。それは，行政府に対する立法府の優位性拡大による第二層の強化と，議会と政府の一体化の進行による第三層の機能低下です。さらにいえば，社会権の確立など第一層の拡大による国家による自由の定着と，その結果としての行政府の権力拡大が図られました。近代立憲主義の三層構造の実効性が低下し，ファシズムにより崩壊しました。

第二次世界大戦後，第一層は参政権の拡大を含む人権の実質化，第二層は参政権の徹底化などによる民主主義の発展などが起きました。そして第三層に関して，その実効性を回復するために違憲審査制が導入されました。なお，違憲審査制に関わる実際の制度は国家により異なります。違憲審査制は，民主主義との間で目的を同じにしつつも，その実行機関の民主的正当性と緊張関係とその機能自体に課題が存在します。つまり，民主主義は国民主権に基づき主権者の権利を実質化していくものですが，立憲主義はある意味でその主権を縛るという関係性があるのです。

以上のような立憲主義に関わる国家権力の制限に関する内容とその変遷は，個人の人権を尊重しその権利を実質化することを目的とすることからも法教育と強く関係します。それは，法教育の定義にあるような法的な価値に関する教育を根底に置き，それをもとに法的なものの考え方を身に付けさせることにより，国家や社会の形成に参加する意識を育むことになるからです。

なお，第９章で社会契約により国家が形成されていく動態的な過程は扱いましたので，本章では第４章の近代立憲主義以降の内容を中心に述べていきます。

1.2　教育内容としての立憲主義

近年，中学校・公民教科書には第４章でも示したとおり，立憲主義の記載があります。それ以前は，中学校・歴史教科書の中で“立憲”という語句が記載されてきました。歴史教科書の中の立憲主義は，明治時代に大日本帝国憲法の制定にともなう憲法や議会に基づいて行う立憲政治として記載されています（東京書籍，2018a）。もちろん，歴史教科書であるので欧米の市民革命についての記載がありますが，そこに近代立憲主義の記載はありません。

一方で，中学校・公民教科書の立憲主義には次のような記載があります。すなわち，「国の国家権力は強大で，国民の自由を縛ることができます。そこで，この政治権力から人権を守り，保障していくために，憲法によって政治権力を制限するという考えが生まれました。これを立憲主義といいます」です（東京書籍，2018b）。ここでは，近代立憲主義の第一層，第二層を読み取ることができます。また，同ページ内には三権分立の説明もあります。よって，第三層までが網羅されているのです。さらにいえば，自由権・平等権から社会権や参政権などの人権の拡大や，司法の分野では違憲審査権の内容も教科書の中には示されています。ただし，これらと立憲主義の変遷や，民主主義との緊張関係の間には断絶があります。なぜなら，教科書の中だけでは，それらの関係性について言及がなされていないからです。教師が立憲主義を理解することができれば，その変遷とともに授業を展開することができます。

1.3　立憲主義を動態的にとらえるための視点

本章では，先の近代立憲主義の三層構造とその変容を動態的にふまえ，その先まで議論する内容を考えていきたいと思います。先述のとおり近代立憲主義以降を扱います。よって，ここで示す内容は社会契約を扱う第9章とのつながりがあることを指摘しておきます。なお，本章では憲法改正について考察することを事例として示します。硬性憲法である日本国憲法ですが，その第96条では改正について記されています。2007年には憲法改正手続法が成立しています。西原・斎藤（2019）は憲法改正にともない，どのような内容であっても可能なのかについて，憲法学上の議論を示しています。すなわち，どのような内容の改正でも可能であるとする憲法改正無限界説，国民のもつ憲法改正権でもその基盤である国民主権原理の変更や近代立憲主義の根幹である基本的人権の原則については改正できないと

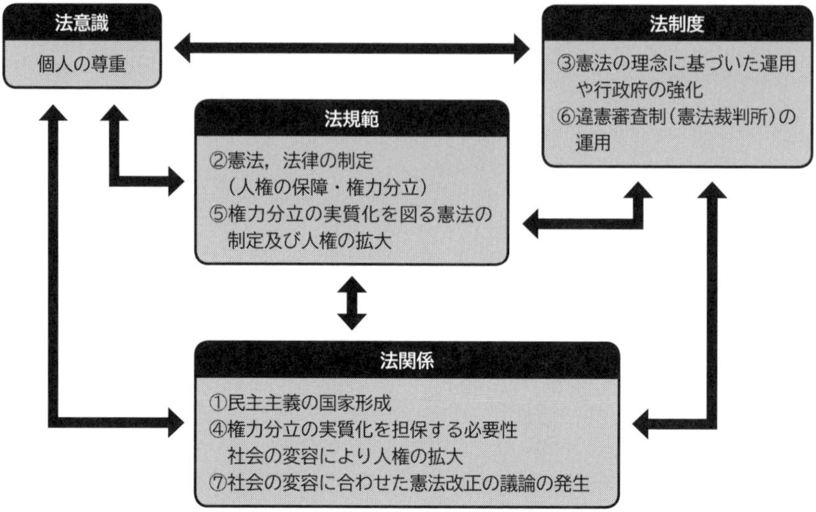

図10　立憲主義と法の三要素の関係

北川 (2012)，中平 (2018) を参考に中平作成。

する憲法改正限界説があります。このような内容が立憲主義の変遷にともなって議論できる教材を考えていきたいと思います。

まず，個人の尊重の実質化をめざす民主主義国家を成立させるために (**図10①**)，人権を実質化することを目的とし，手段として国家権力を制限し国家からの自由を担保すること (第一層) や，民主主義のひとつの形態として議会を形成すること (第二層)，さらに，権力を分立すること (第三層) を規定する憲法を制定します (**図10②**)。さらにその枠内で法律を制定します。いわゆる近代立憲主義の成立過程です。ところが，立法府と行政府の一体化により，行政府の権限が強化され (第二層の強化)，その影響で権力の分立 (第三層) が機能低下します。法律の執行や，行政の行為による人権侵害の可能性が高まるなどの近代立憲主義の変容が生じます (**図10③**)。その最悪の帰結として，ファシズムが起こり，近代立憲主義の全体構造が崩壊します。そこで，権力分立の実質化，さらには，社会の変容に関わり国家による自由 (社会権など) が求められるようになります (**図10④**)。それを受け，権力分立の実質化を図った憲法が成立します。日本国憲法はこの系譜にあります (**図10⑤**)。その中に，違憲審査制 (国によっては，憲法裁判所)

が成立し，運用されます（**図10⑥**）。この運用についてもさまざまな課題はありますが，ここでは触れません。もちろん，違憲審査制の運用をめぐる動態的な関係を描き出し，授業展開をすることも考えられます。

さて，立憲主義の変容をふまえた上で，選挙公約など政治的な場で聞かれることが増えた我が国における憲法改正の議論を題材とします（**図10⑦**）。そこで，考える足場を次のようにしたいと思います。国民の憲法改正権を定めた憲法第96条の規定，さらには2007年の憲法改正手続法などにより，着々と憲法改正への動きが進んでいます。では，憲法改正権は国民にありますが，何をどこまで変えることができるのでしょうか。つまり，先にも述べた西原・斎藤（2019）の憲法改正無限界説と憲法改正限界説を考える足場にしていきます。なお，学習指導要領に関わる概念的枠組みは，「対立と合意」，「効率と公正」，「民主主義」，「立憲主義」などが活用できます。

2　立憲主義を動態的にとらえるための法教育授業開発

立憲主義の変遷を動態的な法教育で展開し，さらにそこで学習した内容をふまえて憲法改正について考えるために２時間分の学習を計画します。学習の流れは次の通りです。

まず，第１時では導入として，日本国憲法に何が書かれているのかを確認します。ここでは，人権規定と統治機構の規定に大別されることを条文から確認します。その上で，本単元をつらぬく問いとして「憲法は誰に対する規定なのか」を提示し，本単元のはじめの段階での各自の考えをまとめさせます。次に，社会契約論の学習を復習しながら，国家の成立過程と，憲法の役割について確認します。ここでの憲法は日本にこだわるわけではありません。ここではとくに，近代立憲主義の憲法の特徴を３点にわたり確認します。すなわち，「人権の実質化の目的，国家権力の制限を手段としていること」，「民主主義のひとつの形態として国民の代表者からなる議会があること」，「権力の均衡と抑制のために，三権が分立していること」です。次に，展開１として三権分立の変容や，国家による自由の必要性が生じたことを扱います。さらに，ファシズムにより近代立憲主義の特徴が踏みにじられたことも歴史を復習しながら確認します。その上で，第二次世界大戦後の日本では，近代立憲主義の系譜に基づく憲法を作成したこと，さらに権力分立の実質化を図るために違憲審査制を取り入れたことを確認します。

第2時では，憲法改正について考えます。まず，国民の憲法改正権を定めた憲法第96条及び憲法改正手続法を確認します。その上で，これまでの立憲主義の系譜に関する学習をふまえて，憲法を改正するとした場合には何をどこまで変えることができるのかを考えます。憲法の根幹からすべてを変えることができるのか（憲法改正無限界説），近代立憲主義の系譜の根底にある価値である個人の尊重や民主主義などは変えることができないのか（憲法改正限界説），あるいは，現在の憲法に合わせて社会を変えるのかなどを，これまでの学習の成果をふまえて自分なりに理由とともに考えさせます。さらに，個人で考えた内容を発表し他者との間で共有します。

なお，執筆者の立場としては，近代立憲主義の系譜を大切にする憲法改正限界説に基づいています。なぜなら，個人の尊重を蔑ろにする憲法などは社会契約論の学習を経た国家の成立過程をふまえても導き出すことが考えられないためです。しかし，仮に憲法改正無限界説の立場をとる子どもがいたとしても，それを排除するのではなく議論のテーブルにのせたいと思います。その上で，なぜそのような考えになるのかを丁寧にほぐしながら聞き，個人の尊重の重要性を伝えたいと思います。現代社会を構成する法の根底にある価値は，これからの将来を形成する足場としては，子どもに教える必要があるからです。ただし，子どもの意思決定に対して強制的な変容は求めません。本単元の最後に，話し合いを経た憲法改正の限界に関わる考えを再整理させます。さらに，本単元のはじめの問いである「憲法は誰に対する規定なのか」を再び考えさせます。

3　まとめ

立憲主義は国家権力を制限して個人の人権を尊重し，その権利を確保し実質化するという考え方です。個人の人権のひろがり，そして実質化のための制度の変遷が社会の変化にともなって存在しました。その中には，権力分立や，個人の人権から派生する民主主義により形成された議会がありました。その議会あるいは政府の一体化により，個人の人権が確保されないこともありました。そこで，権力分立に変容が起こり日本では裁判所に違憲審査制をもたせました。しかしそれは，民主主義的正当性をもつ国民の代表者としての議会が決定した法律やそれにともなう行政行為などを，立憲主義の現代的な変容として裁判所の違憲審査制により制限するというものです。つまり，民主主義と立憲主義の緊張関係が存在するのです。しかし，立憲主義も民主主義もともに目的は個人の尊重，つまり人権の尊重にあります。その方法が，社会変化や過去の悲惨な歴史を繰り返さないために形を変えてきただけです。つまり，立憲主義は，民主主義をアクセルとしてとらえたときに，ブレーキの役目を果たすのです。あるいは，その逆の役割もあるのかもしれません。そのためにも民主主義を担う個人の育成が求められます。

今回，憲法改正にかかる議論ができるような学習指導案を作成しました。新しい社会を形成していくときには，先人たちが過去に何を考え，悩み，現在の社会を形成したのかをふまえなければならないと思います。そして，そのバトンを受け取った私たちが，現在の社会の課題をとらえ，考え，熟議し，未来へとバトンをつながなければなりません。そのような通時的な見方や考え方が大切であり，その教育のために動態的な法教育は有効であると考えられます。

《参考文献》

東京書籍（2018a）：坂上康俊・戸波江二・矢ケ崎典隆ほか49名『新編 新しい社会 歴史』，2015年3月31日検定済，2018年2月10日発行.

東京書籍（2018b）：坂上康俊・戸波江二・矢ケ崎典隆ほか49名『新編 新しい社会 公民』，2015年3月31日検定済，2018年2月10日発行.

西原博史・斎藤一久（2019）：『教職課程のための憲法入門〔第2版〕』，弘文堂.

（中平一義）

学習指導案——立憲主義に関する法教育

	学習内容	指導上の留意点	資料等
導入 20分	・憲法の意義とは何か ・本単元の問い ・憲法の変遷はどのようなものか	・憲法には何が書かれているのかを，条文を参照しながら考えさせる。 ○人権規定と，統治機構からなることを理解させる。 ・この単元を通して，「憲法は誰に対する規定なのか」を考えさせる。 ・社会契約論の学習をふまえ，国家の成立過程と憲法の役割について理解させる。 ○以下の近代立憲主義の憲法の特徴を確認する。 A「人権の実質化の目的，国家権力の制限を手段としていること」 B「民主主義のひとつの形態として国民の代表者からなる議会があること」 C「権力の均衡と抑制のために，三権が分立していること」	WS1【1】 WS1【2】
展開1 30分	・社会の変化による憲法の変容とは	・社会の変化により，三権分立のバランスが崩れたこと，新たな人権（社会権など）を憲法に明記する必要性が生じたことを，歴史的事象とともに理解させる。 ○議会と政府の一体化が進んだことを確認する。 ○ワイマール憲法では，社会権が規定されたことを確認する。 ○ファシズムにより，近代立憲主義の全体構造の崩壊が起きたことを歴史と関連させながら理解する。 ・戦後，日本の憲法は近代立憲主義の系譜にあり，さらに権力分立の実質化のために違憲審査制を取り入れたことを理解させる。	WS1【3】 WS1【4】
展開2 40分	・憲法改正について	・国民の憲法改正権を定めた憲法第96条の規定と，その具体的手続を定めた憲法改正手続法により，憲法改正に関する動きが進んでいることを理解させる。 ・これまでの学習を参考にして憲法を改正するとしたら，何をどこまで変えていいのかを理由とともに考えさせる。 ○時代や社会に合わなければすべて変えていい。 ○時代や社会に合わなければ変えていいが，近代立憲主義から大切にされてきた，憲法の根底にある価値は変えられない。 ○時代や社会を憲法に合うように変える。 ・お互いに発表しあい，考えを共有する。その際，同じ意見や違う意見について，どこが同じで，どこが違うのかを整理させる。	WS2【1】 WS2【2】
終末 10分	・本単元の問いをまとめる	・話し合いをふまえて憲法改正についての自分の考えをまとめさせる。 ・最後に本単元のはじめに示した「憲法は誰に対する規定なのか」についてまとめさせる。	WS2【3】 WS2【4】

ワークシート１――立憲主義に関する法教育

WS1　　　　　　　　　　　　　　　　　　　　年　　組　名前（　　　　　　　　　　　）

【１】日本国憲法の条文には何が書かれているのか考えてみましょう。

「　　　　　　　　　　　　　　」と「　　　　　　　　　　　　　」に大別される。

・この単元を通した問い「憲法とは誰に対する規定なのでしょうか？」

今のあなたの考え：

【２】これまでに学習した，社会契約論と憲法の成立過程の復習をします。

・憲法の目的は何でしたか，そのための手段は何でしたか？

A

・民主主義のひとつの形態として何を形成しましたか？

B

・国家権力が権力を集中しすぎないように何をしましたか？

C

【３】ファシズムはどのような考え方で，何をもたらしたのでしょうか？

これまでの考え方と何が異なるのか，上のＡ～Ｃと関連させて考えてみましょう。

【４】三権分立の実質化を図るために，日本国憲法にはどのような制度があるのでしょうか？

ワークシート２――立憲主義に関する法教育

WS2　　　　　　　　　　　　　　　　　　　　　　　　　年　　組　名前（　　　　　　　　　　　　　）

【１】日本国憲法を改正するとしたら何をどこまで変えるのか，これまでの学習を基にして考えましょう。次の中から自分の考えに近いものを選び，その理由を記してください。

憲法改正の範囲	理由
その時々の社会に合わなければすべて変えていい	
その時々の社会に合わなければ変えていいが，近代立憲主義から大切にされてきた，憲法の根底にある価値は変えられない	
その時々の社会を，憲法に合うように変える	
その他	

【２】お互いに考えたことを発表してみましょう。

憲法改正の範囲	意見の内容
他の人の意見 （自分の考えに近い人）	
他の人の意見 （自分の考えと異なる人）	

【３】他の人の意見を聞いた上で，憲法改正について自分の考えをまとめましょう。

【４】「憲法とは誰に対する規定なのでしょうか？」

法律家の目 憲法の役割を確認しよう

立憲主義って何だろう

立憲主義というのは，憲法によって，権力を制限し，個人の人権を尊重する考え方です。

憲法は，権力から個人の人権を守る働きをしているものですから，憲法を改正することによって，人権が侵害されやすくならないか，よく検討する必要があるでしょう。また，人権，憲法は，民主主義の中で，国民の中の多数者から少数者を守る働きがあることも忘れてはなりません。

憲法改正には十分な注意を

憲法は，主権者である国民が制定しました（憲法前文「日本国民は，……この憲法を確定する」）。

日本国民は主権者であり，そもそも憲法を制定する力があったのですから，国民がその気になれば，憲法をどのように変えるのも自由であるとも考えられます（憲法改正無限界説）。

しかし，憲法学の通説は，憲法改正には限界があるとしています。憲法第96条に規定されている憲法改正権は，憲法の制度の中に定められているものなので，改正によって憲法の基盤である国民主権原理を変更することができない，自然権思想に基づく人権保障の原理は変更できない，などといった説明がされています。

さて，憲法学で憲法改正に限界があるとされていても，実際に，憲法第96条の手続を使って限界を超える改正がなされてしまった場合はどうなるでしょう。

この場合，憲法改正に限界があるとする立場からは，その憲法改正は無効ということになるはずですが，事実上，新しい憲法が制定されたとして，有効として扱われることは十分考えられますし，誰が無効と判断するのかを考えると，憲法改正を覆すことは難しいのではないかと思われます。

憲法改正に限界があるかどうかという点も重要ですが，このことを通じて，憲法についてよく知り，考えることが重要です。

また，憲法上，憲法改正には，国民の承認が必要とされていますが，憲法改正手続法では，投票できるのは，18歳以上の日本国民に限られています。しかし，憲法の改正は，18歳未満の日本国民や将来の日本国民にも取り返すのが難しい大きな影響を及ぼしますので，現在の自分たちのことだけにとらわれずよく考えなければなりません。

最後に，憲法改正の際の国民投票は，性質上，主権者である国民しか投票できません。授業を行う際は，外国籍の生徒などに対する配慮は忘れてはならないと思います。

（村松 謙）

第11章

法教育における主権者教育

主権者教育は，国民主権を担うすべての子どもたちにとって重要となります。ここでは，社会的論争問題を教材に，最適解構築の際の考える足場として法教育の視点を生かした授業実践例を提示します。

1　法教育と主権者教育の関係性と教材

1.1　法教育と主権者教育の関係性

2015年に公職選挙法が改正され，18歳選挙権が成立しました。それにともない，現役の高校生が国政選挙に参加する時代となり，中等教育ではこれまで以上に主権者教育の必要性が叫ばれるようになりました。法改正当初は，高校生向けの主権者教育の教材が開発され，模擬選挙などを通して，主権者としての資質・能力の開発が早急に行われました。総務省・文部科学省（2015）などがその一例にあたります。本章では，そうした選挙権行使の方法を体験的に学ぶことではなく，子どもが社会問題に対して最適解を構築できるような主権者教育の方向性を提示したいと考えています。

ところで，主権者教育とはいったい何を指しているのでしょうか。ここでは，シティズンシップ教育との関係性で言及した総務省（2011）の定義を参考にします。総務省（2011）は，シティズンシップ教育を「社会の構成員としての市民が備えるべき市民性を育成するために行われる教育であり，集団への所属意識，権利の享受や責任・義務の履行，公的な事柄への関心や関与などを開発し，社会参加に必要な知識，技能，価値観を習得させる教育」と定義し，その中核をなすものが，「市民と政治との関わり」を扱う主権者教育と述べています。すなわち，市民性を育成することに主眼を置いた，より広い射程をもつシティズンシップ教育の中核を担う位置づけとして，市民が政治に関与するための資質・能力を育成するのが主権者教育だということです。この定義に基づいて本章では，主権者教育を「市民が政治に関与するための資質・能力を育成するための教育であり，その資質・能力とは，意見が分かれるような社会的論争問題に対して，市民として最適解を構築できる力」ととらえて教材を開発していきます。

では，主権者教育は法教育とどのように関わることが可能なのでしょうか。法教育が対象とする法が社会をとらえる際の基準（考える足場）であるならば，法を根拠に社会的論争問題への最適解構築を企図する内容こそが，主権者教育における法教育といえるでしょう。こうした法教育の視点を主権者教育に生かすことで，主権者教育の教材として用いられてきた模擬選挙や模擬議会，模擬裁判をより有意義なものとし，体験的な学習にとどまらない深い学びを可能とする主権者教育を展開できると考えます。

1.2　教育内容としての国際社会における日本の役割

本章では，中等教育後期のみならず，前期にあたる中学校段階からの主権者教育が必要と考えています。そこで，主権者教育を中核的に担う教科のひとつである社会科の公民的分野における教材開発を行います。

第１章の**表1-4**にある中学校社会科における法的資質に関わる内容のひとつとして，「日本国憲法の平和主義を基に，我が国の安全と防衛，国際貢献を含む国際社会における我が国の役割について多面的・多角的に考察，構想し，表現する」が挙げられています。本章では，この内容に関する動態的な法教育の授業を開発していきます。

現在の国際社会では，冷戦後の内戦や地域紛争が終結した後の各国国内の治安の改善，平和の定着と国づくりといった「平和構築」が喫緊の課題であると指摘されています（紀谷，2019）。2015年９月25日の国連総会で採択された「2030アジェンダ」では，SDGs（持続可能な開発目標）として17のゴールと169のターゲットが示されるなど，国際協力のあり方が問われています[*1]。2015年４月から2017年９月まで，南スーダンに日本国大使と

---

*1　高柳・大橋（2018）では，SDGsの意義を示しながら，その内容を批判的に検討し，SDGsが期待をするグローバルな国際協力のあり方，より広い社会や環境の問題への理解の促進，市民としての内外の諸課題への関わり方などに言及しています。

して駐在した紀谷昌彦は，「南スーダンは，今この世界で，この平和構築を実現するための課題と可能性を体現する国である」と述べています（紀谷，2019）。独立直後に不安定な政情となった南スーダンには，日本の自衛隊をはじめとするさまざまな組織が「平和構築」に携わっています。こうした事例をもとに，日本の国際貢献のあり方をめぐる最適解を考えることは，主権者として国際的な視野を備えた社会形成に関与できる個人の育成に大きく貢献できるものと考えます。

表11　南スーダンにおける日本（自衛隊・JICA・NGO）の主な国際貢献[*2]

自衛隊	JICA	NGO
・国連PKOの活動であるUNMISSに参加（2012年）。 ・UNMISSの活動として，ジュバ衝突後のUNハウス地区・トンピン地区における防護壁・退避壕の設置・強化作業（2016年）。 ・JICAが支援する職業訓練センターと連携した「さくらプロジェクト」を実施し，自動車整備・裁縫・コンピュータなどの科目を担当（2015年）。 ・ジュバ大学のグラウンド整備（2016年）。 ・自衛隊という枠を超えたUNMISS内の隊員による現地住民との文化・スポーツ交流。	・ナイル架橋事業，「フリーダム・ブリッジ」の建設（2015年）。 ・ジュバの上水道整備事業（2016のジュバ衝突により中断）。 ・ジュバ河川港整備事業（2015年）。 ・農業振興を目的とする「農業・灌漑マスタープラン」の実施（2015年）。 ・ジュバ職業訓練センターの支援（2006年）。 ・理数科教育の支援（2015年）。 ・税関支援（2011年）。 ・保健行政の基盤構築を目的とする保健人材育成（2009年）。 ・国営放送から公営放送への移行を目的とするメディア支援（2012年）。 ・スポーツによる平和構築支援（南スーダンの全国大会実施やオリンピック参加を支援）（2015年）。	・ピースウィンズ・ジャパンの水・衛生事業：ジュバ近郊の国連難民キャンプのトイレ設置や小学校での教育・啓発活動。 ・日本紛争予防センターによる和解支援：ジュバとその近郊におけるストリートチルドレンに対する啓発教育，若者に対する職業訓練，女性への暴力の被害者支援や生計向上を通じた予防活動など。 ・ワールド・ビジョン・ジャパンの教育支援：教育が行き届きにくい南スーダンの僻地にて学校施設の整備や政府職員・画工管理関係者・教員の研修による能力強化・連携推進（2015年）。

紀谷（2019），国際協力機構（2014，2016）を参考に室井作成。

*2　紀谷（2019）および国際協力機構（2014，2016）を参考。紀谷（2019）で紹介されている内容・順番で明記。年号のわかるものは年号を明記。南スーダン独立前に実施され，継続されている支援も明記しました。

南スーダン（首都：ジュバ）は，2011年７月にスーダンより独立を果たしました。しかしながら，冷戦後に地域紛争・内戦を経て独立を果たした国の多くがたどったように，南スーダンでも国内対立が深刻化し，各地で治安が悪化する運びとなりました。この南スーダンに対して，日本は自衛隊やJICA（国際協力機構），NGO（非政府組織）などの活動を通して，平和の定着と国づくりに貢献してきました（**表11**）。自衛隊の活動としては，2012年初頭，国連PKO（平和維持活動）のUNMISSとして約350名が派遣され，現地住民の安全確保やインフラ整備等の国際平和協力を行いました。JICAやNGOは，主に人道・開発支援の分野で成果をあげ，インフラ整備や制度・能力の構築，人材育成などで大きく貢献しました。

紀谷（2019）は，南スーダンの問題を南スーダン人自身が解決するためには日本のさらなる支援の継続が重要と述べています。一方，2013年の「政治危機」や2016年の「ジュバ衝突」等の影響もあり，海外渡航が制限され国際貢献が限定的なものになりつつあります。また，自衛隊の海外派遣をめぐっては，その賛否やあり方が議論されています。そこで，南スーダンにおける日本の国際貢献の現状を把握し，日本国憲法における平和主義や日本の外交三原則を「考える足場」として，今後の日本の国際貢献のあり方について，主権者として最適解が構築できるような授業を展開します。

1.3　国際社会における日本の役割を動態的にとらえるための視点

ここでは，国際社会における日本の役割について主権者として最適解を構築するために，動態的な法教育を志向する視点を，以下のように具現化します。

南スーダンの事例を本実践では取り扱っていますが，そこでの自衛隊やJICA（ODA），NGOなどの日本の国際貢献はなぜ，そしてどのように展開されているのでしょうか。第二次世界大戦の反省に基づき，平和を求める意識が大戦以前よりも強くなりました（**図11①**）。この平和を求める意識を明文化したのが日本国憲法であり，基本原則のひとつの平和主義であり，そこから導かれた日本の外交三原則が法規範としてあります（**図11②③**）。日本国憲法・平和主義・外交三原則の運用として，自衛隊が創設され活動してきました（**図11④**）。一方，日米関係の強化や冷戦，冷戦後の世

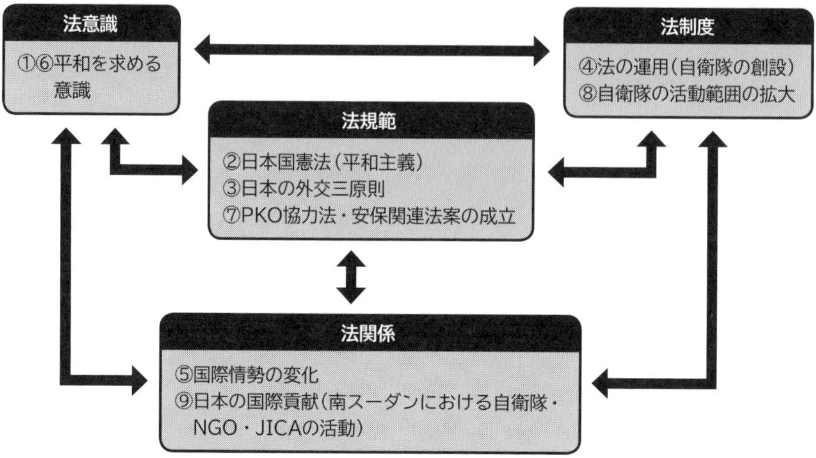

図11　国際社会における日本の役割と法の三要素の関係

北川（2012），中平（2018）を参考に室井作成。

界などの国際情勢の変化があり（**図11⑤**），人々の平和を求める意識も高まりと変容を見せます（**図11⑥**）。こうした国際情勢の変化を受け，PKO協力法の成立，安保関連法案の成立などの法規範ができました（**図11⑦**）。この法規範に基づいて自衛隊の活動範囲が拡大され（**図11⑧**），日本の国際貢献のあり方（本教材では自衛隊・JICA・NGOを取り扱う）も多様化してきました（**図11⑨**）。

こうした法のダイナミズムの中で展開されている日本の国際貢献のあり方について，南スーダンの事例から主権者としての最適解構築を企図するのが本教材です。考える足場としての法に日本の「外交三原則」，「平和主義」を置き，南スーダンにおける日本の国際貢献をふまえ，今後の日本の国際貢献のあり方を考察していきます。紀谷（2019）や高柳・大橋（2018），飯島（2019）などで指摘されている日本の国際貢献上の課題を解決する糸口として，法を考える足場とした主権者教育を展開していきます。

なお，ここでの概念的枠組みは，「対立と合意」，「効率と公正」，「協調」などが考えられます。

2　社会問題への最適解を構築するための主権者教育授業開発

今後の日本の国際貢献のあり方について，動態的な法教育を展開するために２時間分の学習を計画します。

第１時として，南スーダンの事例をもとに，日本の国際貢献の現状について学習します。まず，日本の外交三原則（多国間協力・国連重視・非軍事協力）の内容を理解させます。その上で，本単元をつらぬく問いである「軍事的な国際貢献をしなくても平和な世界を実現するにはどうしたらよいだろうか。国際社会において日本が果たすべき役割はどのようなものか」を提示し，学習の見通しを立てさせます。次に，南スーダンの現状として，「平和構築」を喫緊の課題としていることを理解させます。そして，南スーダンにおける日本の主な国際貢献について，自衛隊，ODAのJICAやNGOの活動などを整理します。

第２時として，日本の「外交三原則」や「平和主義」を考える足場として，南スーダンにおける日本の国際貢献を評価し，今後の日本の国際貢献のあり方を考えさせます。まず，「平和主義」について復習し，その中でも「平和的生存権」を取り上げ，端的に「平和の中で生活することができる権利」[*3]として理解させます。次に，日本の「外交三原則」，「平和主義」を考える足場として，南スーダンにおける日本の国際貢献を５段階で評価させ，評価理由を文章で整理させます。その後，本単元の問いである「軍事的な国際貢献をしなくても平和な世界を実現するにはどうしたらよいだろうか。国際社会において日本が果たすべき役割はどのようなものか」について，再度考えさせます。

こうした授業展開によって，日本の国際貢献上の課題を解決する糸口を提供する学習にもなり，なおかつ法を考える足場とした主権者としての最適解構築を企図する，動態的な法教育の視点を取り入れた主権者教育とし

---

*3　飯島（2019），pp.152-156は「平和主義」の内容を，「戦争の放棄」・「戦力」の不保持・「交戦権」の否認・平和的生存権の4つとしています。本教材は，中学校社会科を想定しているので，飯島の4分類の中でも「平和的生存権」を取り上げ，ワークシートでは，「平和の中で生活することができる」と簡略化して子どもの考える足場とします。

ての機能をもつ学習となります。

3　まとめ

18歳選挙権成立の前後には模擬選挙などを通じて，市民が政治とどのように関わるのかを体験的に学ぶ主権者教育がたくさん実践されました。こうした主権者教育は，選挙のシステムを体験的に理解し，付与された権利を意欲的に使いこなすことができる若者の育成に大きく貢献しました。今後は，より一層の中身の充実をめざし，社会をとらえる際の基準，すなわち法をもとにして最適解を構築する主権者教育が重要ではないでしょうか。なぜなら，既存の社会を批判的にとらえ，現行のシステムと現代社会にミスマッチが生じた際には社会の代替像を提案し，社会形成に関与できる個人の育成こそが，主権者教育の大きなねらいと考えられるからです。

《参考文献》

飯島滋明（2019）：「第11章『全世界の国民』が平和に生きるために—平和主義」，西原博史・斎藤一久『教職課程のための憲法入門〔第2版〕』，弘文堂.

紀谷昌彦（2019）：『南スーダンに平和をつくる—『オールジャパン』の国際貢献』，筑摩書房.

国際協力機構（2014）：『国際協力機構 年次報告書2014』.

国際協力機構（2016）：『国際協力機構 年次報告書2016』.

総務省（2011）：「社会に参加し，自ら考え，自ら判断する主権者を目指して—新たなステージ『主権者教育』へ」，総務省編『常時啓発事業のあり方等研究会最終報告書』.

総務省・文部科学省編（2015）：『私たちが拓く日本の未来—有権者として求められる力を身に付けるために—活用のための資料集』.

高柳彰夫・大橋正明（2018）：『SDGsを学ぶ—国際開発・国際協力入門』，法律文化社.

只野雅人（2006）：『憲法の基本原理から考える』，日本評論社.

長谷部恭男（2016）：「補章Ⅰ 攻撃される日本の立憲主義」，『憲法の理性〔増補新装版〕』，東京大学出版会.

（室井章太）

学習指導案――主権者教育に関する法教育

	学習内容	指導上の留意点	資料等
第1時	・日本の外交三原則とは何か	・日本の外交三原則を確認する。 ○多国間協力，国連重視，非軍事協力	WS1【1】
	・本単元の問い	・「軍事的な国際貢献をしなくても平和な世界を実現するにはどうしたらよいだろうか。国際社会において日本が果たすべき役割はどのようなものか」について考えさせる。	
	・南スーダンってどのような国だろうか	・南スーダンの現状を整理する。 ○2011年にスーダンから独立したアフリカ州に位置する国。首都ジュバ。人口は約1300万人。原油収入がある国。一方，国内で内戦や紛争が起こり，政情が不安定であり，治安も悪い。「平和構築」を喫緊の課題としていることなどを理解させる。	WS1【2】
	・南スーダンにおいて，日本はどのような国際貢献を果たしてきたのか	・南スーダンにおける「自衛隊」・「JICA（ODA）」・「NGO」の活動を整理する。 ○「自衛隊」：国際平和協力 ○「JICA（ODA）」：人道・開発支援 ○「NGO」：人道・開発支援	WS1【3】
第2時	・日本国憲法の「平和主義」について	・「平和主義」の内容は，「戦争の放棄」・「戦力の不保持」・「交戦権の否認」・「平和的生存権」の4つであることを確認し，その中でも「平和的生存権」の内容を端的に理解させる・ ○「平和的生存権」：平和の中で生活する権利	WS2【1】
	・南スーダンにおける日本の国際貢献について	・日本の「外交三原則」，「平和主義」をもとに5段階で評価させ，評価理由を文章で整理させる。 ○「自衛隊」：5・4・3・2・1（「外交三原則」／「平和主義」） ○「JICA（ODA）」：5・4・3・2・1（「外交三原則」／「平和主義」） ○「NGO」：5・4・3・2・1（「外交三原則」／「平和主義」）	WS2【2】 WS2【3】
	・本単元の問いをまとめる	◎「軍事的な国際貢献をしなくても平和な世界を実現するにはどうしたらよいだろうか。国際社会において日本が果たすべき役割はどのようなものか」について，文章でまとめさせる。	WS2【4】

ワークシート1——主権者教育に関する法教育

WS1　　　　　　　　　　　　　　　年　　組　名前（　　　　　　　　　）

【1】日本の外交三原則とは何でしょうか？　（1）～（3）に当てはまる語句を入れてみましょう。

（1）	世界各国との合意を大切にする。
（2）	国連による決定を重視する。
（3）	武力に頼らない貢献をめざす。

【2】アフリカ州に位置する「南スーダン」とはどのような国でしょうか？　下の表に整理してみましょう。

独立年（　　　　年）　首都（　　　　　　　　　　）　人口（　　　　　人）
現在の状況

【3】南スーダンで日本人はどのような支援をしているのでしょうか？　前回学習した「自衛隊」・「JICA（ODA）」※・「NGO」の主な活動を下の表に整理してみましょう。

	活動内容
自衛隊	
JICA（ODA）	
NGO	

※　ODAの活動である多国間援助と二国間援助のうち，二国間援助を実施しているのがJICA（国際協力機構）であるため，JICA（ODA）と表記している。

ワークシート２――主権者教育に関する法教育

WS2　　　　　　　　　　　　　　　　　　　　　　　年　　組　名前（　　　　　　　　　　　　　）

【1】「平和主義」の中身のひとつである「平和的生存権」とはどのようなものでしょうか？

平和的生存権	（内容）

【2】前回学習した日本の「外交三原則」・「平和的生存権の内容」をもとに，前回の授業でワークシートに整理した「自衛隊」・「JICA（ODA）」・「NGO」の主な活動をおのおの５段階で評価してみましょう。

（5：あてはまる，4：ややあてはまる，3：どちらともいえない，2：どちらかといえばあてはまる，1：あてはまらない）

	「外交三原則」 ５段階評価（○で囲む）	「平和的生存権の内容」 ５段階評価（○で囲む）
自衛隊	5・4・3・2・1	5・4・3・2・1
JICA（ODA）	5・4・3・2・1	5・4・3・2・1
NGO	5・4・3・2・1	5・4・3・2・1

【3】上の評価の理由を文章でまとめましょう。

【4】軍事的な国際貢献をしなくても平和な世界を実現するにはどうしたらよいでしょうか？
これまでの学習内容をふまえて，国際社会において日本が果たすべき役割について，自分の考えを文章でまとめてみましょう。

法律家の目　主権者として身に付けるべきこと

主権者教育と法教育

2015年に公職選挙法が改正され，選挙権を有する日本国民の年齢が18歳に引き下げられました。これに伴い主権者教育が注目されてきましたが，市民が社会に参加するために必要な能力を育てる点で，法教育，シティズンシップ教育，主権者教育は，用語は違えどあまり違いはないと考えています。

総務省・文部科学省編(2015)によると，主権者教育により生徒が身に付けることを期待される能力は，①論理的思考力（とりわけ根拠をもって主張し他者を説得する力），②現実社会の諸課題について多面的・多角的に考察し，公正に判断する力，③現実社会の諸課題を見出し，協働的に追究し解決（合意形成・意思決定）する力，④公共的な事柄に自ら参画しようとする意欲や態度，とされています。これは，第１章で述べた法的資質か、第７章で述べた法的なリテラシーとあまり差はないように思われます。

また，総務省・文部科学省編（2015）では，「政治の意義や制度に関する指導は，知識を暗記するような指導になっていないか」が問題となっていますが，選挙制度や政治制度についての知識は大変重要です。ただ，上記の能力を育て，主権者として適切な判断ができるようにするためには，これらの知識を平板に教えるのではなく，その目的に合致するように，メリハリをつけて教える必要があるでしょう。

また，制度に関する知識をもたなくては，制度自体を批判的に検討することもできなくなってしまうことも考えられます。

憲法との関係

「主権者といえども，個人の尊重（憲法13条，教育基本法２条２号参照）という社会の基本価値を侵すことはできない」(宍戸，2016)ですし，憲法に従って政治を行う必要があります。ですから，憲法の学習は大変重要です。なぜ憲法が必要なのか，なぜ民主主義をとるのか，なぜ個人を尊重し人権を大切にするのかといったことを理解した上で，現実社会の諸課題などの学習に取り組む必要があります。

《参考文献》

総務省・文部科学省編（2015）：『私たちが拓く日本の未来ー有権者として求められる力を身に付けるためにー活用のための資料集』

宍戸常寿(2016)：『法教育から考える主権者教育ー主権者教育のあり方を探って』，第一学習社公民最新資料WEB版特集第１号（http://www.daiichi-g.co.jp/komin/info/siryo/29t/tuipdf29t.html）(最終閲覧日2019.８.31)

土井真一：「法教育シンポジウムin敦賀ー未来の主権者を育てるために」，基調講演「憲法教育・法教育の視点から考える主権者教育」(2016.1.30)

（村松 謙）

第12章

法教育における司法教育

テロや不審者に関するニュースが流れると，「未然に防止することはできなかったのか」とか，「そのためにはどんな方策が考えられるか」といったことが話題になります。教室では，「怪しい人物を警察が捕まえて隔離しておくべきだ」という声が上がることもあります。「怪しい人物ってどんな人ですか」と問いかけると，「武器が入っていそうな大きな袋を持っている」，「同じ道を何度もキョロキョロしながら歩いている」などという答えが返ってきます。「それだけで捕まえるのですか」と言うと，「だって見るからにヘンな人なんです」，「みんなが安心して町を歩けないじゃないですか」という具合です。

多くの住民にとっての安全・安心な町づくりのためには，特定の個人の自由・人権への配慮は霞んでしまうようです。子どもたちが発するこうした声に対して，私たちはどう対処したらよいでしょうか。またこれは，子どもたちの世界に限ったことではないかもしれません。本章ではそのための糸口として，法のしくみにおける司法の役割を適正手続の視点から扱う学習について提案します。

1　適正手続と法教育の関係性と教材

1.1　適正手続と法教育の関係性

法が正義を実現するためのきわめて権力的な装置であることから，その適用（執行）が恣意的になされないようにするため，適用にあたっては厳格な手続が必要とされます。そもそも，日本社会の伝統的な法文化には，形式や手続の軽視という特徴がありますが，「形式的正義」も「手続的正義」も，「実質的正義」を実現するために不可欠です（第３章）。正義に適った形式と手続によってこそ法は法として成立しうるのであり，したがって法教育では，法の内容だけでなく，形式や手続も当然に扱う必要があるのです。

本章で扱う適正手続は手続的正義のひとつですが，司法では，たとえ当事者の意思に反しても，判決の内容を権力によって強制できることもあり，適正手続がとくに要請されます。さらに民事と刑事を比較すると，法に明確に定められた内容を厳格に実行する必要がある刑事司法（第６章）にこそ，適正手続のはたらきを典型的に見ることができると考え，本章では刑事裁判での適正手続に焦点化して述べます。さらに，そこには後述するように，子どもたちの多くがもっている素朴な道徳観[*1]とは相容れないといったことをも射程として取り上げた教材化が求められます。法と道徳については，近代以降，法は道徳とは分離・独立して成立しますが，その内容は重なり合うものが多く，法の内容を道徳が下支えすることにもなっています（第３章）。その後の社会権や環境権の登場は，素朴な道徳感に根ざすもので，法と道徳の再結合の側面をもちます。

しかし一方で，ナチスドイツにおいて法と道徳を再結合させた側面が，民族固有の伝統秩序を重んじるスローガンによって法実務が振り回されていく事態を招いた事実があります。その犠牲者の救済にあたって，自然法の再生といわれるように，自由や人権，人間の尊厳，人道的原理など自然法的価値によったことも再結合の側面といえます。このように繊細な法と道徳の関係をも念頭に置きつつ，法の枠組みにあっては，法と道徳は決して一体とならないことや道徳が上位にくることはないことを理解できるように教材化する必要があるのです。

1.2　教育内容としての適正手続

適正手続に関する内容として，中学校社会科教科書や副教材には，司法権の独立，罪刑法定主義，民事裁判と刑事裁判の違い，三審制，令状主義，

***1**　本章では感覚的・感情的にごく当たり前のこととして，広く子どもたちに限らず社会一般に受け入れられている道徳感全般を素朴な道徳感と呼ぶこととします。たとえば，「正直に話す」，「嘘をつかない」，「約束を守る」など，通常，人間ならこのように行動すべきとする規範を打ち立てるものです。先述の自然法的価値とは，人間一般としてどうかという普遍性を求める点で一致しているかに見えますが，まったく異なるものです。さしあたりここでは，具体的行動を規定する点，例外を認めない点で異なるとしておきます。

黙秘権，公開裁判，証拠主義，推定無罪，裁判員制度などが登場します。このうちの黙秘権を例に説明します。

刑事裁判では，犯罪事実があったかどうかを認定する資料や根拠となる証拠をもとに評議が行われます。刑事事件の大部分は自白事件であり，被告人自身が認めた直接証拠として自白の証拠価値は非常に高いものとなります。そのため，自白をとるために強制や拷問が行われ，証拠として偏重するあまり誤判のおそれが大きくなります。そこで，自白の採取に無理が加わらないように証拠能力を制限し，さらに，誤判がないように，必ず補強証拠を要求するのです。これについて，日本国憲法第38条では「何人も，自己に不利益な供述を強要されない」や「強制，拷問若しくは脅迫による自白又は不当に長く抑留若しくは拘禁された後の自白は，これを証拠とすることができない」，「何人も，自己に不利益な唯一の証拠が本人の自白である場合には，有罪とされ，又は刑罰を科せられない」としています。これを受けて，刑事訴訟法第319条では「強制，拷問又は脅迫による自白，不当に長く抑留又は拘禁された後の自白その他任意にされたものでない疑いのある自白は，これを証拠とすることができない」と定めています。黙秘権をめぐっては，小学校での授業の事例から子どもたちにとって黙秘権を認める法の枠組みは，容易には理解しがたいとの指摘があります（第6章）。黙秘権を認めるためには，「正直であれ」といった素朴な道徳感による判断とは異なった正義を実現するための法的な理解に基づいた判断が必要となります。そのため，黙秘権を認めるのは当然だと自然に考えることは難しくなると考えられます。しかし第6章では，黙秘権について本当に胸に落ちる形で理解できることが，公正な司法という理念について理解できたかどうかのポイントとされ，それを成功させる授業実践が望まれています。さらに，生徒自身が，現状の司法がはらむ課題について考え，それを改善していくための法解釈や法政策まで踏み込んだ提案をすることも期待されています。

「正直であれ」といった素朴な道徳感だけに基づいて判断する子どもたちはおそらく，自らに不利なことは黙っていてよいとする黙秘権を認める現行の司法システムの方に大きな問題があると考えるでしょう。すると，黙秘権は廃止すべきであるという意見もごく自然に提起されかねません。

このように，素朴な道徳感とは相容れない判断を求められているので簡単に納得などできるはずはないのです。刑事司法を扱う場合には，こうした素朴な道徳感をいったん脇に置きつつも，現行の司法システムを支える法的な理念を共感的に理解し，その理解に基づいた法的な判断ができるような授業が望まれます。第6章における提起は無理難題に見えますが，法教育がどうしても乗り越えなければならない壁ともいえます。

本章ではその克服のため，適正手続を欠いた場合にはどのような困難が生じることになるか，過去や将来も視野に入れて考える動態的な学習に取り組みます。現行の司法システムを作り出すに至った歴史的な経緯をふまえて考えることで，素朴な道徳感も喚起しつつ人権保障の観点から現行の法規範・法制度を理解させます。そしてさらに，よりよい法規範・法制度を模索する授業を構築したいと思います。刑事司法は，最も厳しい制裁である刑罰によって保護することが適当であり，刑罰以外の手段によっては十分に保護できないような法益（法により保護されるべき利益：たとえば社会の安全）保護のための制度です。刑罰を用いることは，被疑者・被告人の人権を奪うことであり，誰もが被疑者・被告人となりうることを考えあわせれば，被疑者・被告人の人権を保障できない社会は安全な社会とはいえないことを理解させることをめざします。

1.3　適正手続を動態的にとらえるための法教育の視点

ここでは，適正手続に関わるさまざまな事象を，動態的につかみ取ることができるような法教育の授業を開発するために必要な視点を示していきます。ここでの社会的な見方・考え方を働かせる概念的枠組みは，「公正」，「個人の尊重」，「法の支配」をとくにあげておきます。

戦前までの我が国では，適正手続が軽視されていた法規範（**図12①**）の恣意的な運用（**図12②**）によって拷問が横行し，えん罪も多くあったことが明らかになっています（**図12③**）。こうした事実への反省（**図12③**）や将来同様の悲劇が起こるのではないかという不安（**図12④**）から，戦後，適正手続を必要とする法意識（**図12⑤**）により，適正手続を定めた憲法や刑事訴訟法などの法規範が制定されました（**図12⑥**）。それにより適正手続に則った運用

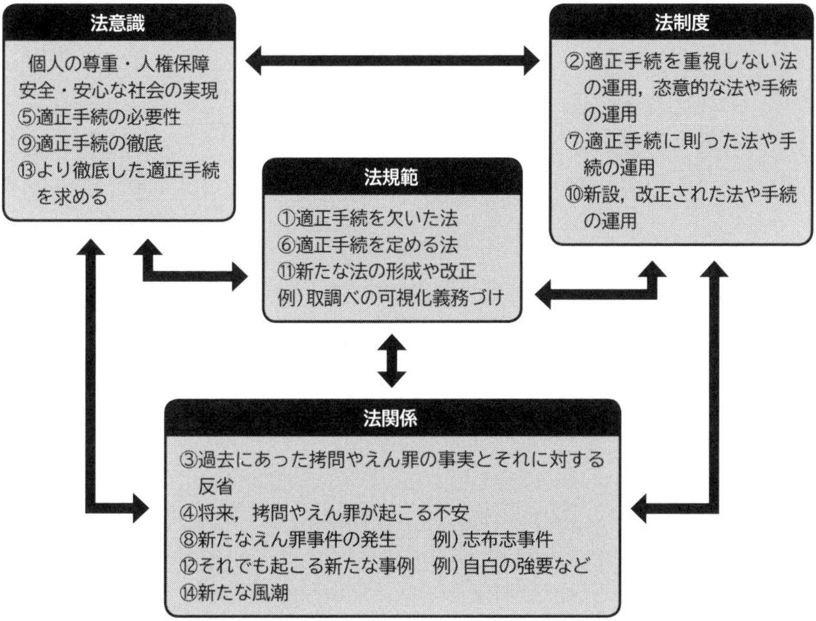

図12　適正手続と法の三要素の関係

北川（2012），中平（2018）を参考に吉田作成。

がなされるようになりました（**図12⑦**）が，その中でも志布志事件[*2]のような違法な事態が発生し（**図12⑧**），適正手続を徹底する法意識が高まりました（**図12⑨**）。また，裁判員制度の導入にともない，対象となる事件についての取調べの録画がされるなど，可視化の取組みが拡大していきました（**図12⑩**）。そして，取調べの可視化を義務づける刑事訴訟法改正が行われたのです（**図12⑪**）。しかし，それでもなお自白を強要された等の事例が発生していて（**図12⑫**），すべての事件について全面可視化を求めるなど，よ

*2　志布志事件とは，2003年4月に鹿児島県志布志町（現志布志市）で起きたとされる同県議選挙違反事件。選挙で当選した県議が志布志町の集落の有権者に現金を配ったとして，13人が逮捕･起訴されたが（うち1人は裁判中に死亡し公訴棄却），裁判では全員が容疑を否認。2007年2月23日，鹿児島地裁は自白には信用性がなく現金を配ったとされる元県議にもアリバイがあるとして被告人全員に無罪判決，その後，鹿児島地検も控訴を断念し無罪が確定。捜査段階での自白の強要や，「踏み字」行為，長時間の勾留などが問題となりました。「踏み字」行為への県への民事訴訟では，鹿児島地裁が違法行為を認定し，県へ損害賠償を命じる判決が下り，県も控訴しなかったため判決が確定しています（木村，2011）。

り徹底した適正手続が要請されています（**図12⑬**）。

このように，いったんできた法規範・法制度も不十分な部分は補強しながら，いっそう被疑者・被告人の人権を守り，えん罪を生まないものにしてきた経緯を理解することができます。それでもなお一方で，近年の日本の社会では，自由や人権を縮小させる危惧があるおとり捜査や監視カメラによる捜査などを認める，さらに期待を寄せるといった風潮に支えられた法の制定や運用も広がってもいます（**図12⑭**）。これも今後議論すべきでしょう。

2　適正手続を動態的にとらえるための法教育授業開発

司法の中でもとくに適正手続に関して動態的な法教育を展開するために，２時間分の学習を計画します。学習の流れは，次のとおりです。

まず第１時の導入では，司法について前時までに学習した事項を復習しながら，刑事裁判の手続の流れを確認させます。民事裁判との違いは前時までに扱いますが，民事裁判は基本的に原告と被告が対等な関係にあり，双方の合意があれば裁判は必然でないことは重要です。ここでは，「刑事事件の発生から警察による捜査（聴取）→被疑者逮捕→取調べ→送検→勾留，検察，警察による捜査→起訴（不起訴）→判決→判決の確定」という一連の手続を扱います。逮捕には裁判所が発行する逮捕状が必要など，裁判官が深く関与していることを思い出すとともに，判決が確定するまでは無罪と推定されることを確認します。

なお，本単元導入の場面では，単元全体をつらぬく問いとして「なぜ，刑事裁判では手続が厳格に定められているのか」を示します。これは，本単元を学習する子どもたちが，刑事裁判や適正手続を動態的にとらえるための問いです。そもそも，犯罪をなくし安心・安全に生活できる社会に生きることは，多くの人の利益・人権保障に適うことです。そのために犯罪者に刑罰を与え，一時的に人権を奪うことは許されると誰もが考えるでしょう。同時に，無実の人の人権を奪うこと（えん罪）があってはならないことも，前提として理解できると思われます。えん罪を防止するため，過去のえん罪事件や自白を強引に引き出そうとする拷問の例などを，歴史的分野での学習も想起しつつ，動態的にとらえていきます。

次に，適正な手続を経ず，違法に収集された証拠によって有罪とすることができるか（有罪としてよいか）を，ワークシートに示された事例をもとに考えさせます。いわゆる「違法収集証拠の排除法則」により，有罪とはできないという法制度上の事実を知った上で，適正な証拠はどのように収集されなければならないかを考えます。違法収集証拠の排除法則は，証拠として使えないことで，真犯人でも無罪になる可能性があるという，「かなり思い切った考え方」です。しかし，これは適正手続の理念に適い，また，証拠の排除は捜査機関による違法捜査を抑制するためにも有効とされています（井田，2017）。

ここまでの学習を通して，刑事裁判の手続においては被疑者・被告人であっても個人として尊重され，人権が保障されることや，裁判によって人権を奪うことができる権力に対して被疑者・被告人である個人がきわめて弱い立場にあるので，厳格な手続が定められていることを確認します。第1時の最後には，証拠として採用できるものの具体例を1つ考えさせ，それが適正手続に適っているかを確認させることにより，違法収集証拠排除の原則の理解の定着を図ります。

第2時では，適正手続について定めた法規範・法制度を，具体的な歴史的事実をふまえた学習を通して動態的な理解をめざします。まず，違法収集証拠排除のような適正な手続が法に定められていないと，どんなことが起こりそうかを考えさせます。歴史的分野で学習した，江戸時代の絵踏みや戦前の思想取締りの事例を想起するなど，過去に悲惨な結果を招いた事実や，将来そうしたことが起こるおそれがあることに気づかせ，適正手続が法に明記される必要性を理解させます。

しかし戦後，日本国憲法や刑事訴訟法が整備されたにもかかわらず，死刑囚への再審無罪判決やえん罪事件が発生した事実から，その法の整備だけでは不十分であったことに気づかせます。ここでは，事件後，取調べ段階の可視化を求める声が広がり，法改正につながった志布志事件を取り上げます。戦後の法整備後の日本で，現実に起きてしまったこの事件を大きな契機として，取調べ可視化を義務づける法改正にまで至った経緯を理解させます（2019年6月1日，改正刑事訴訟法施行）。しかし，その後もなお，自白を強要されたとされる事件などの報道は数多くあります。生徒の記憶に新しい事件や地元で起こった事件などの新聞記事を用いるなどして，現在も適正手続を欠いた事例があることを確認させ，もっとよい方策はないかを考えさえます。考える切り口として，法により可視化が義務づけられた範囲や実際に可視化できた，あるいはカメラの故障などでできなかったとされる事例などを活用します（日本弁護士連合会，2019）。

最後に本単元冒頭で示した，「なぜ，刑事裁判では手続が厳格に定められているのか」を再度考えさせます。厳格な手続を求めるあまり真犯人を見逃す場合もあることをも考え合わせてもなお，刑事裁判では弱い立場にある被疑者・被告人であるからこそ個人として尊重されるという法の枠組みの認識へと迫ることができると考えます。

3　まとめ

繰り返し述べてきたとおり，素朴な道徳感を超越した法的な判断ができるようになるのは相当な難儀です。だからこそ，法律専門家，法曹がおり，彼らに専門的判断を委ねる独立した司法制度を設けているのです。判決などの裁判の結果にすべての人が納得できないのは，至極当然のことだといえましょう。

しかし，裁判員制度が導入された今日，本章で示した適正手続をめぐって起こされた過去のできごとへの反省や将来へのおそれから整備されてきた法を通して考える学習は，法的な判断に触れるという点でも大きな意味をもつでしょう。法によって私たちの自由や権利が保障され，同時に法により行われる裁判で自由や人権を制限することができる社会に生きる以上，法に関する正しい知識をもち法的な思考・判断ができることは，社会の要請でもあり公教育の目的のひとつといえます。本章で示した授業は，そのためのひとつの糸口となるものです。

《参考文献》
井田良（2017）：『基礎から学ぶ刑事法〔第6版〕』，有斐閣.

木村朗（2011）：「志布志事件と何であったのか―“冤罪”の構図とメディアの功罪を問う」，鹿児島大学『鹿児島大学法学論集』45巻2号，pp.45-72.
笹倉秀夫（2002）：『法哲学講義』，東京大学出版会.
田口守一・佐藤博史・白取祐司（2018）：『目で見る 刑事訴訟法教材〔第3版〕』，有斐閣.
田中成明（2005）：『法学入門』，有斐閣.
日本弁護士連合会（2019）：「取調べの可視化（全過程の録画）の実現と拡充に向けた活動の詳細」（https://www.nichibenren.or.jp/activity/criminal/recordings/detail.html）（最終閲覧日2019年8月15日）.

（吉田浩幸）

学習指導案——司法に関する法教育

		学習内容	指導上の留意点	資料等
第1時	導入 10分	・犯罪はどのように処罰されるのか ・有罪になるのはいつか ・本単元の問い	・刑事裁判の手続の流れを理解させる。 ○犯罪は裁判によって処罰されることを理解させる。 ・以上を補足する形で，証拠に基づいた刑事裁判で判決が確定するまでは有罪でないことを確認させる。 ・本単元の問いとして，「なぜ，刑事裁判では手続が厳格に定められているのか」を考えさせる。 ○今の考えを記入させる。	WS1【1】
	展開1 20分	・刑事裁判での証拠とならないものはあるか→違法収集証拠排除を事例にする	・いくつかの事例について，刑事裁判において証拠とできるかどうかを理由とともに考えさせる。 ○令状なしで取得した物品，任意でない自白など ・示された事例はいずれも証拠とできない可能性が高いことを知らせる。 ・手続が適正でないことを確認させる。	WS1【2】 判例など
	展開2 10分	・どんなものが証拠とできるのか（1） ・適正手続は誰にとって必要なのか	・事例は，証拠とするためにはどこに問題があるか，どうであれば証拠とできるのかを考えさせる。 ・被疑者・被告人がきわめて弱い立場にあることに気づかせる。	
	終末 10分	・どんなものが証拠とできるのか（2）	・証拠として採用することができる例を考えさせる。 ・考えた例が適正手続に適っているか確認させる。	WS1【3】
第2時	導入 10分	・どんなものが証拠とできるのか ・適正手続を欠くとどんなことが起こるか	・前時の復習をしながら，刑事裁判での適正手続を思い出させる。 ・刑事裁判では適正な手続が厳しく定められていないと，どんなことが起こるかを考えさせる。 ・歴史的分野で学習した事例も想起させる。 ・被疑者・被告人がきわめて弱い立場にあることを想起させる。	WS2【1】
	展開1 20分	・実際にどんなことが起きたか ・そのときの法はどうだったか	・志布志事件の概要を知らせ，事件の問題点を明確にさせる。 ・法が整備されていても，事件が起こったことを確認させる。	WS2【2】
	展開2 20分	・志布志事件のあと，同じようなことを防ぐためどうしたか ・現在，必要な適正手続はどんなことか	・この事件をきっかけに取調べの可視化が行われたことを確認させる。 ・最近も明らかになっている自白強要などの事案にどう対処したよいかを考えさせる。	日弁連意見書等 WS2【3】
	終末 10分	・本単元の問いをまとめる	・最後に，本単元のはじめに示した「なぜ，刑事裁判では手続が厳格に定められているのか」について，これまでの学習をふまえてまとめさせる。	WS2◎

ワークシート１――司法に関する法教育

WS1　　　　　　　　　　　　　　　　　　　　　　年　　組　名前（　　　　　　　　　　　）

【１】犯罪が起こったときの流れを復習しましょう。

（１）次のうち，裁判官が関わるものを○で囲みましょう。

事件発生　→　捜査　→　逮捕　→　送検（勾留または釈放）→起訴　→　判決　→　判決の確定

（２）有罪と決まるのはどの段階ですか？

◎なぜ，刑事裁判では手続が厳格に定められているのでしょうか？

（今の考え）

【２】次のものは，刑事裁判で証拠とできるでしょうか？（この証拠だけで有罪とすることができるでしょうか？）

できるものは○，できない（してはいけない）ものは×，どちらともいえないものは△を記入しましょう。

①「否認を続けていた容疑者が，警察官から犯行を認めれば罪が軽くなるぞと言われてはじめて自白したときの供述調書」：自分の考え（　　）

②「警察官が，目がうつろな通行人を呼び止め，いきなりポケットに手を入れて発見した覚せい剤」：自分の考え（　　）

③「警察官が，殺人事件の容疑者が留守中にその家主の許可を得て部屋の中に入り採取した，犯行現場のものと一致した指紋」：自分の考え（　　）

④「窃盗団の一員の疑いがある人物が乗り込む可能性のあるすべての車に，ひそかに取り付けたGPSのある日の航跡図」：自分の考え（　　）

⑤「詐欺グループの一員とみられる人物の携帯電話の通話を，裁判所の許可を得ずに記録したマイクロSDカード」：自分の考え（　　）

◎裁判で採用される証拠について，どういうときには証拠とすることができないのでしょうか？

【３】証拠として採用することができるものの例を，１つ書いてみましょう。

ワークシート２――司法に関する法教育

WS2　　　　　　　　　　　　　　　　　　　　年　　組　名前（　　　　　　　　　　）

【１】刑事裁判で，適正な手続をとらずに収集した証拠が採用されると，どんなことが起こりそうですか？

【２】志布志事件について調べましょう。（別紙資料）

（１）何年に起きた事件ですか？　　　　　年

（２）このとき適正な手続を定めている法は　　あった　・　なかった

（３）こののち，どんなことが始められることになったでしょう？

取調べの＿＿＿＿＿化

【３】最近起こった事件について，今後，同じような事件が起こらないようにするためにはどうしたらよいでしょう？

◎なぜ，刑事裁判では手続が厳格に定められているのでしょうか？　その理由も書きましょう。

法律家の目　適正手続はなぜ必要か

日本国憲法は，第31条，第33条から第40条まで，刑事手続に関する人権が挙げられています。第10条から始まる「国民の権利及び義務」の条文の３分の１であり，憲法が，人権の中でも刑事手続上の権利について手厚く保障していることがわかります。これは，明治憲法下での人身の自由の過酷な制限に対する反省によるものです。

法が定める司法に関する適正手続

憲法第31条は，法律で定める手続によらなければ刑罰を科せられないとしていますが，さらにこの手続は適正なものでなければならないと考えられています。そのため第33条で裁判官の出す令状がなければ逮捕されないこと，第35条で同じく令状がなければ捜索・押収（差押え）を受けないことが定められています（令状主義）。これは，身体の自由や財産権やプライバシーを侵害する捜査について，公平な第三者である裁判官にチェックをさせるためです。また，刑事訴訟法では，重要な権利を侵害するような捜査は，あらかじめ法律で手続を定めていなければならないとしています（第197条第１項但書）。

しかし，どうしても犯罪捜査の過程でこれらの法律で定められた手続を行わなかったり，法律で定めのない捜査が行われることがあります。このような違法な捜査で発見された証拠は裁判で利用できるのでしょうか。

違法な手段で収集された証拠でも物の形や性質が変わるわけではありませんが，その利用を許せば，捜査機関が違法な捜査を繰り返すおそれがあります。そこで判例は，「憲法31条が法の適正な手続きを保障していること等にかんがみ」，「令状主義の精神を没却するような重大な違法があり，これを証拠として許容することが，将来における違法な捜査の抑制の見地から相当でないと認められる場合」には，その物を証拠とすることはできないとしています（最高裁昭和53年９月７日判決）。

自白も強要されてはならない

憲法は第38条第１項で不利益な供述を強要されない自己負罪拒否特権を定め，さらに刑事訴訟法は一切の供述を拒むことができる黙秘権を定めています。また，憲法第38条第２項は強制や拷問等による自白を証拠にできないことを定め，刑事訴訟法は任意になされたものでない自白は証拠とすることができないと定めています。これは，刑罰を科されるかもしれないのになされた自白は裁判官に信用されやすく，判断を誤らせ，えん罪を引き起こす可能性があるからです。また，自白をとろうと捜査機関が無理な取調べをするのを防ぐためにも必要です。

《参考文献》
安念潤司ほか編著（2010）：『憲法を学ぶ基礎知識―論点日本国憲法』，東京法令出版．
曽我部真裕・横山真紀編（2018）：『スタディ憲法』，法律文化社．

（村松 謙）

第13章

法教育における消費者教育

消費者教育は，実際に社会で生活する子どもたちが直面する内容を扱うことになります。その中でも，法教育でできることは何でしょうか。本章では，消費者教育に関する法教育について具体的な学習事例を示します。

1　消費者教育と法教育の関係性と教材

1.1　消費者教育と法教育の関係性

2018年に成立した民法の改正により，成人年齢が20歳から18歳に引き下げになりました(2022年4月施行)。そのため，18歳と19歳の子どもたちは，これまでと異なり大人として，これまでよりも早く成人して実社会と直面することになります。つまり，成人としてさまざまな権利を獲得することになります。しかし一方で，責任を負う機会が増加することが考えられるのです。

一般的に社会経験が未熟であることから，判断力が乏しいと考えられる未成年者は，さまざまな消費トラブルに遭遇することが考えられます。そのため，先の民法改正に対して参議院法務委員会では附帯決議を示しています[1]。そこでは，消費者教育の質量の充実が述べられています。具体的にいえば，成人年齢に達する人がいる高等学校や大学において，実社会におけるさまざまなトラブルに対応できるように，実践的な消費者教育の充実が必要であると言及されました。さらにいえば，小学校や中学校段階からも家庭科や社会科などの教科教育の中で消費者教育を実施することが求め

[1]　詳しくは，参議院法務委員会「民法の一部を改正する法律案に対する附帯決議」(平成30年6月12日)を参照。

られています。

消費者教育と法教育はまったく同じものであるとはいえません。2012年に成立した「消費者教育の推進に関する法律」によれば，消費者教育は「消費者の自立を支援するために消費生活に関する教育」と定義されています[*2]。西村(2017a)は，このような消費者教育の定義に関しては，国際的動向が影響しているとしています。すなわち，国連消費者保護ガイドラインや，欧米型の市民参加や消費者市民概念を育む要素が消費者教育の根幹にあります。ほかにも，消費者の自立に関係して，自らの消費活動が世界に影響を与えるものであるととらえる考え方があります。つまり，児童労働や労働搾取により生産された商品や，自然環境を損なうような商品ではなく，持続可能な社会のためにより良い商品を消費する活動です。そのような概念を，エシカル消費(倫理的消費)といいます[*3]。いわゆる国連のSDGs（持続可能な開発目標）の12番目「つくる責任，つかう責任」に関係するものです。

では，学校において消費者の自立を促すような教育は，どのような内容で行われているのでしょうか。具体的にいえば，たとえば中学校の社会科公民的分野では消費者主権という考え方や，いわゆる悪徳商法に巻き込まれないように，さらには巻き込まれたときの対処方法などの具体的な対応事例を学習します。この点について西村（2017b）も，従来の消費者教育について，単なる契約被害の理解や被害防止のための教育が重要であるが，それだけにとどまることには課題があるとしています。さらに，なぜ被害がなくならないのか，被害をなくすためにはどうしたらよいのかという視点を育成することについての重要性も指摘しています。

一方で，消費者教育の中でも法教育に関係する内容としては，「契約の（法的な）意義」，「（法により規定されている）クーリング・オフの活用」，「（企業などに責任を負わせる）製造物責任法（PL法）」などをはじめとした法的な内容が行われています[*4]。これらにより，現在の法に基づき形成され運用されているシステムなどを学習することが可能になります。つまり，今を生

---

*2　詳しくは，平成24年法律第61号を参照。

*3　たとえば，一般社団法人エシカル協会HP（https://ethicaljapan.org/）を参照。

*4　たとえば，法務省（2002）において，契約の原則を扱う内容があります。

きる子どもたちにとって，現在の社会がどのような規範によって動いているのかを理解することができるのです。

動態的な法教育をめざす本書では，西村が指摘するように，“なぜ”と“どうしたら”を考えられるような法教育を展開したいと思います。経済的な消費生活に関わり“なぜ”このような法があるのか，“どうしたら”これからよりよくなるのか，そのためにはいかなる法が必要なのかにまで思いをめぐらせたいと考えています。そこで，本章では現代のシステムの認識にとどまらず，過去から現在への変容，そして現在から未来の構想ができるような視点を育むために，動態的な消費者教育に関する法教育を示したいと思います。

1.2　教育内容としての未成年取消権

本章では未成年取消権をもとにして，契約の動態的な変容について考えることができる法教育の授業を開発していきます[*5]。

未成年取消権とは，民法第５条第１項の「未成年者が法律行為をするには，その法定代理人の同意を得なければならない。ただし，単に権利を得，又は義務を免れる法律行為については，この限りでない」及び同条第２項の「前項の規定に反する法律行為は，取り消すことができる」により規定されるものです。つまり，「契約時の年齢が20歳未満であること」，「契約当事者が婚姻の経験がないこと[*6]」，「法定代理人が同意していないこと」がすべて当てはまれば，未成年者が行った契約を取消しすることができるという内容です。しかし，成人年齢が18歳になることにともなって，未成年取消権の対象から18，19歳が外れることになります。そうなると，どのような効果と課題が生じるのでしょうか。それらを考えられる授業を開発したいと思います。

1.3　契約を動態的にとらえるための視点

ここでは，この未成年取消権を取り巻くさまざまな事象を，動態的につ

---

*5　未成年取消権の要件などについては，大村（2017）及び東京都消費生活総合センターHP，東京くらしWEB（https://www.shouhiseikatu.metro.tokyo.jp/sodan/k_miseinen/）を参照。

*6　詳しくは民法第753条の「婚姻による成年擬制」を参照してください。

かみ取ることができるような法教育の授業を開発するために必要な視点を示していきます。

まず，未成年取消権がなぜできたのでしょうか。それは，一般的に未成年者は，成人（大人）と比べて社会経験も浅く，判断する知識や能力が十分ではないと考えられるためです。法の要件については先ほど述べました。では，その効果はどのようなものになるのでしょうか。効果は，取り消された契約は最初からなかったことになります。たとえば，売買契約の場合，未成年者は商品を販売業者等に返します。それに対して，販売業者等は受け取った代金を返すことになります。なお，未成年者の取消しの場合は，すでに使用したものであってもそのまま返せばよいとされています。また，未成年取消権には消滅時効があります。未成年者が成人になったときから５年間で消滅時効となります。何でも取消しできるわけではありません。たとえば，未成年者があらかじめお小遣いとして渡されている範囲で自ら行った契約や，未成年者自身が成人であると偽ったり，保護者などの同意を得ていると積極的に相手を騙したりして結んだ契約では取り消されないこともあります。

このような要件や効果をもつ未成年取消権の授業を開発する前提として，契約の意義や意味を理解する必要があります。第４章で述べたように，基本的には契約は対等・平等な関係で結ばれていることから，契約自由の原則があります（**図13①**）。しかし，そこでの「自由」は何でもありではありません。契約を結ぶ当事者間で，一方的に契約を破ったり，そもそも嘘をついていたりしたら安心した生活を送ることができません（**図13②**）。

そこで，契約を明確に規定することによりお互いに信頼のおける生活を送ることができるように，法や制度を整えました（**図13③**）。ところが，実態として対等・平等でない個人を法律的に平等に扱うとともに，その個人に「自由」な活動を認めたことにより，たとえば経済的に社会の中で個人の力だけでは克服することが困難なさまざまな格差が生じました（**図13④**）。このような格差に対して，たとえば経済的な弱者を保護するために法が形成されました（**図13⑤**）。このような法は経済的な強者の「自由」を一部制限することを意味しました。つまり，社会の変化にともない新たな課題が生じたため，それらを解決するために新たに法律ができたり改正された

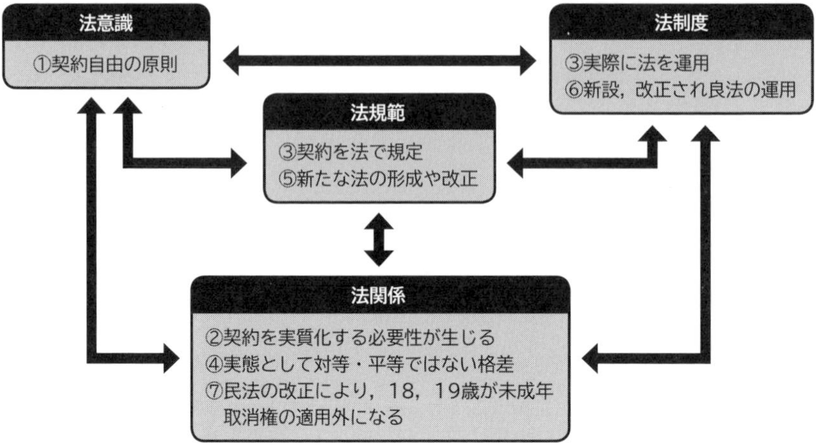

図13　契約と法の三要素の関係

北川（2012），中平（2018）を参考に中平作成。

りしたのです。そして，関係機関により運用がなされてきました（**図13⑥**）。そのうちの一部がクーリング・オフであり，製造物責任法（PL法）などです。

これらについては，学習指導要領上でも学習することになっています（第１章**表1-4**を参照）。概念的枠組みとしては，「対立と合意」，「効率と公正」そして「消費者主権」が活用できます。なお，契約の意義から社会の変容により生じた，ある課題を解決する手段としての新たな制度であるクーリング・オフなどの動態的な法教育を展開することは，これまでも契約をめぐる法の動態的な関係性を理解している教師であれば可能でした。本章では，さらに加えて，成人年齢の変更により未成年取消権が適用されない人が生じることについて考えられる授業をめざします（**図13⑦**）。その際，法意識を常に確認することが大切です。

2　契約を動態的にとらえるための法教育授業開発

消費者教育の中でもとくに契約に関して動態的な法教育を展開するために，２時間分の学習を計画します。学習の流れは，次のとおりです。

まず導入として，契約の意義や意味などを確認する学習を行います。そこでは，契約とは何か，なぜ契約を法で規定するのかについて扱います。さらに，契約はどのように成立するのか，どのような場面や段階で成立するのかを確認します。次に展開1として，契約を解約できる場合について，クーリング・オフを事例に学習します。クーリング・オフとは何か，どのようにクーリング・オフができるのか，クーリング・オフができない場合は何かなどを学習します。さらに展開2として，契約が取消しできる場合について学習します。先述のとおり，未成年取消権をもとにして学習を展開します。まず，未成年取消権について説明します。その際に，なぜ未成年がとくに保護されるのかについて考えさせます。さらに，18歳成人時代になった際に，これまでは未成年とされていた人が未成年取消権の対象外になることを確認します。法律で成人年齢が変わり，これまでよりも早く成人になったからといって判断が可能になるのでしょうか。このような問いで，未成年がとくに保護される要因との間に，矛盾することはないのかを考えさせます。そして，矛盾を解消するためには，どのような対策をとるべきか理由とともに考えさせ発表させ，議論させます。その際，資料として，先述の民法改正にともなう参議院の附帯決議を示します。参議院も特別な配慮が必要なことを指摘しています。これらも参考にして，新たに成人になる18歳や19歳に未成年取消権がなくなることにより，さまざまな消費者トラブルに巻き込まれた際に被害を受ける可能性があることを考えさせます。一方で，成人として，自らの判断で契約することができることも確認します。最後に，未成年以外にも，どのような人に保護が必要なのか理由とともに考えさせます。その上で，現在どのような規定があるのかを調べさせたりします。

なお，導入の場面では，全体をつらぬく問いとして「なぜ契約を法で規定する必要があるのか」を示します。これは，学習する子どもたちが，契約を動態的にとらえるための問いです。そもそも，契約自由の原則により，契約は当事者間で自由に結ぶことができます。さらに，契約の拘束力の原則により，法律行為として規定されるものです。そのような特徴をもつ法的な契約の学習により，「なぜ規定されるのか」，「どのように拘束されるのか」，「解約できる場合はどのような場合か」，「取消しできるのはどのような場合か」，「どのような人をとくに保護する必要があるか。その理由はなぜか」，「現状はどのような課題があり，どのように乗り越えていけばいいのか」を構想するなど，動態的にとらえることを目的としています。

3　まとめ

消費者教育と法教育は完全に一致するものではありません。従来，消費者教育に関わる法教育の射程は，法的な規範や制度の理解が中心でした。しかし本章では，それが“なぜ”できたのか，現状の規範や制度の実態をふまえて，これから“どうしたらいいのか”を考えることができる動態的な消費者教育／法教育の事例を示しました。本書の法教育で子どもに育成することをめざす諸能力が，現状の理解にとどまらず将来の構想までを想定しているからです。近年，AIによる社会の変革について言及されることが増えてきました。これまでは，「見えざる手」により生じた「実感できる」さまざまな格差の修正に関わる内容が消費者教育では行われてきました。しかしこれからは，AIの進化により「見えざる手」は本当に「見えない手」になりかねません。ブラックボックスの中で経済活動が進むことが想定できます。すでにEUでは，そのような内容に対応する法規制の構築が進んでいます（市川，2018）。新たな時代を迎えるにあたって，新しい消費者教育が求められますが，対等・平等な関係性を実質化するために法的な視点が必要になると考えられます。

《参考文献》

市川芳治（2018）：「AIと経済秩序」，山本龍彦編著『AIと憲法』，日本経済新聞出版社，pp.161-200.

大村敦志（2017）：『新基本民法1 総則編 基本原則と基本概念の法』，有斐閣.

西村隆男（2017a）：「消費者教育推進法の成立とその内容」，西村隆男編著『消費者教育学の地平』，慶応義塾大学出版会，pp.55-76.

西村隆男（2017b）：「地域社会および学校における消費者教育」，西村隆男編著『消費者教育学の地平』，慶応義塾大学出版会，pp.77-91.

法務省法教育研究会（2002）：『はじめての法教育』，ぎょうせい.

（中平一義）

学習指導案——消費者教育に関する法教育

	学習内容	指導上の留意点	資料等
導入 20分	・契約とは何か	・約束と契約の異同について，具体例を示しながら考えさせる。 例)「昨日は，A君の家で遊んだので，明日は私の家で遊ぶことにお互いに決めた」 「のどが渇いたので，コンビニエンスストアで，飲み物を購入した」 ○契約には，法的に権利や義務が発生することを理解させる。基本的には契約を守ることを理解させる。	WS1【1】
	・契約はどこで成立するのか	・契約が成立する段階を，具体例を示しながら予想させ，その理由とともに説明させる。	WS1【2】
	・本単元の問い	・本単元の問いとして，なぜ契約を法で規定する必要があるのかを考えさせる。 ○今の考えを記入させる。	WS1◎
展開1 30分	・契約を解約できる場合とその理由→クーリング・オフを事例にする	・契約を解約できる場合として，クーリング・オフの制度を具体例とともに示す。その際，以下の点について教科書を基にして調べ，考えさせる。 ○クーリング・オフが存在する理由 ○クーリング・オフの方法 ○クーリング・オフの適用外	WS1【3】
展開2 30分	・契約が取消しできる場合→未成年取消権を事例にする	・未成年取消権について，説明する。 ・未成年の契約が取消しになる理由について，予想させ，その理由とともに発表させる。ほかにも，強迫や詐欺による契約は取消しの対象となることを伝える。 ・解約との違いに触れる。	WS2【1】
	・成人年齢の変更と未成年取消権の関係から考えられる課題の把握と解決案の考察	・成人年齢の変更により，誰に，どのような問題が起きる可能性があるのかを，未成年取消権を基にして予想させる。できるようになることも考えさせる。	WS2【2】 参議院の附帯決議
終末 20分	・ほかにもとくに法律で保護されている人に思考を広げる	・未成年以外に，どのような人を法律で保護する必要があるのかを考えさせる。 ○時間があれば，インターネットなどで現状を調べさせる。	WS2【3】
	・本単元の問いをまとめる	・最後に，本単元のはじめに示した「なぜ契約を法で規定するのか」について，これまでの学習をふまえてまとめる。	WS2◎

ワークシート１――消費者教育に関する法教育

WS1　　　　　　　　　　　　　　　　　　　　　　　年　　組　名前（　　　　　　　　　　　　　）

【１】契約と約束で，同じところと異なるところには何があるのでしょう？

例）①「昨日はＡ君の家で遊んだので，明日は私の家で遊ぶことにお互いに決めた」

②「のどが渇いたので，コンビニエンスストアでジュースを購入した」

	同じところ	異なるところ
約束と契約		（約束） （契約）

【２】契約はどの段階で成立するのでしょうか？

例）①「私は，ジュースを買うためにコンビニエンスストアに入りました」

②「ジュースがある冷蔵庫の前まで行き，中から購入するものを手に取りました」

③「ジュースをもってレジに行き，これをくださいと伝えました」

④「店員さんにお金を支払い，ジュースを受け取りました」

⑤「購入した商品をもって，コンビニエンスストアの敷地の外に出ました」

⑥「近くの公園で，購入したジュースを飲みました」

契約が成立する番号	
（そのように考えた理由）	

◎なぜ契約を法で規定するのでしょうか？

（今の考え）

【３】契約を解除することはできるのでしょうか？

例）クーリング・オフについて

クーリング・オフとは何か	
クーリング・オフはどのように行うのか	
クーリング・オフで解除できる契約は何か	
クーリング・オフで解除できない契約は何か	

ワークシート２――消費者教育に関する法教育

WS2　　　　　　　　　　　　　　　　　　　　年　　組　名前（　　　　　　　　　　　）

【１】契約を取消しできる場合

（１）民法では，未成年が結んだ契約は取り消すことができます（未成年取消権）。このような規定がある理由はなぜでしょうか？

（２）ほかに契約の取消しができるのは，どのような場合でしょうか？

【２】2022年４月１日から成人年齢が18歳に変わります。未成年取消権の対象ではなくなる18，19歳の人には，どのような影響があるでしょう？

未成年取消権の対象ではなくなるので，できるようになること	
未成年取消権の対象ではなくなるので，できなくなること	

【３】未成年以外でも，法で守らなければならない人はいるでしょうか？
その理由はなぜでしょうか。その人は，現状はどのようになっているのでしょうか？

守らなければならない人	その理由	現状

◎なぜ契約を法で規定するのでしょうか？

法律家の目 賢い消費者の目を育てる

契約について知っておくべきこと

契約は意思表示の合致により成立します。これは民法に定められています。

民法は条文が1000条を超えます。そして，実際に世の中で行われる取引は無数にあり，トラブルも数えきれません。そのトラブルから多数の判例が生まれ，複雑に絡み合っており，法学部生でもなかなか歯が立ちません。クーリング・オフについても，試しに，代表的な条文である「特定商取引に関する法律」第９条第１項を六法（インターネットでも可）で引いて見てください。かなりのガッツがないと，この条文１条を読むのも大変です。

となると，何を知っておけばよいのでしょうか。

まずは，契約と単なる約束の違い，そして，契約成立時については，契約が意思表示の合致であるということ，この意思表示が不完全なものであってはいけない，といったことを理解しておけばよいでしょう。そして，意思表示が不完全なものであったときは，契約を解消できることを理解してください。未成年者取消しも未成年であるために判断能力が未熟で意思表示が不完全な場合の一種でしょう。クーリング・オフもここに当てはまると考えてよいでしょう。

契約の内容は自由なので，法律に書いていないような契約でも有効です。

では，みなさんは売買契約以外の契約が思い浮かびますか。典型契約といわれる民法に記載された契約のうち，贈与，売買，消費貸借，使用貸借，賃貸借，雇用，請負，委任という契約はどんなものなのか，イメージできますか。できなければ調べてみてください。

そして，契約が履行されない場合はどうなるか。裁判で履行を求めたり，契約を解除（契約を解消して契約成立まえの状態に戻す）したりすることになります。契約解除にともなって損害賠償を請求することもあるでしょう。

契約の解消について知っておくべきこと

契約は，意思表示が不完全ではいけません。では，不完全だった場合はどうなるでしょう。

民法は，未成年者のほか，成年後見，保佐，補助といった行為者の能力に着目し保護する制度を設けています。

また，詐欺や強迫など瑕疵（かし）のある意思表示をしてしまった場合は「取消し」，錯誤など意思の欠缺（けんけつ）の場合は「無効」といったように契約をなかったことにする手段が規定されています（債権法改正で「取消し」に改正）。

さらに，契約が履行されない場合等の「解除」など，さまざまな法律用語がありますが，この要件と効果も，学校の先生たちが覚えている必要はないと思います。

どれも契約を解消するものと考えてよいでしょう。

知識は二の次

さて，契約とその解消について書いてきましたが，契約というのは，破られたり解消されたりすることより守られるほうが多いのです。解消されるようなアクシデントばかりに気をとられず，自分が快適になるように良い契約を結べることが重要です。しかも，契約を解消したからといって，すぐ悪徳業者が代金を返してくれるとは限りません。裁判で返還を求めるとしたら大変な労力がいります。悪徳業者が破産して代金が返ってこないかもしれません。賢い消費者の目を育てることはやはり重要です。

学校の先生が契約や民法の細かい知識をもっている必要はありません。新聞記事や資料集の記載でもネタはなんでもよく，そこから専門家と相談しながら生徒たちにあった授業を作ればよいと思います。最終的にも生徒が細かい法律の知識を覚える必要はないわけですから，そんなに恐れる必要はありません。

（村松 謙）

第14章

法教育におけるワークルール教育

2000年代後半以降，社会で労働問題が話題になる中で，学校教育でのワークルール[*1]教育の必要性が問題意識として共有され，多くの実践がなされています。ワークルール教育に関して法教育ではどのような学習ができるでしょうか。

1　ワークルールと法教育の関係性と教材

1.1　ワークルールと法教育の関係性

これまでのワークルール教育では，従属的な労働者像を前提としながら，そのような労働者を守る強行規定[*2]などを学んでいく保護的なアプローチが行われてきました（國武，2015）。このような保護的なアプローチによるワークルール教育は企業からの権利，利益に対する侵害から労働者を守る知識を伝えるという点で一定の成果があったといえます。

しかしながら，このような保護的なアプローチによるワークルール教育は，現存する法規範を授業時間の許す範囲でただ暗記していく学習に陥りやすいという側面をもっています。また，学習者が自分自身を保護の客体にすぎないととらえてしまったり，労働者を守る法規範を固定化されたも

---

*1　ワークルールという言葉は今日では多義的な概念として用いられることがあり，「働くことに関するルール」と定義されることがあります。しかし本章では，制度まで含めて動態的に法をとらえるという本書の志向する法教育の観点から「働くことに関するルールとそのルールを実現するための様々な仕組から成る法制度」という労働法の定義と同様のものとします。この点につき國武（2015），p.63参照。

*2　法律の規定のうち，それに従うことを強制し違反行為を許さない規定を強行規定と呼びます。これに対して，標準を示すだけで当事者の合意による別の定めを許容する規定を任意規定と呼びます。たとえば労働基準法は労働の最低基準を定める強行規定であり，使用者と労働者が労働契約の中で労働基準法に達しない労働条件を定めるとその部分は無効となります。

のとしてとらえてしまったりする危険性を含んでいます。

また，社会の多様化・複雑化が進んでいくと，国会や役所が詳細なルールを法令で定めたとしても，それが労働の現場の実態やその急速な変化に合わず，法は守られないで法と実態が乖離したまま終わる可能性があるとの指摘もあります（水町，2019）[*3]。

上記のような保護的なアプローチによるワークルール教育では，これからの社会に対応できない面が出てくるのではないでしょうか。またこのような保護的なアプローチのワークルール教育は，授業時数を多くとることができるときは，自分の身を守ってくれる多くのワークルールを知ることができるので一定の学習効果がありますが，授業時数がそれほどとれないときには学習効果が薄くなってしまいます。

上記のような「自分を守ってくれる法やルール」を学ぶ保護的なアプローチによるワークルール教育を，「自分を守るための法やルール」を創り出す過程や考え方を学ぶワークルール教育に転換していくにあたって，本書が志向する動態的に法をとらえる法教育の視点はきわめて有効です。動態的に法をとらえる法教育の視点をもってワークルールを学ぶことで，現存しているワークルールを固定化されたものとしてとらえ，自分を保護の客体と理解するのではなく，自分の与えられた状況，周囲の状況，自分の利益，相手の利益，自分の考えや相手の考え……さまざまな事象をふまえながら自分の利益，権利を主体的に守るための法やルールを創造する力や姿勢を育てていくワークルール教育を構成することができます。

1.2　教育内容としてのワークルール

それでは，このようなワークルールを動態的に学習していく法教育にす

***3**　水町（2018）によれば，安価で工業生産を行う発展途上国が台頭していくなかで，多くの先進諸国では産業構造の変化があり，企業の経営・生産体制はかつての画一的・集団的なものから多様化・複雑化したものとなり，そこで働く労働者の姿も多様化していったといいます。そしてこの結果，それまでの労働法が前提としていた「工場で集団的・従属的に働く均質な労働者」は社会実態として溶解しました。社会において均質な労働者像が共有されていた時代は，その労働者像に適用される法規範を一斉に保護的なアプローチで学ぶことにも大きな効果があったと思われます。しかし，そのような均質な労働者像が描けなくなった現代では，このような一斉かつ保護的なアプローチでは対応できません。このような労働者像の変化をふまえてこれからのワークルール教育も検討されていくべきであると思われます。

るためには，どのように学習を構成していけばよいのでしょうか。

この点について，本章では労働契約に関する学習を中心としたワークルール教育を提案します。

前述したように，ある程度均一化されたイメージの労働者像が社会の中で共有されていた時代とは異なり，これからの社会ではさまざまな労働の形が考えられます。このような労働の態様や生活の変化，労働契約法の制定等により，今後労働者は労働契約をはじめとして，自らの意思で自分の労働について判断する場面が増えていくことが予想されます。このようにして自分の労働について考えた法意識が労働契約という法規範の形につながっていく過程，そして自分たちがつくった労働契約やそれに対する疑問，社会の変化が新たな法規範を生み出す過程を学習することは，本書がめざす動態的に法をとらえる学習につながります。労働契約を中心にしながら動態的にワークルールをとらえるワークルール教育を構成していくことで，自らの意思で自己の労働について判断したり，現存する労働契約に疑問をもち，その内容を社会の変化に合わせて変化させたりするような主体的な力を育むワークルール教育になるのではないでしょうか。

1.3　ワークルールを動態的にとらえるための視点

ここでは，労働契約を取り巻くさまざまな事象を動態的にとらえるために必要な視点を，男女で異なる取扱いをする労働契約を題材に示していきます。

まず，労働者や使用者は労働に関わるそれぞれの権利義務の関係を自分たちが納得できる条件にしたいと考えます（**図14①**）。そして，労働契約や，労働契約の内容として拘束力をもつ，使用者が定める就業規則（**図14②**）が生成されます。このような労働契約や就業規則を通して1985年の男女雇用機会均等法制定以前は，さまざまな労働条件について男女で異なる取扱いをする制度が存在していました（**図14③**）。このような制度の下で，企業と男性労働者・女性労働者との間には異なる法関係が生じていたといえます（**図14④**）。しかしながら，女子結婚退職制や女子若年定年制といった制度に対して，女性の社会進出に代表される社会の変化や憲法第14条第1項の性別による差別の禁止などの考えを参考にしながら，社会の中にだんだんと疑問が出てきて，時代に合わせた新たな労働条件を創出しようとする意識が出てきました（**図14⑤**）。そして，このような法意識を前提としてそれまでの労働契約やその集積である就業規則の無効を求める裁判が提起され，性別による差別的な取扱いをした制度はその法的効力を否認されるべきであるという裁判例が集積され判例法理となっていきました（**図14⑥**）[*4]。

そしてこのようなさまざまな側面をもつ，男女を差別的に取り扱う制度を禁止する判例法理を固定化する規範として，1985年に男女雇用機会均等法が定められ，1997年には改正がなされました（**図14⑦**）。その後，男女雇用機会均等法を実質化するために，厚生労働省や各都道府県労働局などを中心にさまざまな法制度が設けられています（**図14⑧**）。これらの考え方の広がりにしたがって，企業と男性労働者・女性労働者との関係も変化しています（**図14⑨**）。

なお，概念的枠組みについていえば，ここでは「対立と合意」，「効率と公正」が考えられます。「効率」の視点を生かした企業経営をして利益を拡大していきたい使用者の意思と，企業の利益拡大という使用者と同じ意思をもちながらも，一定の限度を超えた働き方や職場環境は許されないという「公正」の視点が「対立」の軸になると思われます。このような「対立」を「合意」に至らせる過程を通して学習が構成されます。

2　労働契約を中心にワークルールを考える法教育授業開発

労働契約を中心としたワークルール教育を構想する場合，その内容はどのようなものにしていけばよいのでしょうか。

この点，これまでのワークルール教育で，労働契約について行われてきた実践の多くは，契約自由の原則の説明から入り，労働者と使用者の間に

---

*4　図14においては，この判例法理を裁判制度の一部を成すものとして便宜上法制度に分類していますが，判例法理は裁判官をはじめとした裁判にかかわる人々の法意識をその内容とするという意味で法意識に該当する側面を有していますし，またそれらが蓄積されることで一定程度定着した判断の枠組みと認識されるという意味で法規範としての側面を有しているともいえます。

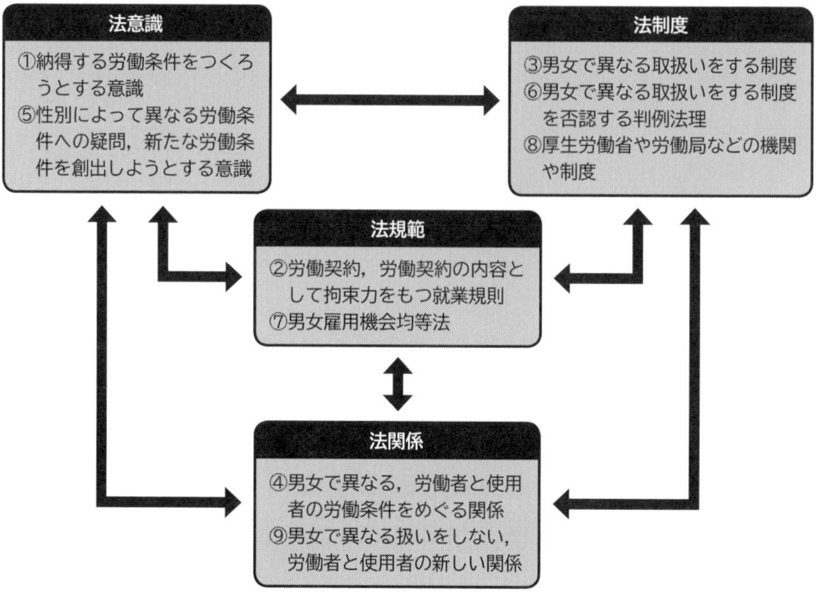

図14　労働契約と法の三要素の関係

北川（2012），中平（2018）を参考に村上作成

は事実上の力関係があるので，労働契約については契約自由の原則が修正されていると説明し，その修正である強行規定を学ぶという実践でした[*5]。これらの学習は生徒たちが自らの権利・利益を守るためのツールを知るという点において重要であったといえます。

もっとも，これらは前述した保護的なアプローチであり，労働契約を中心に自らの意思で自己の労働について判断できる主体的な力を育成していくためには，前述のように労働契約の面からのアプローチも必要であると思われます。

その際，労働契約の面からのアプローチを単に「自分の身を守るために，自分の意思で，気をつけて契約を交わしましょう」という，契約のもつ個人的な側面のみに関する学習だけにしてしまっては不十分ではないでしょうか。個人が契約という法律行為を自由な意思で他者と交わす意義は自分

*5　たとえば，厚生労働省（2017）：「『はたらく』へのトビラ―ワークルール20のモデル授業案」など。

のためだけであるという認識は正しいのでしょうか。

第５章にあるように，契約には，個人の自由・権利・利益の確保という点だけでなく，公共的な意味も存在します。その点を法教育において生かそうとする第５章で示した問題意識をワークルール教育でも生かしていきます。このような契約の公共的な側面を意識できる学習を行うことにより，学習者は自分たちが締結する契約が新しい社会をつくっていくという意識をもつことができ，主体的に法やルールを創造する力や姿勢を育てていくワークルール教育につながると考えられるからです。３時間の単元での学習目標は「多面的・多角的視点から労働契約の内容をとらえ，主体的に自分及び他者が生きる社会をよりよくしていこうとする姿勢とそれを支える知識を身に付ける」とします。３時間の学習の流れは以下のとおりです。

第１時では，まず契約とは何かを学び，その上で契約の大原則である契約自由の原則を学びます。そして，労働契約においてもこの原則は妥当し，個人が労働の義務を負うのは自己の自由な意思で契約を結ぶという点に求められることを学びます。そしてそれらの基本的な知識をふまえて，労働契約においては契約自由の原則があるのにもかかわらず，なぜその自由は大幅な制限を受けるのかという問題意識を出発点として，これまでの労働をめぐる法の歴史的な流れを概観し，単元の学習を進めていく上での基礎的な知識を確認します。

次に第２時では，労働契約の自由を修正する法の生成過程を学習します。ある内容をもった労働契約，就業規則を明文で禁止する法律がなくても，認めてはいけない労働契約，就業規則があるのではないかという問題について検討した上で，現在存在する労働者を保護する法も，最初から存在したわけではなく，社会の変化にともなってそれまで有効と思われていた労働契約に対する疑問や判例が集積されて生成されてきたものであるという動態的な視点から労働契約をとらえます。この点を学ぶことで，今後自己が締結する労働契約も決して自分のみに関わるものではなく，大きな視点で見れば広く社会とつながっているものであるということを学びます。

最後に第３時では，今後どのような点に注意して労働契約をつくっていけばよいのだろうかという点について考えます。個々の労働契約や就業規則がもつ社会とのつながりを理解した上で，社会に生きるさまざまな人々が気持ちよく働くことができるような労働契約，就業規則を考えていきます。この学習を通して自分たちで主体的によりよい労働環境をつくっていこうとする姿勢を身に付けます。また，最後にこれから個人の自由な意思決定が重要になるなかで，その個人を支援する労働組合や国の役割も確認します。

この３時間の単元だけでは，労働者に対する企業からの権利，利益への侵害に対して即効性のある知識を得ることはできません。しかしながら，社会が今後どのように変化しても，これまで歴史の中で培われてきた契約自由の原則や，憲法に基づく人権保障といった労働において大切な考えや理念をふまえて自らの権利・利益を守ろうとする姿勢と，社会の変化に合わせてよりよい社会を他者とつくっていこうとする姿勢を学ぶことができます。法教育におけるワークルール教育では，このような点を身に付けることが大切なのではないでしょうか。

3　まとめ

労働は自らの生活の糧を得るだけでなく，自己を確立したり生きがいを見つける場になったりするなど，人間にとってきわめて重要な意味をもっています。しかしながら，産業革命以降，人々の労働が脅かされる場面が増加しました。それらの問題から国家が社会的弱者としての人々を保護するために発展してきたのが労働法であり，ワークルールです。労働者を保護する国家の役割は今後も引き続き重要です。

一方で，2007年に制定された労働契約法において，労働契約のさまざまな場面で使用者と労働者の合意が繰り返し重視されていることからもわかるように，労働者には主体的に自らの労働について考え，行動することが求められています。教育の現場でも，自分たちの労働の課題に対して主体的にたくましく向き合っていく大切さを，子どもたちが語り合える授業が展開されるべきです。

本章では，変化する社会の様子に気を配りながら，よりよい自分の労働環境，そしてよりよい社会を力強く構築していこうとする子どもたちを育てるワークルール教育／法教育の事例を示しました。現状をそのまま安易に受け入れてしまうのではなく，現状を疑い，社会の変化に合わせて労働組合や国などさまざまな支援を生かしながらも自ら主体性をもって柔軟にルールをつくり変えていく，そのような資質を育むワークルール教育／法教育がこれからの時代を生きる子どもたちには必要であると考えます。

《参考文献》

大村敦志（2017）：『新基本民法』，有斐閣.

厚生労働省（2017）：「『はたらく』へのトビラ―ワークルール20のモデル授業案」（https://www.check-roudou.mhlw.go.jp/tobira/index.html）（最終閲覧日：2019年8月9日）.

國武英生（2015）：「ワークルール教育の基本的視点―総論的課題の考察を中心に」，『日本労働法学会誌』126号，pp.62-74.

中窪裕也・野田進（2019）：『労働法の世界〔第13版〕』，有斐閣.

水町勇一郎（2018）：『労働法〔第7版〕』，有斐閣.

水町勇一郎（2019）：『労働法入門〔新版〕』，岩波書店.

（村上 揚）

学習指導案――ワークルール教育に関する法教育

	学習内容	指導上の留意点	資料等
第1時	・契約とは何かを理解する	「なぜ契約は必要なのか」 ・約束と契約の異同について，具体例を示しながら理解させる。 ・契約には，法的に権利や義務が発生することを理解させる。基本的には契約を守ることを理解させる。	
	・契約自由の原則を理解する	「契約は誰の意思によってつくられるべきか」 ・個人を拘束する義務を生み出す契約は誰の意思によって内容が決定されるべきかを考え，契約自由の原則について理解させる。 ・個人の自由な意思を前提とした契約によって，義務を負うことを理解させる。	
	・労働契約における契約自由の原則を制限する法規範の必要性を理解する	「なぜ契約自由の原則を制限する法律が必要なのか」 ・労働基準法を例に，なぜ労働契約においては契約自由の原則が法律で制限されるのかを理解させる。 歴史的分野で学習した産業革命期の労働問題などを想起させ，既習事項を生かして思考するように促す。 ・契約自由の原則を個人間の契約でそのまま適用すると，不都合が生じる場面があるため，法律によって契約自由の原則を制限する場合があることを理解させる。	
第2時	・時代ごとの法意識に基づいて労働契約や就業規則が変化していることを理解する	「女子のみ結婚を機に退職することを定めた就業規則は許されるだろうか」 ・女子結婚退職制を定める就業規則を読んで，その問題点を理由もふまえて考えさせる。 「なぜ以前の日本ではこのような就業規則が存在したのだろうか」 ・現在と男女雇用機会均等法が定められる前とでは，女性の労働をめぐる状況，社会の意識が異なっていたことを理解させる。	WS1【1】
	・人権規定や社会の変化にともなう要請などを参考にしながら，労働契約，就業規則は常に適切かを問われるべきであることを学ぶ	「女子のみの結婚退職制を禁止する明文の法律がなかったにもかかわらず，なぜこのような労働契約，就業規則は無効になっていたのだろうか」 ・裁判例なども提示しながら，憲法の定める人権規定やめざす社会像，また社会全体の意識の変化にともなって労働契約，就業規則をつくり直す必要が生じることがあることを理解させる。	WS1【2】
	・契約自由の原則を制限する法が労働契約をめぐる意識の変化に基づいて生成されてきたことを理解する	「契約自由の原則を制限する法律はどのようにして生成されるのか」 ・男女雇用機会均等法を例に，社会の変化にともなって個々の労働契約の有効性に疑問がもたれ，判例が集積して法律が生成されていった過程を学び，個々の契約やそれに対する意識が社会を変えていくことを理解させる。	WS1【3】

第3時	・労働契約のもつ個人的意味，社会的意味の両面を理解する	「私たちが労働契約を締結するという行為にはどのような意味があるのだろうか」 ・労働契約のもつ，自己の権利・利益を守るという私事的な側面とともに，自分たちが締結していく労働契約やその労働契約が適切なものかを考えていく姿勢が社会に影響を及ぼしていくことを理解させる。	WS2【1】
	・よりよい社会の構築に向けて労働契約をつくる姿勢を身に付ける	「これからの社会で，いろいろな人々が気持ちよく働くための労働契約，就業規則をつくる場合，どのような内容が考えられるだろうか」 ・人権の考え方や現在の社会の状況，望ましい社会のあり方などに留意しながら，社会に生きるさまざまな人々の立場に立って，よりよい労働環境を考えることができるようにする。	WS2【2】
	・個人が自らの自由な意思で労働契約をつくっていく上で，労働組合や国がそれを支援する重要性を理解する	「労働者が自ら納得する労働契約を事実上力の差がある使用者との間でつくっていくためにはどのような支援が必要だろうか」 ・これからの社会において，個人の自由な意思を大切にしていくためには，労働組合や国の支援が必要不可欠であることを理解させる。	WS2【3】

ワークシート1——ワークルール教育に関する法教育

WS1　　　　　　　　　　　　　　　　年　　組　名前（　　　　　　　　　　　　　　　）

【1】以前の日本の会社には以下のような就業規則（個別の労働契約の代わりになるもの）がありました。

「女性は結婚をした場合には，自動的に退職するものとする」

なぜこのような就業規則があったのでしょうか？

【2】以前の日本には【1】のような労働契約，就業規則を禁止する明文の規定がありませんでした。しかしながら明文の規定がない場合でも，このような労働契約，就業規則が裁判で無効とされる場合が出てきました。なぜ明文の規定がないのに【1】のような労働契約，就業規則は裁判で無効となるようになったのでしょうか？　理由を考えてみましょう。

【3】次の法律は男女雇用機会均等法と呼ばれる法律の一部です。

第6条　事業主は，次に掲げる事項について，労働者の性別を理由として，差別的取扱いをしてはならない。

一～三　〈省略〉

四　退職の勧奨，定年及び解雇並びに労働契約の更新

以前の日本にはなかったこの法律は，どのような流れで生まれてきたのでしょうか？

自分の言葉でまとめてみましょう。

ワークシート２――ワークルール教育に関する法教育

WS2　　　　　　　　　　　　　　　　　　年　　組　名前（　　　　　　　　　　　　）

【1】私たちが労働契約を締結するという行為にはどのような意味があるのでしょうか？　契約を結ぶ当事者に関わる側面と，契約に直接関わらない社会に関わる側面に分けて考えてみましょう。

当事者にとっての意味	当事者以外の社会にとっての意味

【2】これからの社会で，次のような人々が気持ちよく働くための労働契約，就業規則をつくる場合，どのような内容が考えられるでしょうか？

〈高齢者〉

〈障がいをもった人〉

〈LGBTQ〉

【3】労働者が自ら納得する労働契約を事実上力の差がある使用者との間でつくっていくためにはどのような支援が必要でしょうか？

法律家の目　子どもたちの将来をブラック企業から守る

ワークルールとは？

近年，ブラック企業という言葉が生まれ，不安定な非正規雇用，長時間労働による過労死や過労自殺などが問題視されています。弱い立場の労働者が，ワークルールの知識がないために，自分たちの権利が守れていない状況があるといわれています。

そのためにワークルール教育が注目されていますが，労働者を守るワークルールの知識というのは，かなり量があり，教える教員もなかなか理解するのは難しいかもしれません。できれば，生徒たちには多くのワークルールの知識を身に付けてほしいところですが，現状ではそれほどたくさんの授業をワークルールの学習に使うのは難しそうです。

そこで，まずは厚生労働省（2017）が述べるように「細かい知識を生徒に身につけてもらうよりも，不適切な労働条件や労働環境に対する『違和感』を育むことを重視」し，「生徒が働く上で何かあった場合に，実際に行動に移そうと考えて行動に移せる情報的基盤（やり方など）を獲得」することを目的とすることが考えられます。また，多くの法律上のトラブルと同様，労働問題も事態が深刻化してからやっと専門家に相談するという事例が後を絶ちませんから，保護的なワークルール教育もとても重要です。苦しい，つらいときには誰かに助けを求め，助けを求めている同僚がいたら仕事のしわ寄せがくると迷惑がるのではなく手を差し伸べる態度を育てることが，悲劇を防ぐと考えます。

また，多くの実践や本指導案も，まず契約について確認しています。働くことに関する問題に関しても，まず原則的な契約について理解していなければなりません。契約について理解していれば，当事者である労働者が契約内容をよく知らされていなかったり，使用者が契約を破ったり，契約を一方的に変更しようとしたりすることが，どのような意味をもつか気がつくはずです。

本指導案のように契約のもつ社会的な意味，主体的によりよい労働環境をつくっていこうとする姿勢にまでたどり着ければ理想的だと思います。また，子どもたちに対して労働組合の重要性を必ず指摘しておくべきでしょう。

弁護士は労働問題・紛争の専門家

弁護士も労働問題・紛争に関する専門家です。ワークルールの授業をする際には，弁護士・弁護士会もお役に立てると考えています。

また働くことに関する相談も弁護士，弁護士会がお役に立てると考えています。

《参考文献》
厚生労働省（2017）：「『はたらく』へのトビラ―ワークルール20のモデル授業案」（https://www.check-roudou.mhlw.go.jp/tobira/index.html）（最終閲覧日：2019年８月31日）.

（村松 謙）

第15章

法教育における防災教育

一見，防災に関する教育は法教育とは関連性がなく，別のものであるととらえられることと思います。しかし，防災という営みを，社会を運営していく上での責務としてとらえると，法教育と防災教育との親和性が見えてきます。本章では，防災教育と法教育の視点をふまえた小学校政治・憲法分野の学習について，具体例をもとに示していきます。

1　防災教育と法教育の関係性

1.1　社会的事象としての災害と防災

一般的に自然災害と呼ばれている事象は，天災という言葉で表現されるように，およそ不可避なものとしてとらえられがちです。しかし，地震や台風などが人間の住んでいない土地で発生しても，それは災害としてとらえられません。私たちの住む環境を破壊しうる自然現象（理科では一般的に災害因と呼びます）とそれを受け止める社会との関係性で発生する事象ととらえると，自然災害はきわめて社会的な事象であるととらえることができます。

上記のように考えると，人間社会に属している個々人の命を災害因から十分に守ることができている社会を構成していくことが，その構成員の幸福を最大限保障する公共社会における社会運営上の重要な責務のひとつとなります。また，近年は大規模な地震や火山噴火，突発的な集中豪雨での被害など，自然災害の発生は予測困難かつ深刻な被害をもたらすようになっており，社会運営上の要求としての防災の比重や役割，それに伴う防災教育の重要性も高まっているといえるでしょう。一例として，小学校社会科において，平成29年告示の学習指導要領では３年生から６年生すべての学年に，発達段階に応じた防災に関する学習内容や単元が盛り込まれることとなっています。

1.2　教育内容としての防災と自助・共助・公助

ここで重要になることは，そもそも社会運営上，防災とは暗に限界を含んでいるものであるということです。片田（2012）は，「防災とは，ひと言でいえば，『防御の目標を置く』ということ」と述べています。「これぐらいの規模の災害を防げるようにしよう」と社会が目標を設定するということは，当然ながらそれ以上の規模の災害因から被害を防ぐことはできません。つまり，社会の対策として，災害因を完全に防ぐことはほぼ不可能といっていいでしょう。ここで，もし社会の構成員の自助努力に防災のすべてを委ねてしまえば，災害因からの回避行動を自ら起こすことのできない，いわゆる弱い立場の個人を生み出すことになってしまいます。多様な立場に属する個々人が集って形成されている公共空間（社会）において，その構成員の最大多数が災害因から生命の安全を確保していること，つまりはできる限り弱い立場の個人を生み出さないことが，社会（地域社会や公共機関）を運営し，構成していくにあたって最も重要なことのひとつとなるのです。

では，社会が災害因に対して，弱い立場の個人をつくり出さないようにするために何が重要なのでしょうか。その際の視点として，災害対応及び防災の場でよく用いられる自助・共助・公助の関係性を挙げることができます。本章において自助とは，社会の構成員が自ら災害因から命を守るために起こす行動等のことを指します。次に共助とは，地域社会を代表とした，コミュニティによる相互扶助的な営みのことを指します。そして公助とは，国家や地方自治体など，公共機関が行う行政としての防災対策のことを表します。

３つの内容を見ていくと，どうしても公助→共助・自助という上下関係を思い浮かべてしまいます。しかし，災害因に対する防御の目標を設定するということは，当然ながらその構成員の要求や社会の状況による部分が多分にあり，社会に属する個々人の意識や合意がなければ成立しないものです。このことを関係性として考えると，自助・共助・公助の３つの要素が関係性の上下なく，相互補完的に作用して災害因に対する対応力を形成していくことが重要になります。

1.3　自助・共助・公助を動態的にとらえるための視点

先ほど述べた災害因に対する対応力，つまりは“その地域で行われている防災対策”は，決して固定的なものではありません。たとえば，脅威ととらえている災害因が変化すれば，必要な防災対策は変化してきますし，災害において社会的弱者になりうる人は，その地理的要因などによっても変化してきます。しかも，公的な防災対策に投入することのできるリソース，つまりは予算や人員などは限られています。要求のあった対策は時にそのすべてを行うことができず，公共機関としてどの防災対策を行うべきか，住民の合意によって選択を行わなければならないのです。つまり，災害因に対する対応力の形成―そのために自助・共助・公助の関係性を明らかにすることは，その社会に属する多様な立場の他者との利害関係の調整や，時には紛争の解決を行っていく合意形成の場をもつことでもあります。さらにいえばこの合意形成は，時間が経過すれば構成員が入れ替わり，また新しいニーズをもつ立場の人が現れたり，子どもが大人へと成長していくように，個人の中でも立場の変化が起こったりします。あるときに合意に至った防災対策が固定化されることなく，常に新しい合意がつくられていく非常に動態的なプロセスなのです。

第３章において，「[法意識→法規範→法制度] という展開のそれぞれの段階で生まれる多様で複雑な緊張・対立を含む法意識こそが，法のダイナミクスの動因となります。すなわち，自主的・自律的な主体としての個人の法意識と法意識を共有する社会集団（社会運動）こそが，法のダイナミクス（変動）の原動力となるのです」と述べています。防災に関する合意形成も，自らの命を守るために，災害因に対する自分の弱さをさらけ出し，その安全が保障されるよう要求することができる自律的かつ主体的な個人が集まっていくことが，その前提となっています。防災という事象をこのような視点で見ていくと，個人―（地域）社会―公共機関（国家）が利害関係の調整を行っていくなかで合意形成を行い，かつその合意が固定的でなく，常に変化していくプロセスをもっている動態的なものであるととらえることができます。

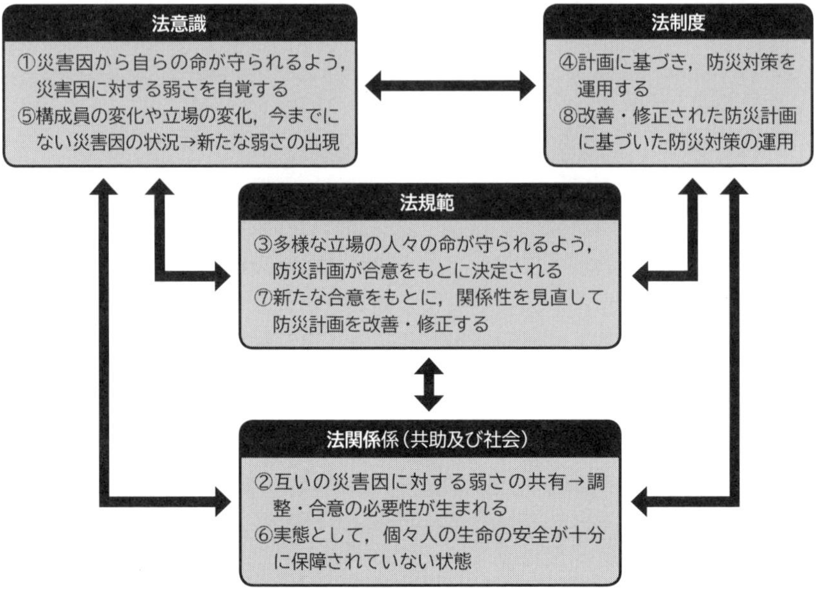

図15　防災対策の策定と法の三要素との関係性

北川（2012），中平（2018）を参考に山田作成。

そのことを図として表したものが**図15**です。まず，地域社会に属する個人が災害因から自分の命が守られるよう，その弱さを自覚し，自らの自助意識のみでは足りない部分について援助を求める意識が生まれます（**図15①**）。しかし，援助を求める個人は1人だけではなく，弱さが共有されることにより，地域社会と公的機関が行う援助を調整する必要が生じます（**図15②**）。そこで住民の合意の下，自助・共助・公助の関係性を明らかにし，防災計画が策定され（**図15③**），計画に基づいて対策が運用されます（**図15④**）。

しかし，時間の経過にともなって，構成員の入れ替わりや年代の変化による立場の変化，今まで想定されていなかった災害因に対する脅威が意識されるなど，災害因に対する新たな弱さが認識されます（**図15⑤**）。そのことにより実態として，現状の防災対策では個々人の生命の安全が十分に保障されていない状態が発生します（**図15⑥**）。そのため，新たな構成員によって自助・共助・公助の関係性を再び明らかにし，新たな防災計画を策定することになります（**図15⑦**）。そして，改善・修正された防災計画に基づいて，新たな防災対策が運用されていきます（**図15⑧**）。以降は，**図15⑤**の段階に戻り，関係性の調整と防災計画の改善・運用が繰り返されていくことになります。このような絶えず更新されていくダイナミクスを意識した防災教育を行っていくことをめざして授業開発を行っていきます。

2　防災における合意形成から法のダイナミクス，憲法理念を学ぶ授業開発

本章では，筆者が過去に小学校６年生に対して防災に関連づけて実践を行った「暮らしの中の政治　①私たちの暮らしと日本国憲法及び②暮らしの中の政治」の学習単元を本章のテーマに合わせてさらに再構成しました。そのため，事例地として筆者の勤務する神奈川県横須賀市を挙げています。憲法・政治分野での学習に防災に関する教育を組み込んでいった理由は２つあります。１つは，日々の学習の中で無理なくかつ効果的に学習を行うことができることです。小学校で防災に関した内容を取り扱っていくことは，調査活動も要するため少ない時間で行っていくのが難しい面もあります。そこで，学習指導要領に記載されている内容を防災に関連づけて行っていくことで，日々の授業実践の中でも無理なく，かつ効果的に防災に関する教育を行っていくことができると考えました。

２つ目は，防災に関連づけて法・憲法に関する教育を行っていくことで，小学校段階でも，法や憲法のしくみや理念に関する理解がより深まるからです。初めて憲法に触れる小学生にとって，幸福追求や個人の尊重といった憲法の基底にある理念を理解することはかなり難しいことです。そのため小学校段階ではどうしても形式的に憲法を学習しがちなのですが，自らの生活場面での関わりを実感しやすい防災に関連づけて憲法を学んでいくことで，児童も実感をもって理念の部分から憲法を理解することができると考えました。具体的には，「なぜ災害から命が守られる必要があるのだろう」という問いを児童が具体的な生活状況から考えることを出発点として，日本国憲法の掲げる理念や概要を学習したのちに，憲法的価値の具体的実現として，防災の視点から横須賀市の抱える課題を見つめさせます。

そして，市が防災対策のひとつとして策定している「横須賀市災害時要援護者支援プラン」の理念が実現するためには，どのような対策や役割分担が必要になるのか考える学習を構想しました。

ここでは，憲法分野と地方行政や条例について学習をした子どもたちが，横須賀市の防災対策には具体的にどのようなことが必要なのか，より深く考えるための発展的な内容の時間を，６時間計画として紹介します。そのため，本指導案に示す学習の前に，①私たちの暮らしと日本国憲法及び②暮らしの中の政治の学習を防災に絡めながら行っていることを前提としています。

まず，第１次「横須賀市は防災の視点から見て，どのような特徴があるのだろう（第１時～第４時）」について説明します。導入段階として，児童が「防災」という観点から自分たちの住むまちのことを見直して，横須賀市にはどのような災害因からのリスクが存在しているのかに気づく過程です。まちの特徴を考えるためには，児童が今まで生活してきた既有の知識や体験だけではやはり情報が不十分ですので，調査活動を行っていかなければなりません。人口，地形，気候などさまざまな視点から，防災に関した地域の状況を調べていくことが必要となります。その際には自然条件だけはなく，地域社会が行っていることや，防災以外にも地域がどのようなつながりや活動をもっているのかなど，社会の相互関係に着目した調査も必要になってくるでしょう。具体的資料としては，横須賀市の発行する津波や土砂災害・洪水に関するハザードマップや横須賀市勢要覧の人口統計などを用意します。児童がこれらの資料を読み取るなかで，たとえば横須賀で急激に進行しつつある高齢化の問題やハザードマップから見た急傾斜地（いわゆる谷戸）の多い現状，また米海軍基地があることによる言語・文化の多様性などに児童が気づき，防災に対する自分なりの課題意識をもつことができるように，児童の調査活動と情報共有を促していきます。

次に，第２次「災害時要援護者支援プランをよりよく実現するための防災対策を考えよう（第５，６時）」について説明します。防災に対する自分なりの見方や課題意識を児童がもったうえで，第５時では，実質的な法規範に近い存在として，横須賀市の策定している“横須賀市災害時要援護者支援プラン”及び同マニュアルを提示し，横須賀市が実際に考えている防災対策のうち，個人に対する支援の部分に対してその状況をとらえていきます。“横須賀市災害時要援護者支援プラン”とは，一人暮らしの高齢者や身体障害者手帳を取得している人など，災害因からの避難行動に支援を要する住民が市に名簿を登録することで，町内会などの地域組織に要援護者の情報が共有され，地域の共助のしくみからの支援を受けることのできる制度です。ただし，あくまで“横須賀市災害時要援護者支援プラン”は，災害時に避難行動をとる際に支援を要する個人に対する，行政や地域社会からの支援を提供するための制度ですので，防災に対して児童がもっている課題意識と突き合わせて考えてみたときには，制度からこぼれ落ちている立場の人々や，「支援の必要な人がわかっていても，大勢のお年寄りが谷戸を上る支援をすることは難しい」といったような，制度があったとしても安全が脅かされるような問題点が浮かび上がり，制度があってもその理念が実現できない状態や，現在の防災制度にはさらに改善点があることを児童が認識します。これらの課題を児童が個人でとらえた後に意見共有を行い，現状の防災対策に対するさらなる改善点や弱さを顕在化させます。

そして第６時では，第５時で認識した問題点や改善点を解消するために，“個々の努力でできること：自助”，“地域の人々で助け合うこと：共助”，“横須賀市が取り組むこと：公助”の３つの視点からできることを考えていきます。まずは児童が個人で意見を考え，その後意見交流を行うなかで生命・身体の安全の保障などからくる幸福追求や，自助・共助が充実するように公助の側からも制度で働きかける必要がある，という公共性などの憲法的な理念が児童の意見に共通してみられることに気づいていきます。そして最後に振り返りとして，授業中での意見交流をふまえながら，自助・共助・公助，それぞれの立場がよりよく機能するように，お互いにどのような働きかけをしていけばよいのか，自分の考えを記入していきます。立場間の関係は６つの方向性が考えられますが，（自助→共助・公助，共助→自助・公助，公助→自助・共助）すべての視点についてこの時間で必ず記入する必要はなく，児童が６つの方向性があることを意識し，自分が意識していなかった方向性については今後の生活の中で考えていくように声かけや評価を行っていくようにします。

3　まとめ

法教育と防災教育は自助・共助・公助の関係性の規定を行う点に着目すると，法のダイナミクスとの親和性が高く，制度の見直しや多様な立場の合意形成などを動態的にとらえることができる分野です。また，防災対策を決定することは多様な立場の人々の意見や要求を調整していくことでもあります。小学校の児童にとって，多様な立場をふまえて意見を考えたり発言をしたりすることは挑戦を伴うことです。教師が「○○の立場から考えたのだね」，「その考えだと，○○の立場の人にとってはどうなるのかな」など，児童の意見を位置づけたり，多様な立場を意識できるよう問いかけたりして子どもの思考を支援することも重要です。

さらに，より多角的な思考を行うことが可能という意味では，中学校社会科公民的分野の地方自治などで具体的な地域の課題を取り扱っていくなど，防災の分野の中でも学習の系統性とつながりを考え学習活動を編成することが有効といえるでしょう。なお，児童がより具体的な場面をもとに思考を行うためには，たとえば見守り活動を実際に行っている地域の人や市の危機管理課の職員などをゲスト・ティーチャーとして招いて話をしてもらったり，自分たちの考えた防災対策を紹介して意見してもらったりする学習へと発展させていくことも考えられます。その際には，総合的な学習などの教科横断的な学習を関連させていく，カリキュラム・マネジメントの視点が重要になることにも留意が必要です。

《参考文献》
浦野正樹・大屋根淳・田中淳・吉井博明編（2007）：『災害社会学入門』，弘文堂.
片田敏孝（2012）：『人が死なない防災』，集英社.
文部科学省（2018）：『小学校学習指導要領（平成29年告示）解説 社会編』，日本文教出版.
『横須賀市災害時要援護者支援マニュアル』，『横須賀市災害時要援護者支援プラン』，『横須賀市勢要覧 平成30年度版』（https://www.city.yokosuka.kanagawa.jp/index.html）.

（山田雅貴）

学習指導案——防災教育に関する法教育

	学習内容	指導上の留意点	資料等
第1時	・導入 「横須賀市は防災の視点から見て，どのような特徴があるのだろう」	・憲法分野や地方行政の学習の発展として，自分たちの地域の防災について考えることを確認し，「個人の尊重」などの憲法的分野での学習内容を意識できるようにする。	・横須賀市の作成するハザードマップ（津波・土砂災害・洪水） ・横須賀市勢要覧（地域別人口構成・年齢別人口など）
第2・3時	・調べる 「ハザードマップや横須賀市勢要覧から，防災についての横須賀市の状況を調べよう」	・自らが調べる課題にしたがって，地域の様子について調査活動を行わせる。 →ハザードマップにある地形の状況などから，谷戸の多い横須賀の状況に気づかせたい。 →年齢別人口構成などから，横須賀市で高齢者が増えている実態に気づくとともに，普段の生活実態ともつなげていきたい。	
第4時	・まとめる 「調査した内容を報告し，私たちの町の状況をまとめよう」	・児童がそれぞれに調査した内容について共有し，防災の視点から見た地域の状況や課題について，自分なりの考察をもてるようにさせる。	
第5時	・ひろげる 「横須賀市災害時要支援者マニュアルの考え方をよりよく実現させる方法を考えよう」	・「横須賀市災害時要援護者支援プラン及びマニュアル」の概要を知り，今の横須賀市の現状と照らし合わせた際の改善点を考える。 ○制度からこぼれ落ちる立場の人がいる。 ○谷戸があるので，支援する人がわかっていても，助けられない可能性がある。　　など ・考えた改善点を共有し，学級として考える問題をとらえる。 ○たとえば海軍基地に勤める外国籍の人々など，多くの児童の意見を取り上げ，多様な立場の人々の利害関係に注目する必要があることを確認する。	横須賀市災害時要援護者支援プラン及び横須賀市災害時要援護者支援マニュアル WS【1】〜【4】
第6時・本時		・学級として考える課題を確認し，「自助・共助・公助」のそれぞれの視点から実行可能な防災対策を考える。 →教師は，児童の意見を整理しながら共通点や相違点を確認し，最後に自ら関係性を考える際に児童がとらえやすいようにする。 ・意見交流の後，自助・共助・公助それぞれの対策がより充実するように，各要素の間でどのような働きかけが必要なのか，関係性に注目して書かせる。 →教師は，自助・共助・公助それぞれの関係性の中で，６つの方向性（自助→共助・公助，共助→自助・公助，公助→自助・共助）があることを確認する。	

第6時・本時の学習内容

	学習内容	指導上の留意点	資料等
導入 5分	・学級として対策を考える課題を確認する。	・前時の中で共有された課題や改善点を確認し，本時で解決すべき問題を共有する。 例:「横須賀は高齢化が進んでいて谷戸地域も多いため，手助けをするお年寄りがわかったとしても谷戸の急坂を上っていけない」　など ※児童の課題意識によっては，出てくる立場や問題などは異なる。 例：横須賀市では外国籍の人―情報を伝えても，言語の違いによってその情報を理解することができないという問題や谷戸地域の過疎化―谷戸地域は空き家が増え，その地域に住んでいる人が少ないので避難行動における助け合いが難しいなどの問題も考えることができる。	横須賀市津波ハザードマップ（地形がわかる地図） WS【1】
展開1 10分	・自助・共助・公助の視点に分けて，それぞれの立場からできることを考える。	・対策を考える際に，自助・共助・公助のそれぞれを単一で考えるだけでなく，それぞれの要素を関連づけて考えるよう児童に促す。 例:「要支援者になる人は必ず要支援者のリストに登録をするようにする」と書いた場合には，「必ず登録してもらえるようにするために市（公助）や地域（共助）ができることは何かあるかな」といったように声をかける。	WS【2】
展開2 20分	・各自の意見を交流し，その共通点や相違点を話し合う。	・児童が考える対策について，その妥当性について考える視点として，「個人の尊重」や「幸福追求」などの憲法的な視点などにつなげて思考ができるよう，問い返していく。 例:「逃げる必要がないように，高台にお年寄りを引っ越させる」等の意見が出た際には，「引っ越したくないと言ったお年寄りも無理矢理に住む場所を変えることになるのかな」と声をかける。	WS【3】
まとめ 10分	・学習を振り返り，自助・共助・公助の行うべきことを，意見交流をふまえて再び規定する。	・小学校6年生段階のため，学級での合意形成は目的とせず，話し合いをふまえて個人内で「自助・共助・公助」の関係性を再びとらえさせる。 →展開①では自助・共助・公助それぞれの視点から取り組めることを考えさせるが，まとめにおいてはそれぞれの要素がよりよく実現するための働きかけ，つまりは自助・共助・公助の関係性に注目させる。	WS【4】

ワークシート――防災教育に関する法教育（第６時）

WS　「横須賀市災害時要支援者マニュアルの考え方をよりよく実現させる方法を考えよう」

年　　組　名前（　　　　　　　　　　）

【１】みんなで考えた災害時要支援者マニュアルの課題を書きましょう。

【２】自助（自分たちや当事者ができること）・共助（地域社会ができること）・公助（横須賀市ができること）の視点から課題を解決する方法や取組みを考えましょう。

自助	共助	公助

【３】意見交流して，友だちの意見をメモしておきましょう。

【４】友だちの意見をふまえて，自助・共助・公助の取組みがよりよく働くように，それぞれがどんな働きかけができるのか考えて書いてみましょう。

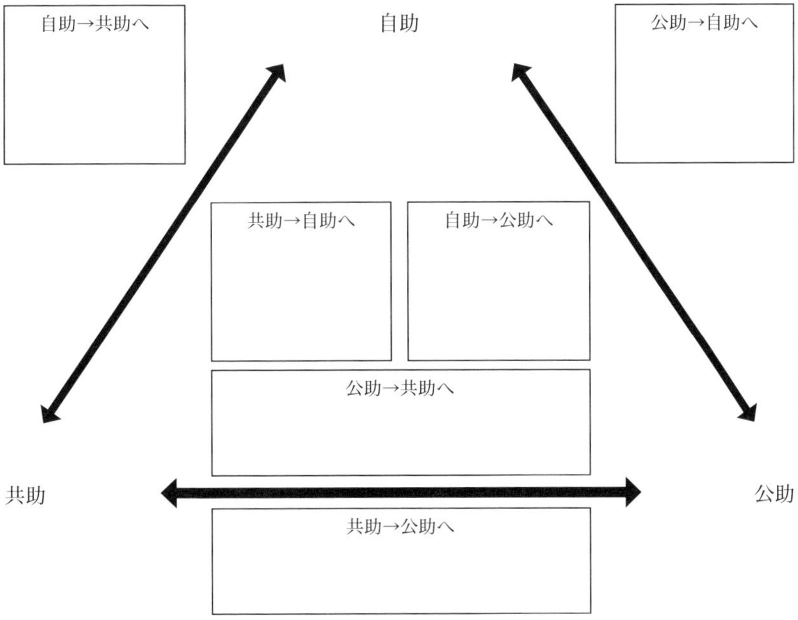

研究者の目　生き抜くための知識

法教育からの防災教育への視点

2020年度から小学校で完全実施される学習指導要領には，「防災・安全教育」の充実が明記されました。社会科だけでなく，理科や家庭科をはじめ学校の教育課程全般を通した教育，さらにいえば家庭教育と一体となった展開が求められています。なお，本章では防災教育を対象としているので，そちらに焦点を当てて述べていきます。東京都は，小学校，中学校，そして高等学校の児童・生徒向けに『防災ノート～災害と安全～』をはじめとした各教材を作成し，学校と家庭が一体となった防災教育ができるようにしています（東京都教育庁指導部指導企画課，2018）。また，家庭向けにも『東京防災』を作成し都内の全世帯への配布及びホームページ上での公開，さらに多言語による翻訳を行っています（東京都総務局総合防災部防災管理課，2015）。このように，自然災害が多く発生する我が国において，防災教育は喫緊の課題であり，誰しもに切実なものなのです。

学習指導要領にも影響を与えたことが考えられる防災教育の実践の手引き（内閣府，2015）には，次のように記されています。

> 平成23年３月11日に発生した東日本大震災では，大規模広域災害時における「公助」の限界が明らかになった一方で，「自助」，「共助」の重要性が再認識され，これをきっかけにして，「自助」，「共助」の力を向上させる取組として，防災教育への関心が高まっています。

このように，「自助」や「共助」への視点のシフトが掲げられています。なお，同書によれば，「自助」，「共助」，「公助」は，次のように定義されています。

> 「自助」とは，自らの命を自らが守ることを指し，普段から災害に備えて物資の備蓄や，自身で状況を判断し適切な避難行動を行うことなどが挙げられます。
> 「共助」とは，近隣が互いに助け合うことを指し，高齢者，障がい者，乳幼児などの要配慮者の避難誘導，生き埋めになった人の救出活動などが挙げられます。
> 「公助」とは，行政機関が実施する公的な支援を指し，災害発生に備えた啓発・準備・整備や，発災時に行う情報提供や避難所運営などの災害対応などが挙げられます。

もちろん，「自助」や「共助」は，事前の備えや“そのとき”の対応，そして事後の復興に向けて必要な視点であることは間違いありません。しかし，「公助」の範囲からいえば，守られるべき根底にある権利が存在します。そのために，「国家からの自由」や「国家による自由」などと社会の変化にともない，権利の実質化，つまり「公」の役割も変容してきました。もし，「公助」から「公」が撤退してしまうと，「国家による放置」になっていまいます。これでは，過度に自己責任が強調されてしまうことが考えられます。

「公助」の視点を育む法教育の有用性

第４章及び第９章でも述べたように，社会契約論という約束事とその変遷により，個人の権利を確かなものにする国家というしくみを形成してきました。これは，「公」をいかにして形成してきたのかを示すものでもあります。もし，「自助」や「共助」に防災のすべてを担わせることになったとしたら，「公」による「公助」は何をするのでしょうか。同様に，第４章及び第10章の立憲主義の観点からいえば，守られるべき根底にかかる権利が存在しました。

つまり，社会科における法教育で防災教育を行うことにより，個人の権利をいかに確実なものにしていくのか，そのために「公」としての国家の役割はいかにあるべきなのかを，社会契約論や立憲主義などをもとにして考察することができるのです。

負担を考えることも防災教育の大切な視点

最後に，別の視点から社会科における法教育からの「公助」をとらえたいと思います。

「公助」により何らかの手立てを打つときには，必要な人や物などが存在します。当然のことながら，そこには費用が発生します。これは，限られた税収入の中でできることには限界があることを示しています。「自助」や「共助」ではできないような，大きな費用を必要とすることが「公助」として考えられます。

今不足していることを行うのであれば，新たに費用負担が必要になります。つまり，「公助」を求めるのであれば，今まで以上に税負担などが大きくなることが考えられます。低負担で大きな「公助」を求めることには限界があるのです。

自然災害は，いつ発生するかわかりません。どれほどの規模で発生するのかも，正確にはわかりません。想定外のことが起きる可能性もあります。それに対して「公助」により最善の備えをしておけば，被害を防ぐこと（減災）もできるかもしれません。しかし，人々が税負担などを避け，最善の備えをすることができなければ，大きな被害が発生するかもしれません。それは，ある意味では人災ともいえます。自然災害に人災が加わってより大きな災害になることがないように，私たち一人ひとりが，どこまで負担するのか再確認・再構成する時期なのかもしれません。つまり，法教育の知見を活用して「公助」のあり方を構想することは，そこでは何を大切にするのか，ふさわしい規範としての法は何かなどを考えることになります。それは，どのような社会を構想するのかという防災教育の根幹を扱うことになるのです。

《参考文献》
東京都教育庁指導部指導企画課（2018）：防災教育教材『防災ノート―災害と安全』小学校４～６年生版.
東京都総務局総合防災部防災管理課（2015）：『東京防災』.
内閣府（2015）：防災教育チャレンジプラン実行委員会『防災教育の実践に関する手引き』.

（中平一義）

おわりに

日本において裁判員制度が始まって約10年が過ぎました。それにともなって，模擬裁判学習などが学校で数多く展開されています。法務省が教材を作成し，ホームページ上で学習指導案からワークシートまで公開しています。本書で述べたように，学習指導要領上からも，そして，2022年４月からの成年年齢引下げ等に伴う社会的な情勢からも，法教育の必要性は高まっています。しかし，学校教育の中で法教育が広く浸透したとはいえない状況もあります。

ここではその理由を２つほど指摘します。第１に，法的な内容について苦手意識をもつ教師がいることです。たとえば中学校の社会科の教師には，主に地理や歴史を大学時代に研究してきたため，法についてはあまり得意ではない方がいると思います。そこで本書では，法教育を展開する上で教師にとって必要と考えられる内容を理論編で示しました。より専門的な法の内容は，弁護士など法の専門家との協働で授業を展開することができれば解決するでしょう。しかし，どうすれば弁護士などとの協働ができるのかわからない方もいると思います。それが，第２の課題にもなります。たとえば，現在，日本各地の多くの弁護士会には，法教育を学校等で実施するための窓口が用意されています。すでに何度も授業を行ったことがある弁護士もいます。そちらにアクセスすることにより，第２の課題も解決することが可能です。

さて，本書の前半は理論編を，後半は実践編を記しました。理論編にあたる第１章では，日本の法教育の意義や定義，子どもに対して育成が求められる法的資質について述べました。第２章では具体的な法教育の学習理論として，動態的な法教育について述べました。さらに，第３章ではルールと法の関係，第４章では個人と国家の関係，第５章では個人と個人の関係，第６章では紛争の解決を法的にとらえるために必要な概念について整理して述べました。これらは，小中学校及び高等学校で法教育の授業を行う際に教師にとって必要であると考えられる法的な内容や考え方になります。より専門的な法的な内容は，弁護士などの法の専門家との協働による授業を構想したり実施したりすることにより対応できるでしょう。なお，第７章では，教育公務員にとって必要な法的な内容や考え方を述べました。

後半の実践編は，前半の理論編の内容を授業案として具体化しました。第８章では社会的なルールづくり，第９章では社会契約論，第10章では立憲主義，第11章では主権者教育，第12章では司法教育，第13章では消費者教育，第14章ではワークルール教育，そして最後の第15章では防災教育について法教育の視点から述べました。それぞれに，法教育との関係性，選択した法的な問題をもつ教育内容，それを授業化するために動態的な法教育の学習理論の活用，そして，学習指導案と本時のワークシートを示しました。さらに，実践編の最後には，それぞれの教育内容に対する弁護士の視点（「法律家の目」）を述べました。なお，第９章の社会契約論の実践編については弁護士からの視点はありません。ここは，主に理論編の第３章や第４章を参考にしてください。また，第15章の防災教育の実践編については，社会科教育の視点（「研究者の目」）から述べました。

本書の刊行に際し，法教育の授業に取り組んでくれた児童・生徒の皆さん，弁護士の先生方，法教育研究をされている教師や研究者など，数多くの皆さまからの刺激をいただきました。また，横浜国立大学法教育研究会の代表である重松克也横浜国立大学教授，フランス革命期の公教育論・道徳教育論を教示していただいた安藤隆穂名古屋大学名誉教授（日本学士院賞受賞者）には大変お世話になりました。出版の後押しをしてくださった現代人文社の西村吉世江様に感謝申し上げます。本書の刊行に関わっていただいたすべての皆さまに，心より感謝申し上げます。

この本を手にとった皆さんが，それぞれの場で法教育を展開することにより，法の意義を知り，法を守り，さらには法を批判的にとらえ，これからの自由で公正な社会を主体的に構想し形成することができる子どもの育成がなされることを願っております。

2020年２月

中平一義

執筆者紹介　[　]内は本書の担当

【編】

中平一義（なかだいら・かずよし）
1974年生まれ。上越教育大学大学院准教授。
主な著作：中平一義・茨木智志・志村喬編著『初等社会科教育研究』，風間書房，2019
[第１章，第２章，第10章，第13章，第15章の「研究者の目」，おわりに]

【法律監修】

村松 謙（むらまつ・けん）
1974年生まれ。弁護士（神奈川県弁護士会）。
主な著作：教師と弁護士でつくる法教育研究会編著『教室から学ぶ法教育―子どもと育む法的思考』，現代人文社，2010
[第７章及び第10〜14章の「法律家の目」]

【執筆】※執筆順

村松 剛（むらまつ・つよし）
1969年生まれ。弁護士（神奈川県弁護士会）。
主な著作：日本弁護士連合会市民のための法教育委員会編著『中学校のための法教育11教材』，東洋館出版，2018
[はじめに]

北川善英（きたがわ・よしひで）
1948年生まれ。横浜国立大学名誉教授。主な著作：「公教育と法教育」，『日本教育法学会年報41号』，2012
[第３章，第４章]

村上 揚（むらかみ・よう）
1978年生まれ。南足柄市立南足柄中学校総括教諭。主な著作：「法教育の視点から捉え直すワークルール教育」，日本社会科教育学会『全国大会発表論文集』14，2018
[第５章，第９章，第14章]

渡邊 弘（わたなべ・ひろし）
1968年生まれ。鹿児島大学准教授。主な著作：「法を学ぶ者のための法教育入門」，法学セミナー55巻２号，2010
[第６章]

野嵜雄太（のざき・ゆうた）
1980年生まれ。相模原市立新町中学校教諭。
主な著作：「ルールの多面的な機能の理解につなげる法教育授業実践研究―小学生が遊びのルールを『作る・使う・作り変える』活動を通して」，法と教育学会『法と教育』8，商事法務，2018
[第８章]

米倉 順（よねくら・じゅん）
1964年生まれ。平塚市立浜岳中学校教諭。主な著作：「子どもの思考力を育む法教育実践研究―『対立と合意』を基にした実践的考察を踏まえて」（中平一義と共著），上越教育大学社会科教育学会『上越社会研究』33，2018
[第９章]

室井章太（むろい・しょうた）
1985年生まれ。会津若松市立一箕中学校教諭。主な著作：「社会科教育におけるシティズンシップ教育」，上越教育大学社会科教育学会『上越社会研究』32，2017
[第11章]

吉田浩幸（よしだ・ひろゆき）
1960年生まれ。藤沢市立大庭中学校総括教諭。
主な著作：「ルールから法へ―私的自治の視点から“身近なルール”をとらえる」，法と教育学会『法と教育』２，商事法務，2012
[第12章]

山田雅貴（やまだ・まさき）
1991年生まれ。横須賀市立鴨居小学校教諭。
主な著作：「広島県呉市での災害ボランティアの経験から考える防災教育―その経緯・活動所感と課題」，上越教育大学中平研究室『法教育研究』２，2019
[第15章]

法教育の理論と実践
自由で公正な社会の担い手のために

2020年 3月31日　第1版第1刷発行

編　者　　中平一義
法律監修　村松 謙
発行人　　成澤壽信
編集人　　西村吉世江
発行所　　株式会社 現代人文社
　　　　　東京都新宿区四谷2-10 八ッ橋ビル7階（〒160-0004）
　　　　　Tel.03-5379-0307　Fax.03-5379-5388
　　　　　henshu@genjin.jp（編集部）　hanbai@genjin.jp（販売部）
　　　　　http://www.genjin.jp/

発売所　　株式会社 大学図書
印刷所　　株式会社 平河工業社
装　幀　　Malpu Design（宮崎萌美）

ISBN978-4-87798-754-1 C3037